**educamos·sm**

Caro aluno, seja bem-vindo à sua plataforma do conhecimento!

A partir de agora, você tem à sua disposição uma plataforma que reúne, em um só lugar, recursos educacionais digitais que complementam os livros impressos e são desenvolvidos especialmente para auxiliar você em seus estudos. Veja como é fácil e rápido acessar os recursos deste projeto.

1 Faça a ativação dos códigos dos seus livros.

Se você NÃO tiver cadastro na plataforma:
- Para acessar os recursos digitais, você precisa estar cadastrado na plataforma educamos.sm. Em seu computador, acesse o endereço <br.educamos.sm>.
- No canto superior direito, clique em "**Primeiro acesso? Clique aqui**". Para iniciar o cadastro, insira o código indicado abaixo.
- Depois de incluir todos os códigos, clique em "**Registrar-se**" e, em seguida, preencha o formulário para concluir esta etapa.

Se você JÁ fez cadastro na plataforma:
- Em seu computador, acesse a plataforma e faça o *login* no canto superior direito.
- Em seguida, você visualizará os livros que já estão ativados em seu perfil. Clique no botão "**Adicionar livro**" e insira o código abaixo.

Este é o seu código de ativação! → **D6JVQ-KHHBR-A8A8P**

2 Acesse os recursos.

Usando um computador

Acesse o endereço <br.educamos.sm> e faça o *login* no canto superior direito. Nessa página, você visualizará todos os seus livros cadastrados. Para acessar o livro desejado, basta clicar na sua capa.

Usando um dispositivo móvel

Instale o aplicativo **educamos.sm**, que está disponível gratuitamente na loja de aplicativos do dispositivo. Utilize o mesmo *login* e a mesma senha da plataforma para acessar o aplicativo.

Importante! Não se esqueça de sempre cadastrar seus livros da SM em seu perfil. Assim, você garante a visualização dos seus conteúdos, seja no computador, seja no dispositivo móvel. Em caso de dúvida, entre em contato com nosso canal de atendimento pelo **telefone 0800 72 54876** ou pelo *e-mail* **atendimento@grupo-sm.com**.

Vamos Aprender 3

MATEMÁTICA

ANOS INICIAIS DO ENSINO FUNDAMENTAL

Eduardo Chavante

Licenciado em Matemática pela Pontifícia Universidade Católica do Paraná (PUC-PR).
Atua como professor da rede pública de Ensino Fundamental e Ensino Médio no estado do Paraná.
Autor de livros didáticos para o Ensino Fundamental.

Jacqueline Garcia

Licenciada em Matemática pela Universidade Estadual de Londrina (UEL-PR).
Especialista em Psicopedagogia pela UEL-PR.
Atuou como professora na rede particular em Educação Infantil,
Ensino Fundamental e Ensino Médio no estado do Paraná.
Realiza palestras e assessorias para professores em escolas particulares.

São Paulo, 2ª edição, 2020

***Vamos aprender* Matemática 3**
© SM Educação
Todos os direitos reservados

Direção editorial: M. Esther Nejm
Gerência editorial: Cláudia Carvalho Neves
Gerência de *design* e produção: André Monteiro
Coordenação de *design*: Gilciane Munhoz
Coordenação de arte: Melissa Steiner Rocha Antunes
Coordenação de iconografia: Josiane Laurentino
Assistência administrativa editorial: Fernanda Fortunato

Produção editorial: Scriba Soluções Editoriais
Supervisão de produção: Priscilla Cornelsen Rosa
Edição: Lucília Franco Lemos dos Santos, Daiane Gomes de Lima Carneiro
Preparação de texto: Claudia Maietta
Revisão: Vanessa Carneiro Rodrigues, Fernanda Rizzo Sanchez
Edição de arte: Mary Vioto, Barbara Sarzi, Janaina Oliveira
Pesquisa iconográfica: André Silva Rodrigues
Projeto gráfico: Marcela Pialarissi, Rogério C. Rocha

Capa: Gilciane Munhoz
Ilustração de capa: Brenda Bossato
Pré-impressão: Américo Jesus
Fabricação: Alexander Maeda
Impressão: Gráfica Reproset

Dados Internacionais de Catalogação na Publicação (CIP)
(Câmara Brasileira do Livro, SP, Brasil)

Chavante, Eduardo
   Vamos aprender matemática, 3º ano : ensino fundamental : anos iniciais / Eduardo Chavante, Jacqueline Garcia. – 2. ed. – São Paulo : Edições SM, 2020.

   Suplementado pelo manual do professor.
   Bibliografia.
   ISBN 978-65-5744-062-9 (aluno)
   ISBN 978-65-5744-055-1 (professor)

   1. Matemática (Ensino fundamental) I. Garcia, Jacqueline. II. Título.

20-35885   CDD-372.7

Índices para catálogo sistemático:

1. Matemática : Ensino fundamental 372.7

Cibele Maria Dias - Bibliotecária - CRB-8/9427

2ª edição, 2020
5ª impressão, setembro 2024

SM Educação
Rua Tenente Lycurgo Lopes da Cruz, 55
Água Branca 05036-120 São Paulo SP Brasil
Tel. 11 2111-7400
atendimento@grupo-sm.com
www.grupo-sm.com/br

Caro aluno, cara aluna,

Você começou a aprender e a fazer descobertas antes mesmo de entrar na escola. Este livro foi criado para demonstrar o quanto você já sabe e o quanto ainda pode aprender. Ele também vai ajudar você a conhecer mais sobre si e a entender melhor o mundo em que vivemos.

Vamos conhecê-lo!

unidade 3 — Medidas 1

Tuiuiú adulto: pode chegar a medir 115 centímetros de altura.

Casal de tuiuiú, considerado símbolo do Pantanal, procurando alimento em um lago. Imagem capturada em 2015.

Ponto de partida

1. Em sua opinião, a medida da altura do tuiuiú é menor do que a sua?
2. Em sua sala de aula, há alunos mais altos do que essa ave?

Abertura

No início de cada unidade, você vai encontrar uma imagem e o **Ponto de partida** com questões para que converse com os colegas sobre o assunto.

Para fazer juntos!

Oportunidade para que você e os colegas trabalhem juntos em alguma atividade.

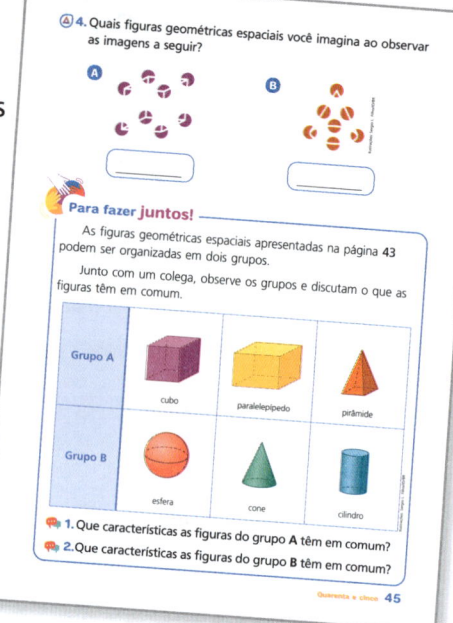

Divirta-se e aprenda

Aqui você vai encontrar brincadeiras, atividades e jogos relacionados aos conteúdos da unidade.

Dica

Veja dicas sobre alguns conteúdos ou atividades.

Por dentro do tema

Você e os colegas vão refletir e conversar sobre temas importantes para nossa sociedade, como saúde, meio ambiente e direitos humanos.

Ao final do volume você e os colegas vão fazer atividades que envolvem tecnologia para estudar conceitos de matemática.

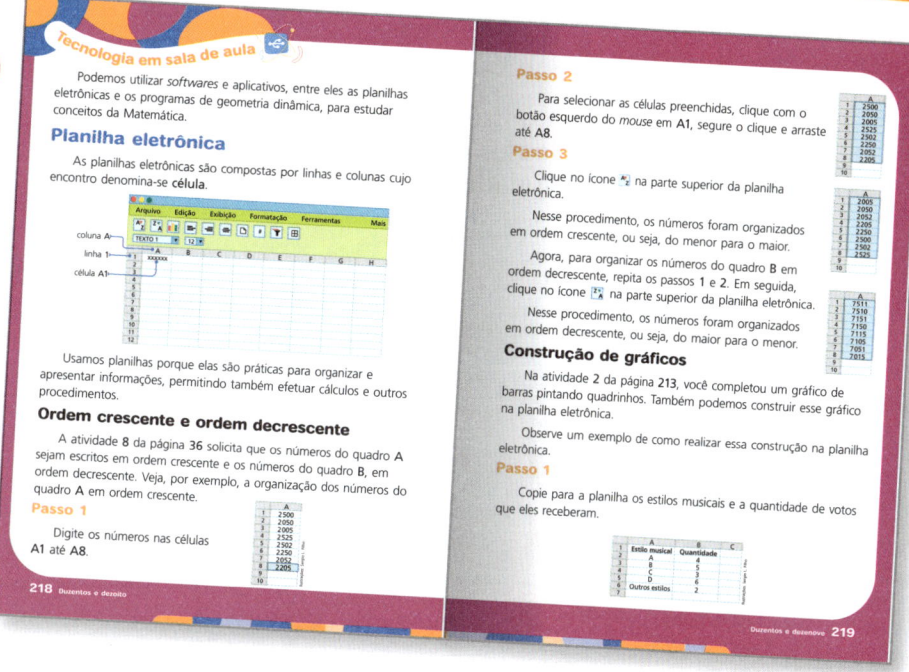

Aprenda mais!

Veja sugestões de livros, filmes, *sites*, vídeos e músicas.

Matemática na prática

Você e os colegas poderão aprender o conteúdo por meio de atividades práticas.

Que curioso!

Encontre aqui informações curiosas relacionadas ao conteúdo estudado.

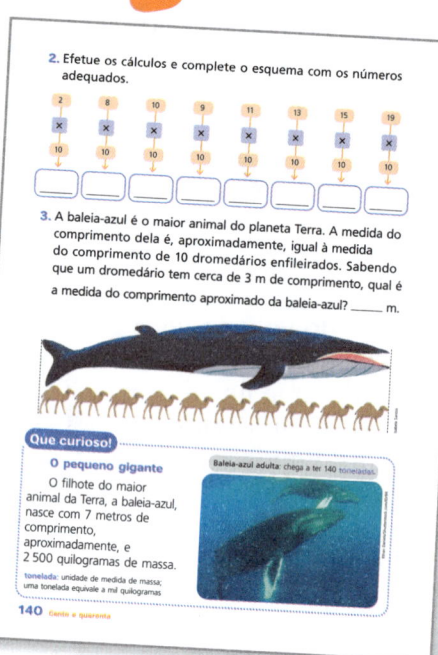

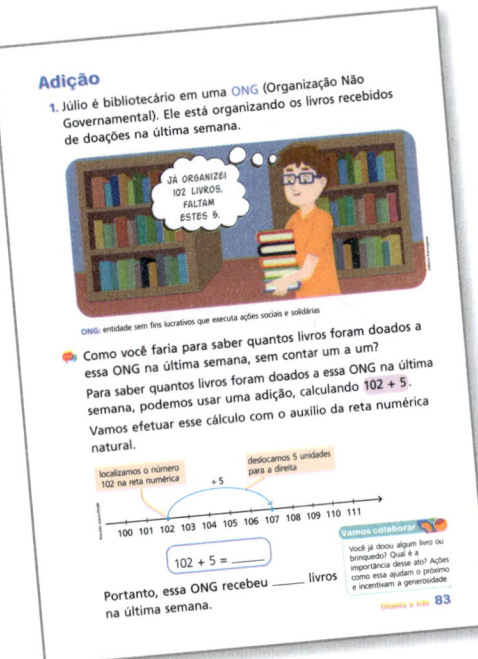

Vocabulário

Para ajudar você a compreender os textos, algumas palavras aparecem destacadas e o significado delas é apresentado na página.

Ponto de chegada

Vai ajudar você a revisar os conteúdos estudados na unidade.

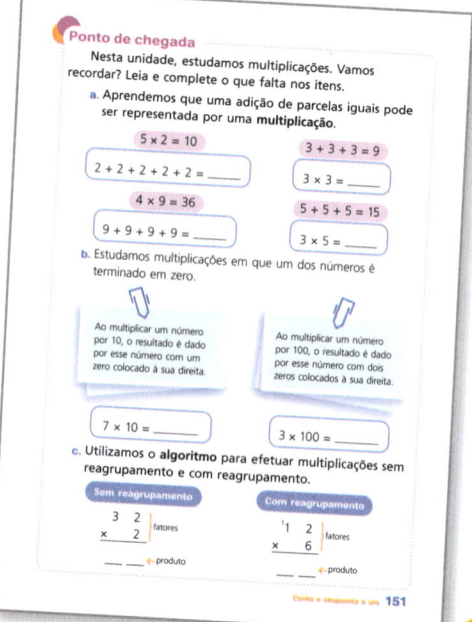

Vamos...

Aqui você vai ver dicas, comentários e reflexões que contribuem para o seu desenvolvimento e sua relação com os outros e com o mundo. Veja alguns exemplos ao lado.

Conheça os ícones

- Responda à atividade oralmente.
- Use o caderno para responder à questão ou efetuar os cálculos.
- Utilize a calculadora.
- Efetue os cálculos mentalmente.
- Faça estimativas ou aproximações.
- Atividade que explora gráficos, tabelas e informações estatísticas.
- Atividade desafiadora.
- Atividade que envolve ilusão de óptica.

SUMÁRIO

UNIDADE 1 — Os números 10

Os números no cotidiano 11
   Por dentro do tema
      Brincadeiras folclóricas 12
   Para fazer juntos! 16

Sistema de numeração decimal 19
   Aprenda mais! 20

Números maiores do que 1 000 25
   Aprenda mais! 26

Comparação 33
   Para fazer juntos! 37

Sequências numéricas 38

UNIDADE 2 — Figuras geométricas espaciais 42

Reconhecendo figuras geométricas 43
   Para fazer juntos! 45
   Matemática na prática 47
   Matemática na prática 48
   Divirta-se e aprenda
      Jogo da velha com figuras geométricas espaciais 52

UNIDADE 3 — Medidas 1 54

Medidas de comprimento 55
   Matemática na prática 55
   O centímetro 56
   Aprenda mais! 57
   O milímetro 61
   O metro 62

Medidas de tempo 67
   Os meses do ano e os dias da semana 67
      Para fazer juntos! 68
      Matemática na prática 71
   As horas e os minutos 72
   Os minutos e os segundos 79

UNIDADE 4 — Adição e subtração 82

Adição 83
   Por dentro do tema
      Voto consciente 92

Subtração 94
   Divirta-se e aprenda
      Maior diferença 102

UNIDADE 5 — Figuras geométricas planas 104

Retas 105

Identificando figuras planas 107
   Matemática na prática 109
   Aprenda mais! 111
   Matemática na prática 112
   Matemática na prática 114

Triângulos e quadriláteros 115
   Matemática na prática 118

Figuras congruentes 121
   Para fazer juntos! 122

UNIDADE 6 — Multiplicação 124

Situações envolvendo multiplicação 125

Multiplicando por 6, 7, 8 e 9 134
- Para fazer juntos! 136
- Aprenda mais! 138
- Matemática na prática 138

Multiplicando números terminados em zero 139

Algoritmo da multiplicação 144
- Divirta-se e aprenda
  - Bingo! 150

UNIDADE 7 — Divisão 152

Dividindo em partes iguais 153
- Divirta-se e aprenda
  - Mesmo quociente 163

Divisão exata e não exata 164

Algoritmo da divisão 170

UNIDADE 8 — Medidas 2 176

Medidas de capacidade 177
- Comparando capacidades 177

O litro e o mililitro 179
- Por dentro do tema
  - A água que consumimos 182

Medidas de massa 184
- Quilograma e grama 184
- Matemática na prática 185

O miligrama 189

UNIDADE 9 — Localização 192

Localização e caminhos 193
- Matemática na prática 194
- Aprenda mais! 195
- Por dentro do tema
  - Sinais de trânsito 200

UNIDADE 10 — Gráficos e tabelas 204

Coleta e organização de dados 205
- Para fazer juntos! 205
- Matemática na prática 206

Gráficos e tabelas 207
- Para fazer juntos! 213

Noções de probabilidade 214

Tecnologia em sala de aula 218
Bibliografia 224

unidade

1 Os números

Filas de cadeiras numeradas em uma arquibancada.

Ponto de partida

1. Quais lugares possuem cadeiras numeradas como as da foto?

2. Por que essas cadeiras são numeradas?

3. Converse com um colega sobre a quantidade de cadeiras que vocês acham que há nesse lugar.

10 Dez

Os números no cotidiano

1. Além de identificar números em cadeiras de estádios, como na página anterior, podemos, também, identificá-los em outras situações.

Qual é o número que aparece na:

- cena 1? _____
- cena 2? _____
- cena 3? _____
- cena 4? _____

Por dentro do tema

Diversidade cultural

Brincadeiras folclóricas

Muitas crianças trocam as brincadeiras tradicionais por *tablets*, *videogames* e *smartphones*.

Ainda que esses aparelhos eletrônicos sejam interessantes para muitas crianças, é importante manter vivas as brincadeiras folclóricas tradicionais, que são muito divertidas e permitem o desenvolvimento de habilidades como coordenação motora, equilíbrio, força e estimativa.

Além disso, essas brincadeiras carregam traços da cultura e da história de uma região ou de um povo, por serem passadas de uma geração para outra.

Bolas de gude.

Pião.

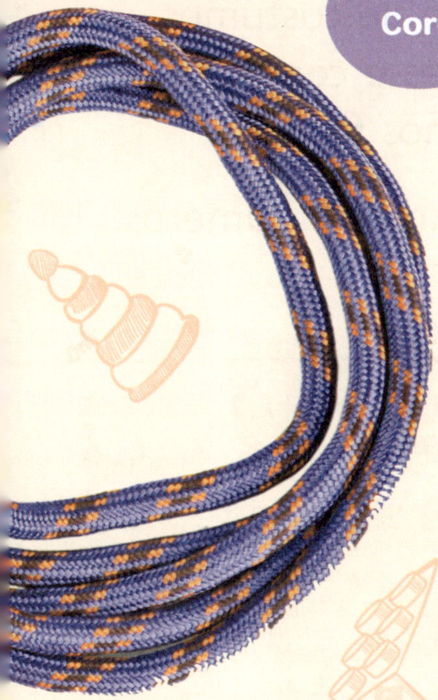

Corda.

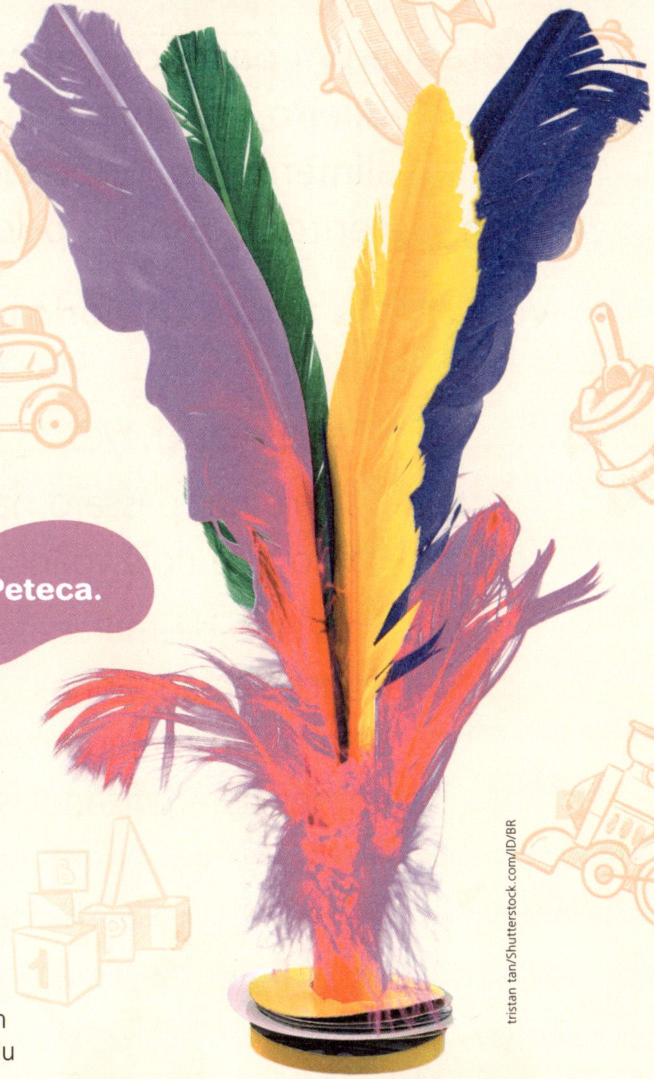

Peteca.

Vamos valorizar

As brincadeiras folclóricas são conhecidas também como brincadeiras de rua e fazem parte da cultura popular. Você já se divertiu em alguma brincadeira folclórica? Se sim, conte para os colegas a sua experiência.

A. Realize uma pesquisa com adultos de seu convívio para saber de quais brinquedos e brincadeiras eles gostavam quando eram crianças.

B. Existem alguns jogos e brincadeiras nos quais também utilizamos os números.

- Qual é o nome da brincadeira representada na imagem ao lado?
- Que outras brincadeiras e jogos você conhece em que os números são utilizados?

1, 2, 3, 4, 5, ...

Treze **13**

2. O Brasil é um país rico em manifestações populares. Entre o povo brasileiro, há uma grande variedade de costumes, hábitos alimentares, brincadeiras, etc. A esse conjunto de conhecimentos do saber popular chamamos **folclore**.

Veja alguns textos folclóricos em que aparecem números.

A. Fechar a sete chaves.

B. Mais vale um pássaro na mão do que dois voando.

C. Num ninho de mafagafos, há cinco mafagafinhos. Quem os desmafagafizar, bom desmafagafizador será.

D. Três pratos de trigo para três tigres tristes.

E. O que é, o que é? São sete irmãos, cinco têm sobrenome e dois não têm.

a. Converse com os colegas e escreva o significado do texto no item:

A _____

B _____

b. Qual é a resposta da pergunta no item **E**?

_____

c. Pesquise outros textos folclóricos em que apareçam números e escreva-os em seu caderno.

3. Considerada uma das maiores pintoras brasileiras, Tarsila do Amaral (1886-1973) retrata em suas obras, por meio de cores vivas e vibrantes, paisagens rurais e urbanas, bem como a fauna, a flora e o folclore. Nas imagens abaixo vemos duas telas dessa artista.

fauna: conjunto de animais que vivem em determinada região
flora: conjunto de plantas de determinada região

A família, de Tarsila do Amaral. Óleo sobre tela, 79 cm × 101,5 cm. 1925.

a. Em relação à tela ao lado, escreva a quantidade de:

- animais de estimação: _____

- brinquedos: _____

b. Faça uma estimativa e escreva a quantidade de pessoas que aparecem nessa tela. _____ pessoas.

• Agora, conte-as uma a uma e verifique se sua estimativa está correta. _____ pessoas.

c. Faça uma estimativa e escreva a quantidade de pessoas que aparecem na tela ao lado. _____ pessoas.

• Agora, conte as pessoas e verifique se sua estimativa está correta. _____ pessoas.

Operários, de Tarsila do Amaral. Óleo sobre tela, 150 cm × 205 cm. 1933.

Para fazer juntos!

Faça as perguntas abaixo a um colega e anote as respostas. Depois, ele faz as perguntas e você responde.

a. Quantos anos você tem? _____ anos.

b. Em que dia e mês você nasceu? _____

c. Qual é o número de seu calçado? _____

d. Qual é o seu endereço residencial? _____
_____
_____

4. Em algumas situações do dia a dia, os números são utilizados para expressar uma medida.

HOJE, ESTUDEI DURANTE DUAS HORAS.

Marque com um **X** as situações em que os números foram utilizados para expressar uma medida.

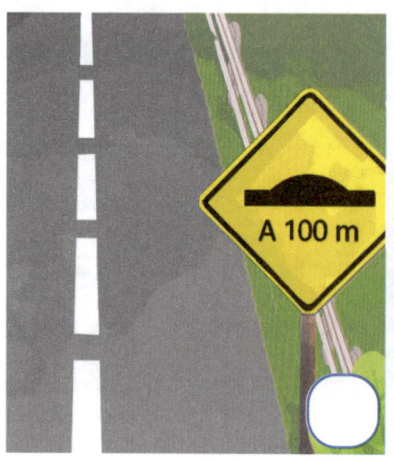

VOU VIAJAR DURANTE SETE HORAS.

5. Vários objetos que utilizamos em nosso cotidiano possuem teclas com números. Veja alguns deles.

Que outros objetos você conhece que possuem teclas com números?

_____

6. No caminho para a escola, Antônio observou que há números nas placas dos veículos.

Os números também são utilizados para representar códigos, como em placas de veículos, casas e edifícios, entre outras situações.

a. Desenhe uma placa de veículo. Escolha um código de identificação e escreva-o na placa que você desenhou.

b. Pesquise e escreva o CEP da rua de sua casa.

_____

7. Jurandir recebeu uma mensagem codificada. Ele utilizou o seguinte código para decifrá-la.

1	2	3	4	5	6	7	8	9	10	11	12	13
A	B	C	D	E	F	G	H	I	J	K	L	M

14	15	16	17	18	19	20	21	22	23	24	25	26
N	O	P	Q	R	S	T	U	V	W	X	Y	Z

a. Complete com as letras correspondentes e ajude Jurandir a decifrar a mensagem que ele recebeu.

22	1	13	15	19
V	A	M	O	S

2	18	9	14	3	1	18
B	R	I	N	C	A	R

4	5	16	15	9	19

4	1

1	21	12	1

b. De acordo com o código utilizado por Jurandir, descubra o que está escrito na frase abaixo.

16	18	5	19	5	18	22	5

1

14	1	20	21	18	5	26	1

c. Escreva uma frase usando esse código e dê para um colega decifrar. Em seguida, verifique se ele descobriu o que está escrito.

_____

_____

Sistema de numeração decimal

1. O morro do Pão de Açúcar é um ponto turístico localizado na cidade do Rio de Janeiro (RJ).

Esse morro tem 396 m de altitude e é formado por um bloco único de uma rocha denominada granito.

Morro do Pão de Açúcar, na cidade do Rio de Janeiro (RJ), em 2017.

a. Veja como podemos representar o número que aparece no texto acima utilizando **cubinhos**, **barras** e **placas**. Depois, complete os itens.

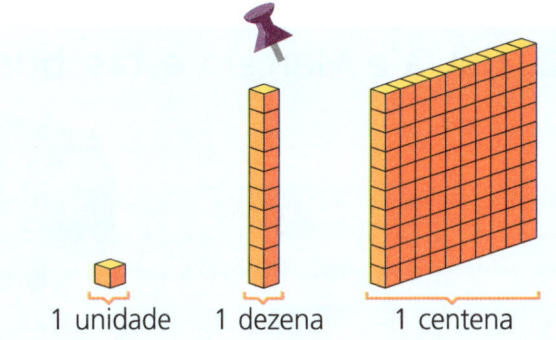

1 unidade 1 dezena 1 centena

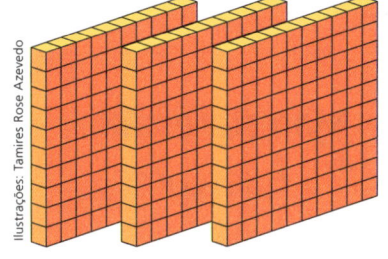 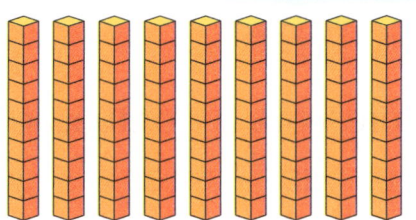 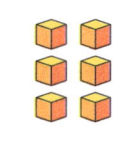

3 centenas, 9 dezenas e 6 unidades

_____ + _____ + 6 = 396

b. Ao agruparmos **10 cubinhos** obtemos uma **barra**.

E ao agruparmos 10 barras?

_____

ESSA MANEIRA DE CONTAR, AGRUPANDO OS ELEMENTOS DE 10 EM 10, É UMA DAS CARACTERÍSTICAS DO **SISTEMA DE NUMERAÇÃO DECIMAL**.

10 unidades equivalem a **1 dezena**.
10 dezenas equivalem a **1 centena**.

Aprenda mais!

Crianças fechadas em casa vendo televisão parece algo comum, não é? Mas, no livro *Caramelos da alegria*, quando Caio, Adelaide e Tirso têm uma ideia, isso muda completamente. Eles redescobrem o prazer de brincar e ainda constroem a noção de centena.

Caramelos da alegria, de Luzia Faraco Ramos. 5. ed. Ilustrações de Faifi. São Paulo: Ática, 2005. (Turma da Matemática).

2. Flávia e Marcelo estão brincando com um *tablet*.

JÁ FIZ 437 PONTOS.

EU SOU A PRÓXIMA.

a. O número que representa a pontuação de Marcelo está representado em um dos ábacos a seguir. Marque com um **X** esse ábaco.

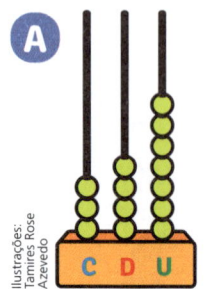 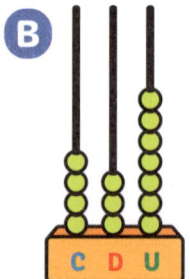 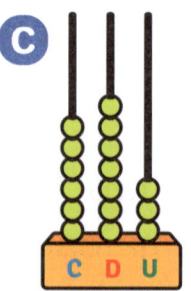 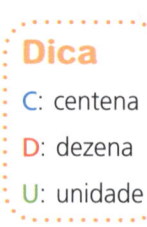

Dica
C: centena
D: dezena
U: unidade

Agora, justifique sua resposta para um colega.

b. Na sua vez de jogar, Flávia fez 95 pontos a mais do que Marcelo. Faça os cálculos no caderno e escreva no quadro de ordens ao lado o número que representa a pontuação de Flávia.

C	D	U

3. Complete as informações do texto com os números correspondentes.

Risco de extinção

O peixe-boi-da-amazônia é um animal mamífero e aquático que, no Brasil, é encontrado em maior quantidade em rios da bacia Amazônica. A espécie chega a ter, na fase adulta, cerca de

________ kg e a medir 2 m 50 cm de comprimento.

A gestação das fêmeas dura aproximadamente ________ dias e seu filhote é amamentado por cerca de ________ dias.

Ilustrações: Tamires Rose Azevedo

C	D	U
7	3	0

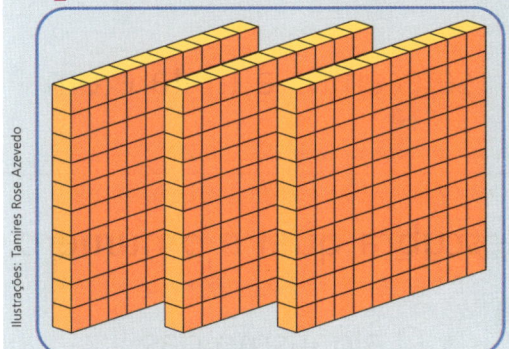

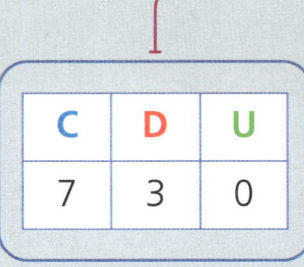

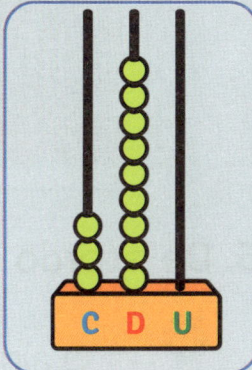

Que curioso!

Fôlego de gigante

O peixe-boi-da-amazônia pode ficar mais de 20 minutos embaixo d'água sem respirar. Ele se alimenta de plantas aquáticas e semiaquáticas.

Essa espécie corre risco de extinção devido, principalmente, à caça predatória. Atualmente, ele é protegido por leis ambientais.

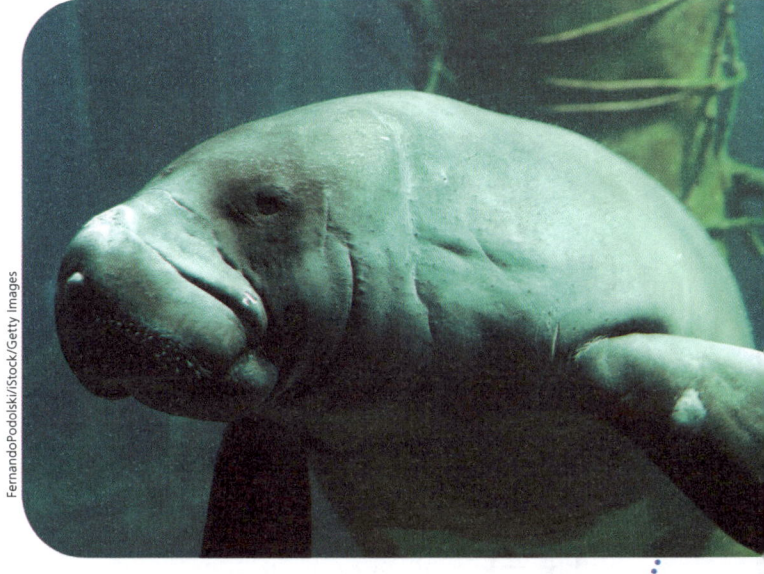

Peixe-boi-da-amazônia: até 3 metros de comprimento.

FernandoPodolski/iStock/Getty Images

4. Complete as informações com o número que falta, de acordo com a quantidade representada em cada quadro.

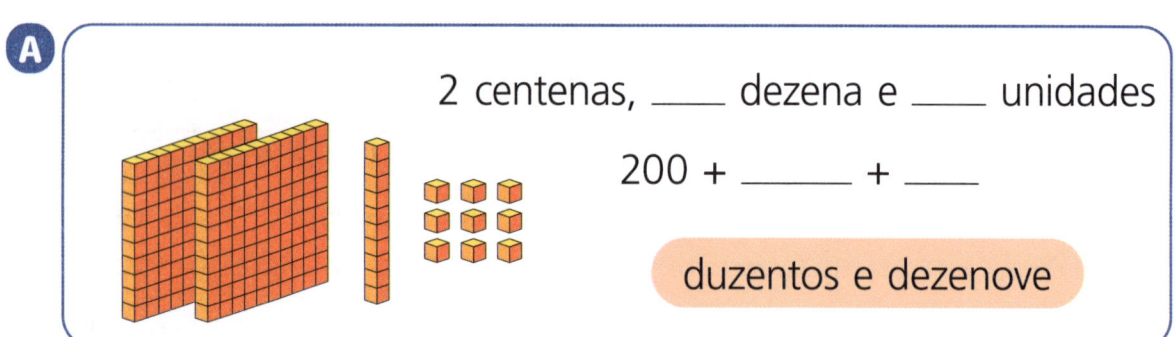

A) 2 centenas, ____ dezena e ____ unidades

200 + ____ + ____

duzentos e dezenove

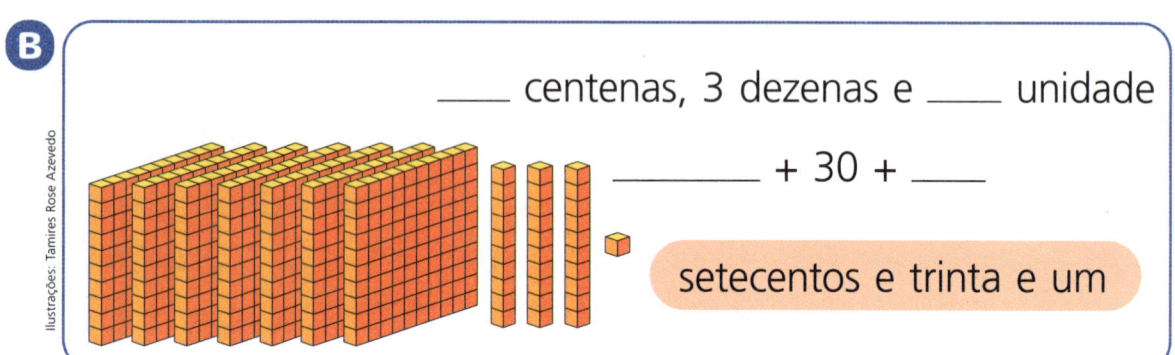

B) ____ centenas, 3 dezenas e ____ unidade

____ + 30 + ____

setecentos e trinta e um

5. De acordo com as informações, descubra qual é o número.

A)
- O algarismo das unidades é 8.
- O algarismo das dezenas é 3.
- O algarismo das centenas é 5.

_____

B)
- O algarismo das unidades é igual ao algarismo das dezenas.
- O algarismo das dezenas é 2.
- O algarismo das centenas é 6.

_____

Agora, escreva por extenso o número que você obteve em cada item.

A → _____

B → _____

6. No Brasil, a unidade monetária utilizada é o **Real** (R$).

Observe como podemos representar as quantias em reais que aparecem nos quadros a seguir utilizando o símbolo R$.

Imagens sem proporção entre si.

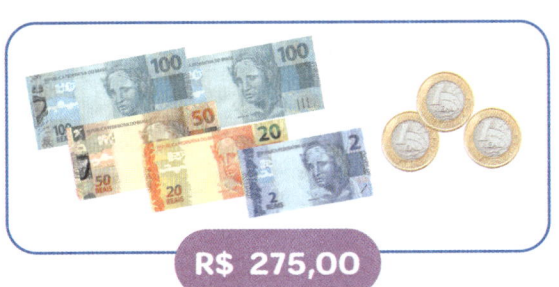

R$ 275,00

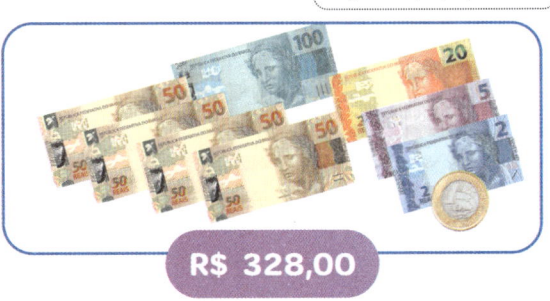

R$ 328,00

Agora, escreva a quantia representada em cada quadro.

____

____

____

Imagens: Banco Central. Fotografia: Karina Tengan/ID/BR

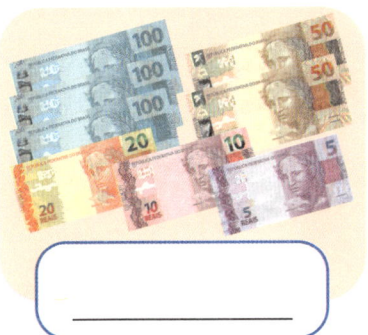

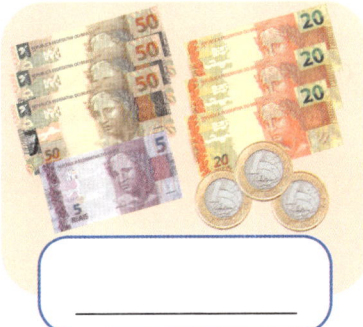

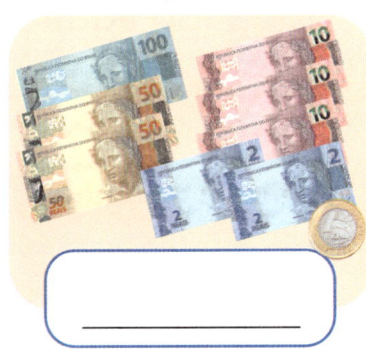

7. Flávio tem as cédulas e moedas representadas ao lado. Ele quer trocá-las por cédulas de R$ 10,00. Com quantas cédulas ele ficará?

____

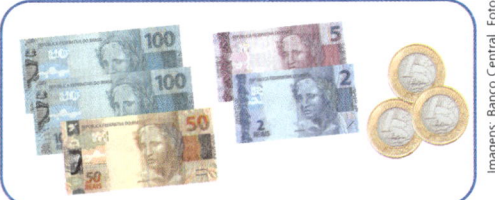

Que curioso!

Na base da troca

Antigamente, os povos realizavam comércio de mercadorias por meio de trocas, usando, por exemplo, troca de galinhas por trigo.
Com o tempo, foram criadas moedas feitas de metais preciosos, como ouro e prata, para serem usadas como dinheiro, até chegar às cédulas e moedas que conhecemos atualmente.

Jorge Ribeiro/Edu Vienna

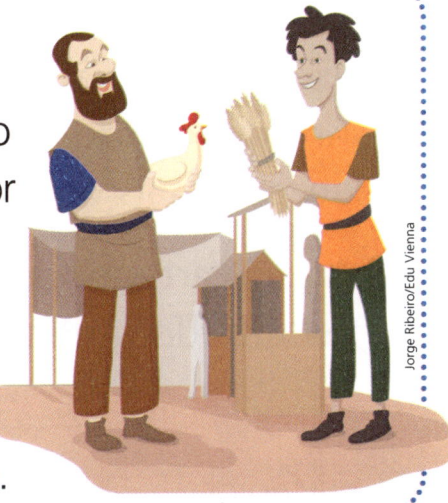

8. Invente, no caderno, uma pergunta para a situação a seguir que envolva trocas de cédulas e moedas. Em seguida, escolha um colega para que ele a responda.

> João tem R$ 120,00 em cédulas de R$ 10,00 e pretende trocá-las no banco por cédulas de outros valores.

9. Em uma escola foi realizada uma pesquisa com os alunos para saber qual a profissão que eles gostariam de exercer quando adultos.

Observe no gráfico o resultado dessa pesquisa.

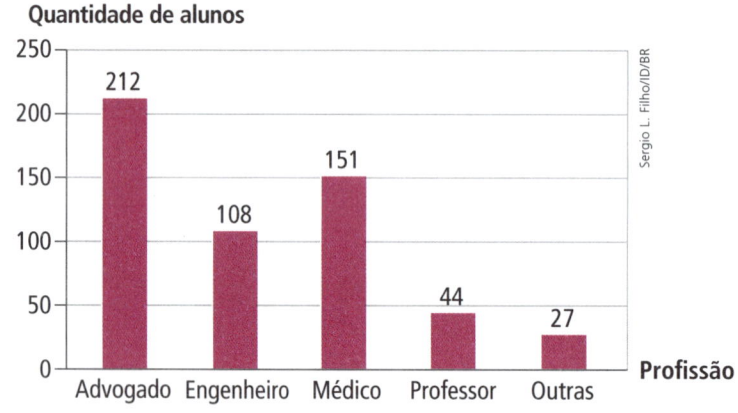

Profissão que os alunos gostariam de exercer

Quantidade de alunos
- Advogado: 212
- Engenheiro: 108
- Médico: 151
- Professor: 44
- Outras: 27

Fonte de pesquisa: Registro da direção da escola.

Dos alunos entrevistados, 212 querem exercer a profissão de advogado. Arredondando esse número para a dezena mais próxima, obtemos 210.

PODEMOS DIZER QUE, APROXIMADAMENTE, 210 ALUNOS QUEREM SER ADVOGADOS.

Agora, arredonde os outros números que aparecem nas colunas do gráfico para a dezena mais próxima.

- Engenheiro: _____
- Médico: _____
- Professor: _____
- Outras: _____

Números maiores do que 1000

1. Alexandre queria saber qual é o número que vem depois de 999. Veja como ele obteve esse número utilizando uma calculadora.

1º Na calculadora ligada, ele digitou três vezes a tecla `9` para registrar o número 999.

2º Digitou a tecla `+` e a tecla `1`.

3º Digitou a tecla `=` e obteve o resultado.

a. Escreva na calculadora o número que Alexandre obteve.

b. Escreva por extenso o número que Alexandre obteve.

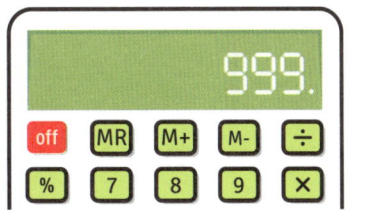

SE NECESSÁRIO, REALIZE O MESMO PROCEDIMENTO QUE ALEXANDRE.

Vimos anteriormente como representar **unidades**, **dezenas** e **centenas** utilizando **cubinhos**, **barras** e **placas**.

Veja, agora, como podemos representar o número **1 000**.

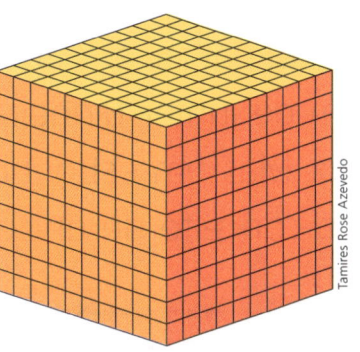

1 cubo

Mil ou 1 unidade de milhar

2. Sabemos que no **sistema de numeração decimal** agrupamos os elementos de **dez em dez**. Observe as trocas que podemos realizar e complete as informações e os itens.

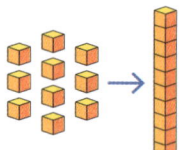

10 cubinhos por 1 barra

10 unidades por 1 dezena

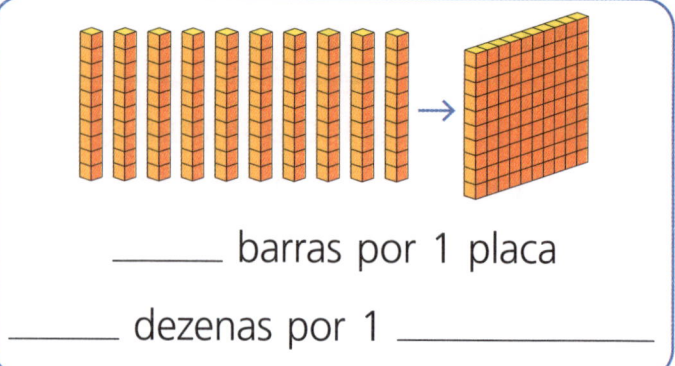

_____ barras por 1 placa

_____ dezenas por 1 _____

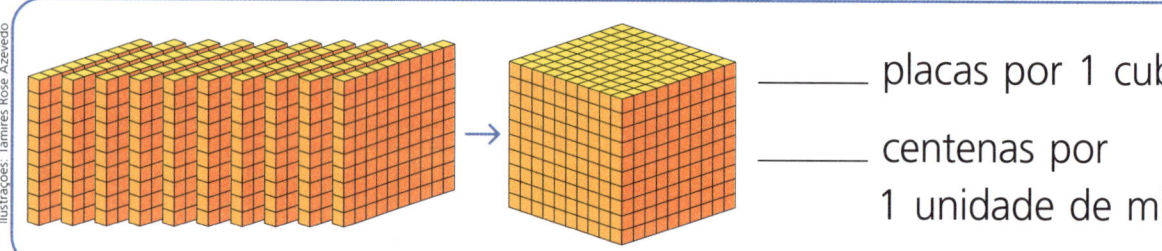

_____ placas por 1 cubo

_____ centenas por 1 unidade de milhar

a. Quantas unidades formam 1 unidade de milhar?

_____

b. Quantas dezenas formam 1 unidade de milhar?

_____

c. Quantas centenas formam 1 unidade de milhar?

_____

Aprenda mais!

No livro *Uma história do outro planeta*, Adelaide e Caio vão trabalhar em uma fábrica de bolinhas de gude a fim de juntar dinheiro para sua festa de aniversário. Mas um estranho aparece e vai ajudar a construir o conceito de unidade de milhar.

Uma história do outro planeta, de Luzia Faraco Ramos. 3. ed. Ilustrações de Faifi. São Paulo: Ática, 2003. (Turma da Matemática).

3. Em 1963, a russa Valentina Tereshkova, com apenas 26 anos de idade, foi a primeira mulher a ir ao espaço em um voo solo.

Veja como podemos representar o número que corresponde ao ano em que Valentina viajou para o espaço.

voo solo: voo que o piloto executa sem a companhia de instrutor

Valentina Tereshkova com seu traje espacial. Imagem retratada em junho de 1969.

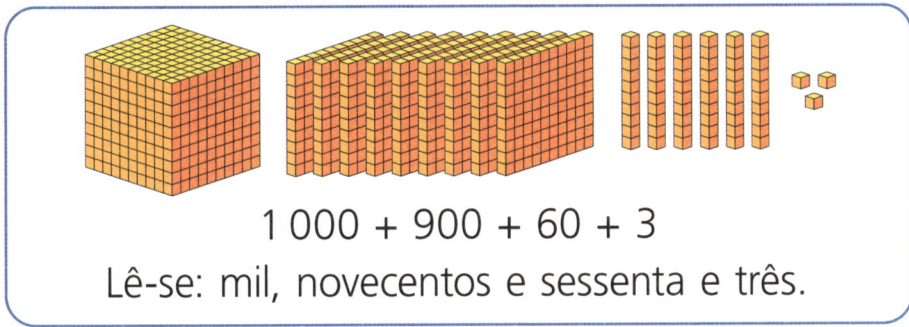

1 000 + 900 + 60 + 3
Lê-se: mil, novecentos e sessenta e três.

Agora, decomponha e escreva por extenso o número correspondente à quantidade representada em cada quadro.

A

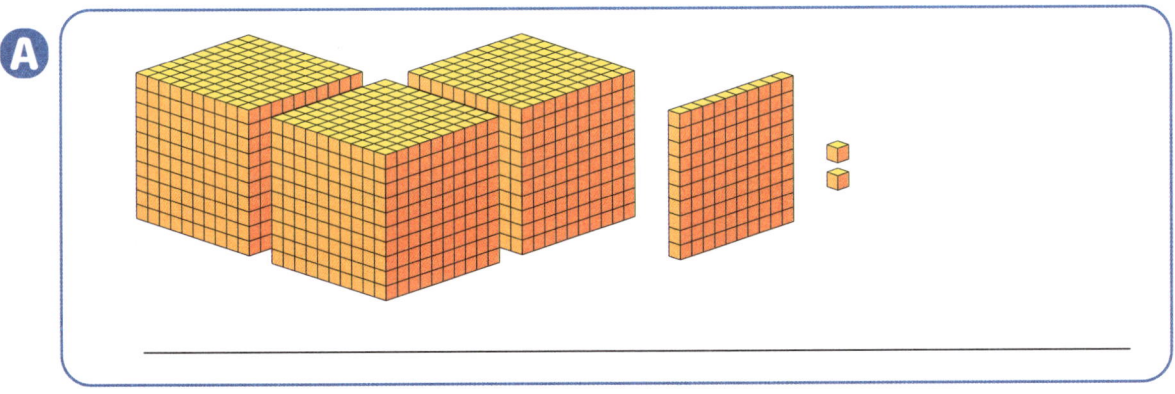

_____

B

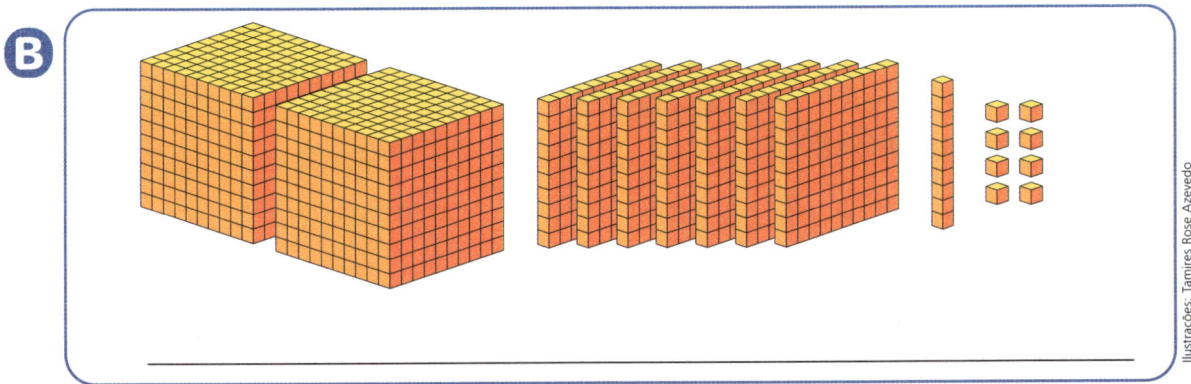

_____

4. A posição ocupada por um algarismo em um número é chamada **ordem**. Veja as ordens do número 2 783.

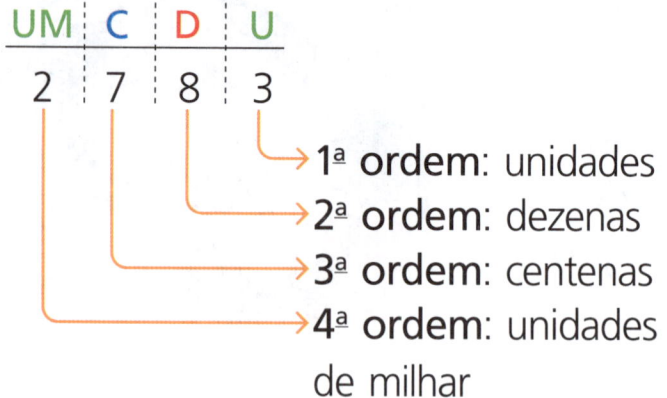

> O algarismo da ordem das dezenas é o 8.
>
> Podemos dizer que o algarismo 8 representa 8 dezenas ou 80 unidades.

Agora, veja o valor dos outros algarismos no número 2 783 e complete.

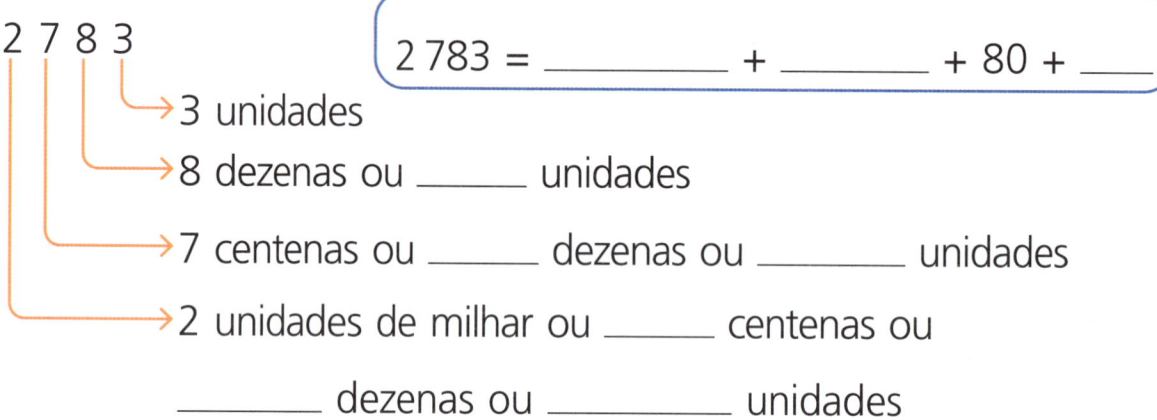

2 783 = _____ + _____ + 80 + ____

5. Complete os itens com o que falta.

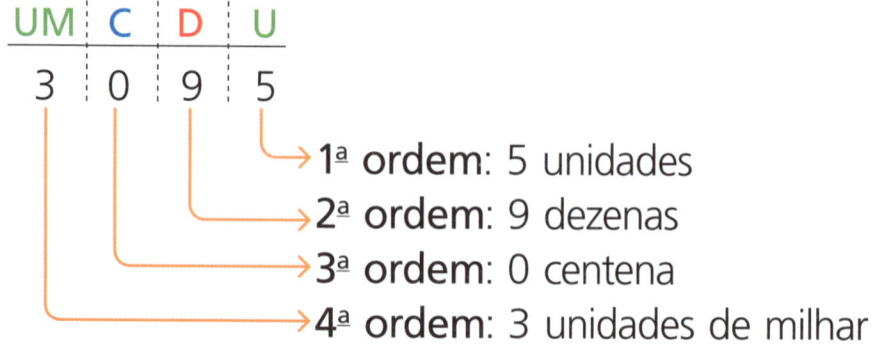

No número 3 095:

- o algarismo 9 representa _____ dezenas ou _____ unidades.

- o algarismo 3 representa _____ unidades de milhar ou _____ centenas ou _____ dezenas ou _____ unidades.

6. Em agosto de 2017, cerca de 1 017 crianças de 9 a 11 anos participaram de um evento do programa *Turismo do Saber*, de maneira inclusiva, promovendo a igualdade de oportunidades.

a. Identifique os números que aparecem no texto e represente-os no quadro de ordens ao lado.

UM	C	D	U

b. Decomponha os números identificados no item **a**.

_____

_____

c. Escreva por extenso os números 2 017 e 1 017.

_____

_____

d. Entre os números abaixo, contorne aqueles em que o algarismo da ordem das unidades de milhar é o 2.

6 092   2 578   1 222   8 927   2 071   7 510

Que curioso!

Ampliando o saber por meio do conhecimento

O programa *Turismo do Saber* é uma iniciativa da Secretaria Estadual de Turismo de São Paulo. Por meio de suas ações, crianças da rede pública de ensino vivenciam atividades culturais e turísticas, com o objetivo de aprofundar os conteúdos desenvolvidos em sala de aula. Outras informações sobre esse programa estão disponíveis no *site* <http://www.turismo.sp.gov.br/publico/noticia.php?codigo=40>. Acesso em: 20 fev. 2020.

7. O professor Eduardo propôs um desafio a seus alunos.

Desafio
- O algarismo da ordem das unidades de milhar é o 4 e o das centenas é o 7.
- O algarismo 2 representa 2 unidades e o 8, 80.

LEIAM AS DICAS E DETERMINEM QUAL É O NÚMERO DESCONHECIDO.

a. Qual é o número desconhecido? _____

b. Decomponha e escreva esse número por extenso.

_____

_____

8. Ligue o ábaco ao número correspondente.

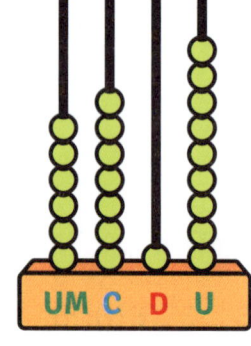 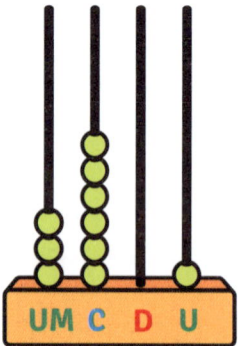 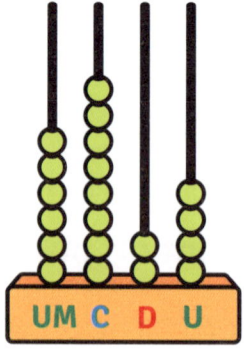 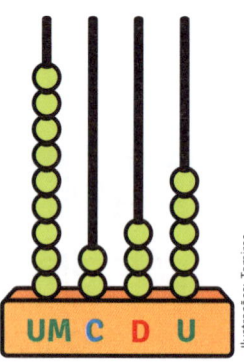

6 824   9 235   6 719   3 601

9. O Teatro Guaíra é um centro cultural com auditórios para teatro, dança e espetáculos musicais. Localizado na cidade de Curitiba (PR), abriga três auditórios que, juntos, têm capacidade para 2 763 pessoas.

Podemos dizer que a capacidade de público do Teatro Guaíra é de aproximadamente 3 000 pessoas, pois, arredondando o número 2 763 para a **unidade de milhar mais próxima**, obtemos 3 000.

Fachada do Teatro Guaíra, em Curitiba, estado do Paraná, em 2015.

O NÚMERO 2 763 ESTÁ MAIS PRÓXIMO DE 3 000 DO QUE DE 2 000.

2 000   2 763   3 000

a. Determine a capacidade de público, aproximada, desse teatro, arredondando o número 2 763 para a **centena mais próxima**.

2 700   2 763   2 800

O número 2 763 está mais próximo de _____ do que de _____.

Portanto, também podemos dizer que a capacidade de público do teatro é de aproximadamente _____ pessoas.

b. Você já foi a algum teatro? Se sim, conte sua experiência para seus colegas e o professor.

10. Arredonde os números a seguir para a **unidade de milhar mais próxima** e para a **centena mais próxima**.

a. 3 198 _____

b. 7 805 _____

c. 6 780 _____

11. O gráfico apresenta a população indígena de alguns municípios brasileiros em 2010.

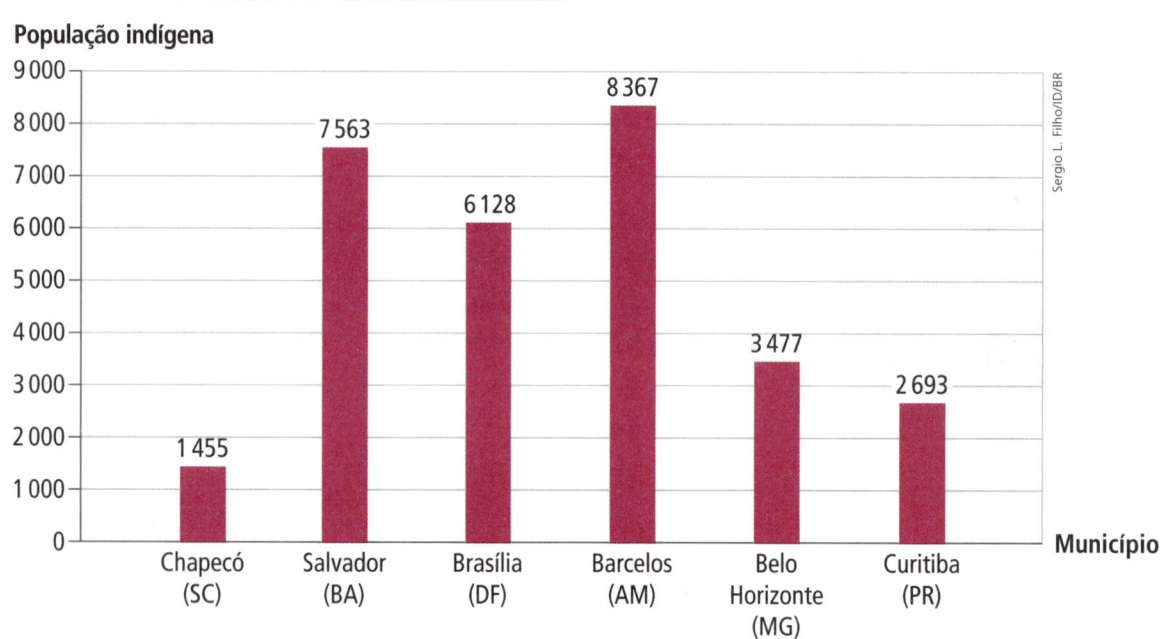

Fonte de pesquisa: IBGE. Disponível em: <https://indigenas.ibge.gov.br/graficos-e-tabelas-2.html>. Acesso em: 25 out. 2017.

a. Arredonde para a **unidade de milhar mais próxima** o número que representa a população indígena do município de:

- Salvador _____
- Barcelos _____
- Brasília _____
- Curitiba _____

b. Arredonde para a **centena mais próxima** o número que representa a população indígena do município de:

- Belo Horizonte _____
- Chapecó _____

Comparação

1. Carlos pretende comprar um televisor. Para isso, ele realizou uma pesquisa e obteve os seguintes preços.

a. Ajude Carlos a determinar em qual loja o televisor é mais barato e complete.

> **Dica** Note que os números possuem a mesma quantidade de algarismos e os algarismos das unidades de milhar são iguais.

_____ é **menor** do que _____ .

Portanto, o televisor é mais barato na loja _____.

b. Carlos possui R$ 2 000,00. Com essa quantia é possível comprar o televisor mais barato? Justifique sua resposta.

2. Complete a reta numérica utilizando os números que aparecem nas fichas abaixo.

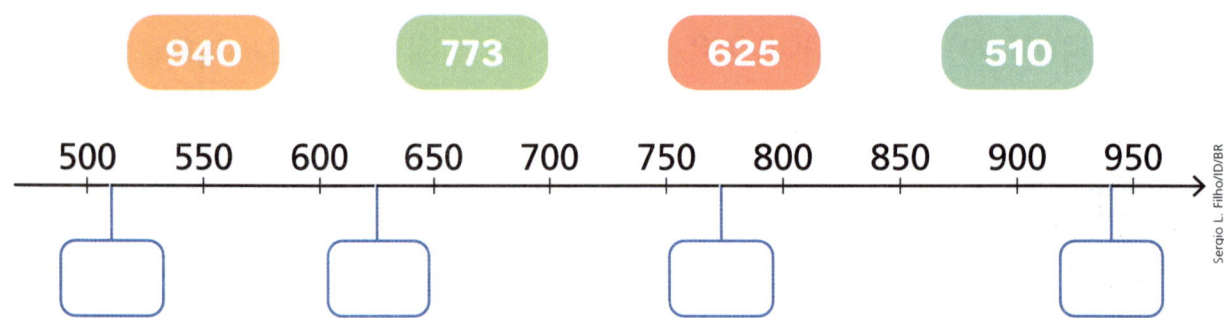

Agora, utilizando os símbolos > (maior do que), < (menor do que) ou = (igual), compare os números.

a. 500 _____ 510

b. 550 _____ 625

c. 850 _____ 850

d. 940 _____ 950

e. 900 _____ 900

f. 600 _____ 550

g. 700 _____ 773

h. 800 _____ 950

3. Complete os itens a seguir com os números que aparecem nas fichas.

208	402	655
923	135	408

Dica Cada ficha poderá ser utilizada uma única vez.

a. 200 < _____

b. 923 = _____

c. 401 < _____

d. _____ > 130

e. _____ = 655

f. _____ > 390

4. Complete com os símbolos >, < ou =.

a. 900 + 30 + 1 _____ 518

b. 817 _____ 800 + 10 + 1

c. 500 + 30 + 7 _____ 713

d. 600 + 40 + 9 _____ 700

e. 601 _____ 200 + 30 + 8

f. 300 + 20 + 4 _____ 324

5. Nos quadros estão representadas as quantias que Carlos, Maria, Sérgio e Paula possuem.

R$ 732,00   R$ 372,00   R$ 492,00   R$ 366,00

a. De acordo com as informações, escreva quantos reais cada um deles possui.

Carlos possui a maior quantia.   Maria possui a menor quantia.

A quantia que Sérgio possui é menor do que a de Paula.

Carlos   Maria   Sérgio   Paula

_____ _____ _____ _____

b. Escreva por extenso a quantia em reais de cada pessoa.

_____

_____

_____

_____

6. Utilizando fichas diferentes, forme um número de três algarismos:

1 5 3 4 2 9 8 7 6

a. maior do que 500 e menor do que 700. _____

b. menor do que 600. _____

c. par e maior do que 300. _____

d. ímpar e menor do que 900. _____

e. que seja o maior número possível. _____

f. que seja o menor número ímpar possível. _____
Compare suas respostas com as de alguns colegas.

7. Complete as sentenças utilizando os números que aparecem nos cadeados.

[Cadeados: 1050, 3010, 1997, 3018, 2009]

a. O número _____ está entre 1 049 e 1 051.

b. O número _____ é menor do que 2 010.

c. O número _____ é maior do que 3 000.

d. O número _____ é sucessor do número 3 017.

e. O número _____ é antecessor do número 1 998.

8. Considere os números de cada quadro a seguir.

A

[Peças de quebra-cabeça: 2500, 2050, 2005, 2525, 2502, 2250, 2052, 2205]

B

[Peças de quebra-cabeça: 7150, 7510, 7105, 7015, 7051, 7151, 7511, 7115]

a. Escreva os números do quadro **A** em ordem crescente.

_____

_____

b. Escreva os números do quadro **B** em ordem decrescente.

_____

_____

36 Trinta e seis

9. Complete a reta numérica com os números que estão faltando, sabendo que ela está dividida em partes de mesmo tamanho.

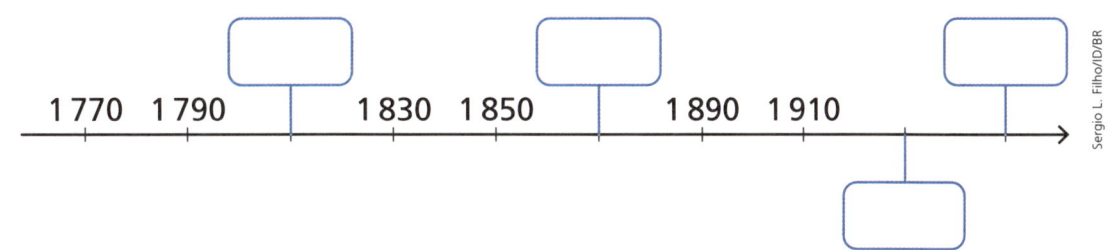

1 770   1 790   ☐   1 830   1 850   ☐   1 890   1 910   ☐
                                                        ☐

Agora, complete com a palavra **maior**, **menor** ou **entre**, de maneira que a sentença seja verdadeira.

a. 1 770 é _____ do que 1 790.

b. 1 810 está _____ 1 790 e 1 830.

c. 1 870 é _____ do que 1 850.

d. 1 910 é _____ do que 1 930.

e. 1 850 é _____ do que 1 830.

10. Escreva o antecessor e o sucessor de cada um dos números a seguir.

a. ☐ , 1 600 , ☐ .   c. ☐ , 1 799 , ☐ .

b. ☐ , 1 120 , ☐ .   d. ☐ , 1 837 , ☐ .

Para fazer juntos!

Recorte 10 pedaços de papel. Em cada pedaço, escreva um número entre 1 000 e 9 999.

Em seguida, junte-se a um colega para fazer comparações. Para isso, cada um, na sua vez, deve sortear 2 papéis e escrever os números sorteados em seu caderno. Usem os símbolos de **>**, **<** e **=** ao comparar os números.

Façam isso até acabar os papéis. Por fim, dê os números que você comparou para seu colega conferir se os símbolos estão indicados corretamente. Você confere os dele.

Sequências numéricas

1. Observe o que as crianças estão dizendo.

- QUE NÚMERO VEM IMEDIATAMENTE DEPOIS DO 1000?
- DEPOIS DO 1000 VEM O 1001.
- E DEPOIS DO 1001 VEM O 1002.
- E DEPOIS DO 1002 VEM O 1003.

• Quais são os dez próximos números depois do 1 003?

_____

2. Em cada uma das sequências abaixo há dois números fora da posição correta. Contorne esses números.

A 1001, 1002, 1007, 1004, 1005, 1006, 1003, 1008, 1009, 1010

B 3 597, 3 598, 3 599, 3 604, 3 601, 3 602, 3 603, 3 600, 3 605

C 8 392, 8 395, 8 394, 8 393, 8 396, 8 397, 8 398

a. Reescreva cada sequência em ordem crescente.

A _____
B _____
C _____

b. Escreva os cinco próximos números de cada uma destas sequências.

A _____
B _____
C _____

3. Utilizando uma calculadora, descubra o padrão das sequências e escreva os três próximos números de cada uma delas.

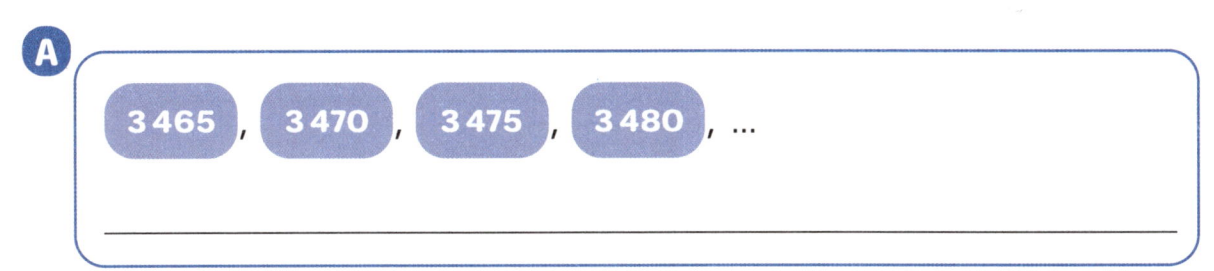

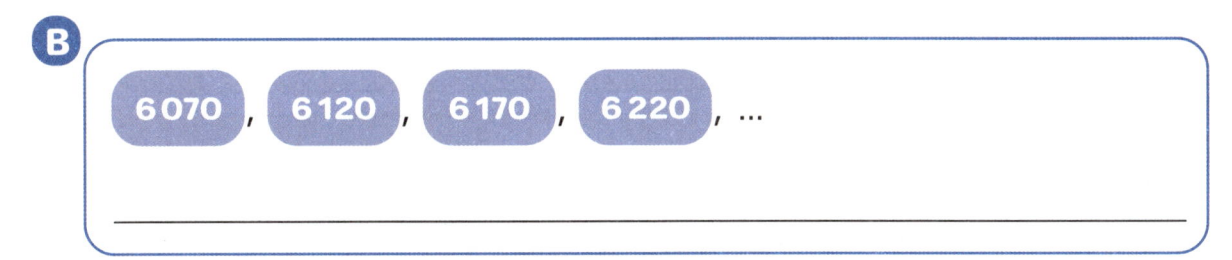

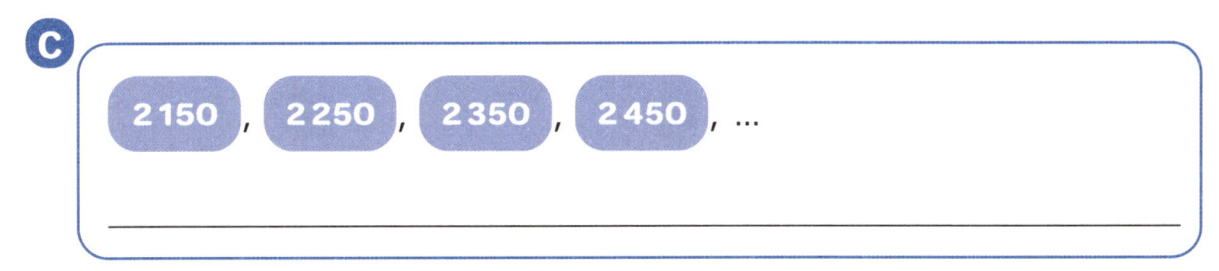

A 3 465 , 3 470 , 3 475 , 3 480 , ...

B 6 070 , 6 120 , 6 170 , 6 220 , ...

C 2 150 , 2 250 , 2 350 , 2 450 , ...

- Qual é o padrão de cada sequência?

  A _____
  B _____
  C _____

4. Complete as sequências numéricas com os números que faltam, de acordo com o padrão estabelecido em cada uma delas.

A 735 | 745 | 755 | 765 | ___ | ___

B 2 150 | 2 145 | 2 140 | ___ | ___ | 2 125

C 3 140 | 3 190 | 3 240 | ___ | ___ | ___

5. Descubra o padrão da sequência e escreva o número que cada letra representa.

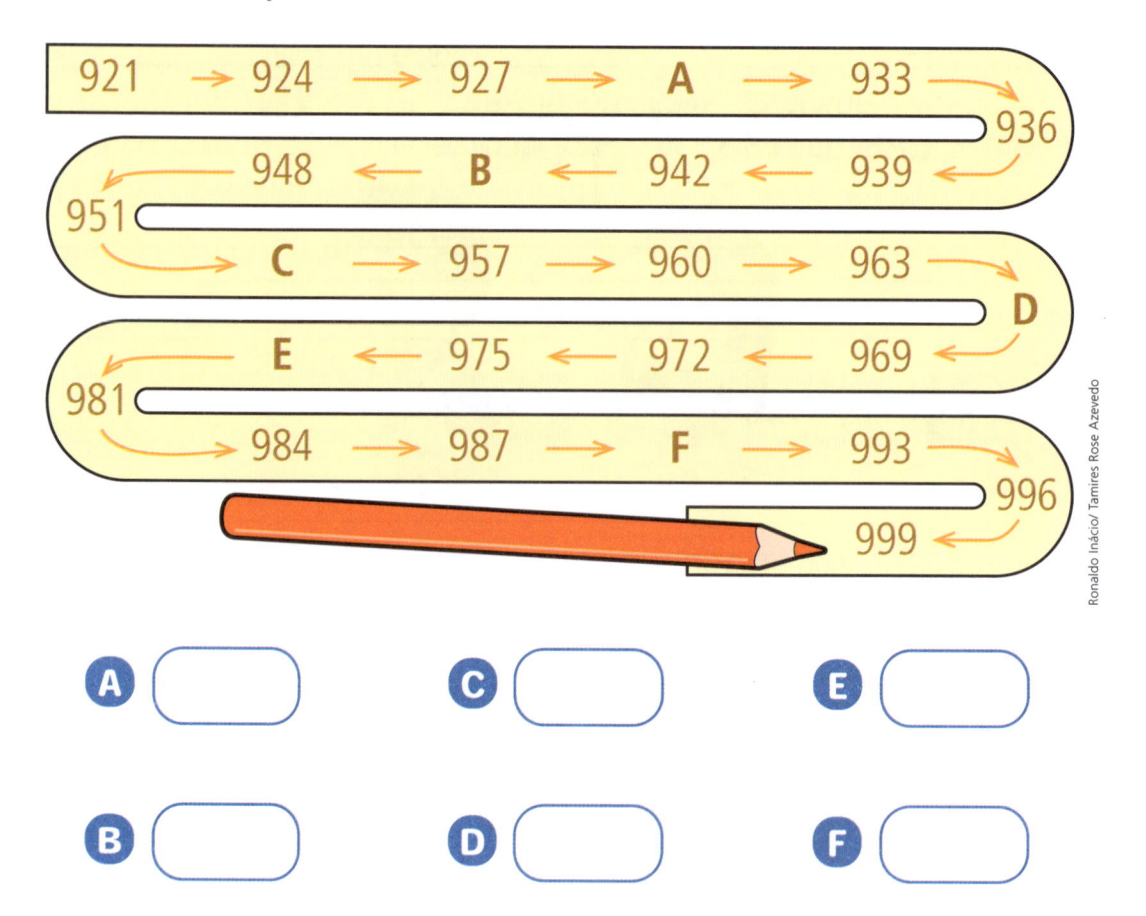

921 → 924 → 927 → A → 933 → 936
951 ← 948 ← B ← 942 ← 939
→ C → 957 → 960 → 963 → D
981 ← E ← 975 ← 972 ← 969
→ 984 → 987 → F → 993 → 996 → 999

- A ⬚
- B ⬚
- C ⬚
- D ⬚
- E ⬚
- F ⬚

a. Quais são os números pares desta sequência?
_____

b. Entre os números que você escreveu na sequência, qual deles é ímpar? _____

c. Escreva o antecessor e o sucessor de cada um dos números que correspondem às letras desta sequência.

- _____ < A < _____
- _____ < B < _____
- _____ < C < _____
- _____ < D < _____
- _____ < E < _____
- _____ < F < _____

d. Escreva os números dessa sequência que são dezenas exatas.
_____

Ponto de chegada

Nesta unidade, estudamos que os números aparecem em várias situações do dia a dia e vimos algumas maneiras de representá-los. Vamos recordar? Leia as informações abaixo e complete o que falta nos itens.

a. Representamos números utilizando cubinhos, barras, placas e cubos, no ábaco e no quadro de ordens.

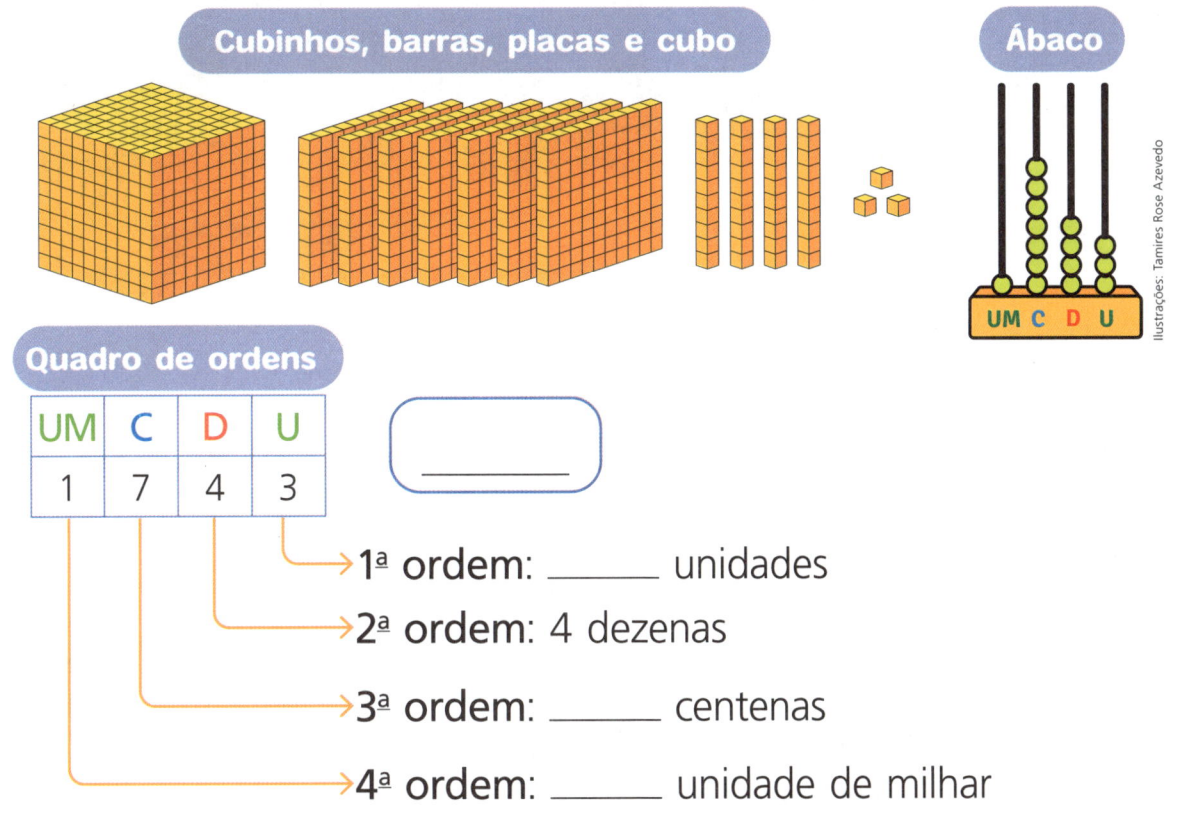

Cubinhos, barras, placas e cubo

Ábaco

Quadro de ordens

UM	C	D	U
1	7	4	3

→ 1ª **ordem**: _____ unidades

→ 2ª **ordem**: 4 dezenas

→ 3ª **ordem**: _____ centenas

→ 4ª **ordem**: _____ unidade de milhar

b. Arredondamos números para a **unidade de milhar** e para a **centena mais próxima**.

c. Utilizamos os símbolos < (menor do que), > (maior do que) ou = (igual) para comparar números.

952 _____ 945

852 _____ 862

d. Organizamos os números em ordem:

- **crescente**.

    650, _____, 652, 653.

- **decrescente**.

    801, 800, _____, 798.

unidade 2
Figuras geométricas espaciais

Estação tubo em Curitiba, no estado do Paraná, em 2018.

Vinicius Bacarin/Shutterstock.com/ID/BR

Ponto de partida

1. O ponto de ônibus retratado na foto lembra que figura geométrica espacial?

2. Que objetos do seu dia a dia têm formato parecido com o desse ponto de ônibus?

Reconhecendo figuras geométricas

1. Daniel observou que muitos objetos do dia a dia lembram figuras geométricas estudadas na escola.

Destaque os **adesivos** dos objetos da página **241** e cole-os ao lado da figura geométrica espacial com a qual cada um deles se parece.

Imagens sem proporção entre si.

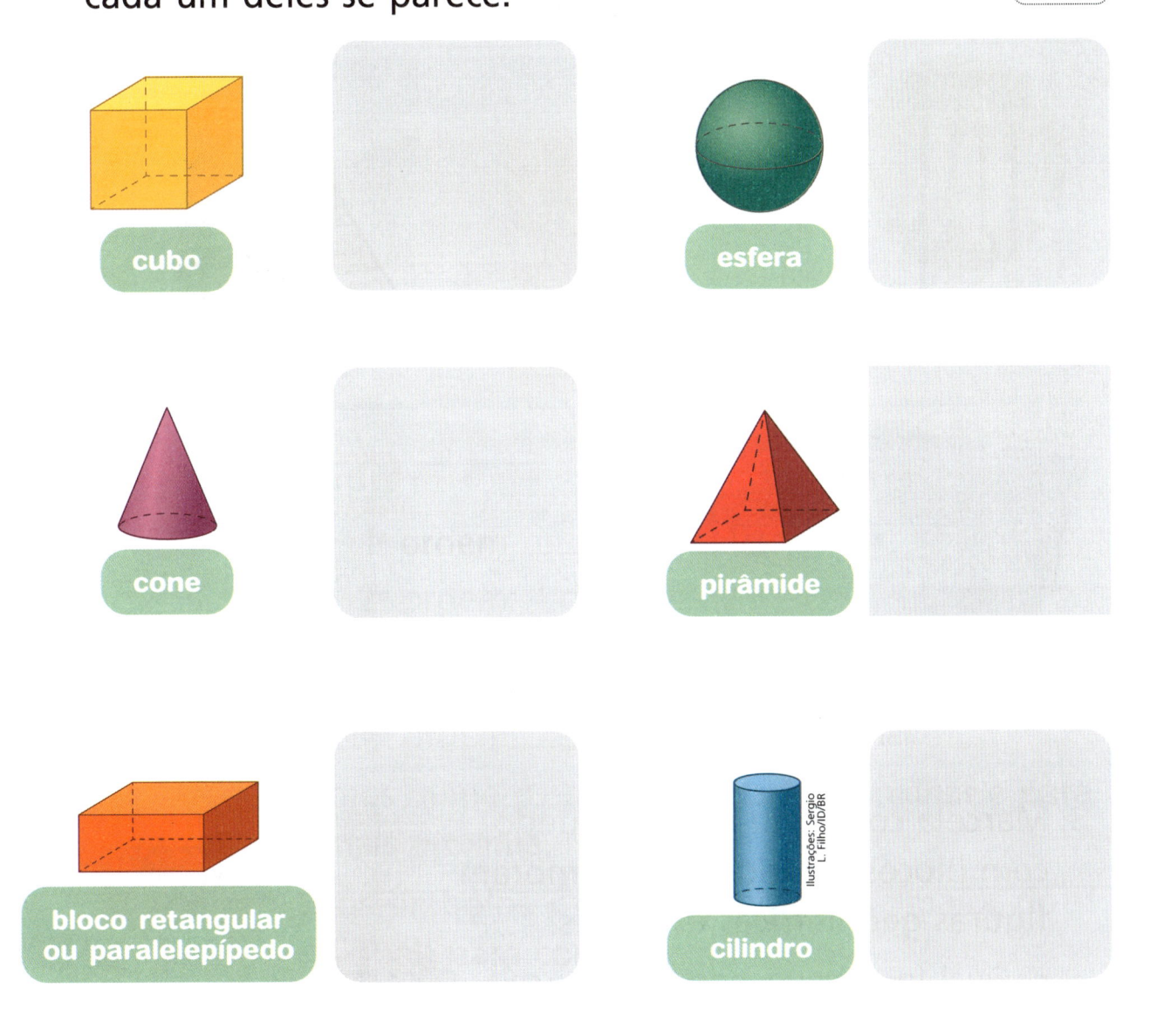

cubo

esfera

cone

pirâmide

bloco retangular ou paralelepípedo

cilindro

Agora, escreva o nome de outros objetos do dia a dia que lembram as figuras geométricas espaciais apresentadas.

_____

_____

Quarenta e três **43**

2. Contorne os objetos que lembram um paralelepípedo.

Imagens sem proporção entre si.

3. Marcela construiu um brinquedo com blocos coloridos que lembram figuras geométricas espaciais.

a. Qual foi o brinquedo que Marcela construiu?

_____

b. Os blocos que Marcela utilizou lembram quais figuras geométricas espaciais?

_____

4. Quais figuras geométricas espaciais você imagina ao observar as imagens a seguir?

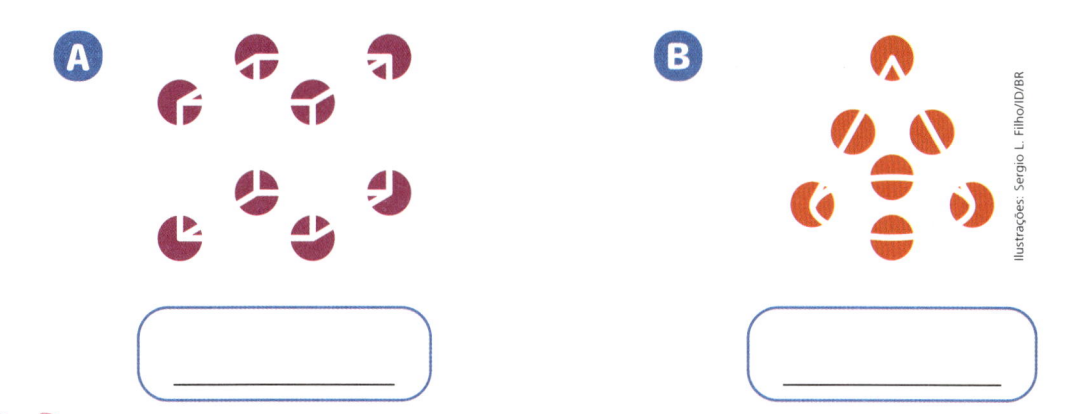

A

B

Para fazer juntos!

As figuras geométricas espaciais apresentadas na página **43** podem ser organizadas em dois grupos.

Junto com um colega, observe os grupos e discutam o que as figuras têm em comum.

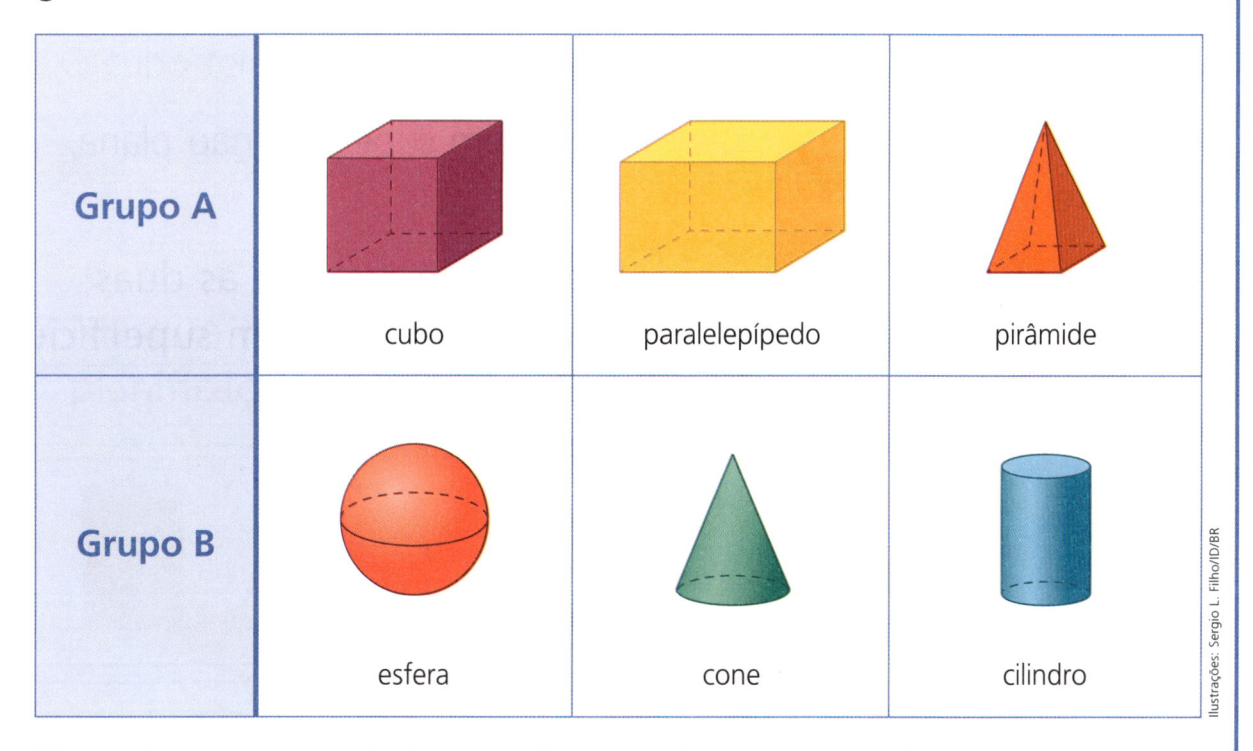

Grupo A	cubo	paralelepípedo	pirâmide
Grupo B	esfera	cone	cilindro

1. Que características as figuras do grupo **A** têm em comum?

2. Que características as figuras do grupo **B** têm em comum?

5. Os objetos representados a seguir lembram figuras geométricas espaciais.

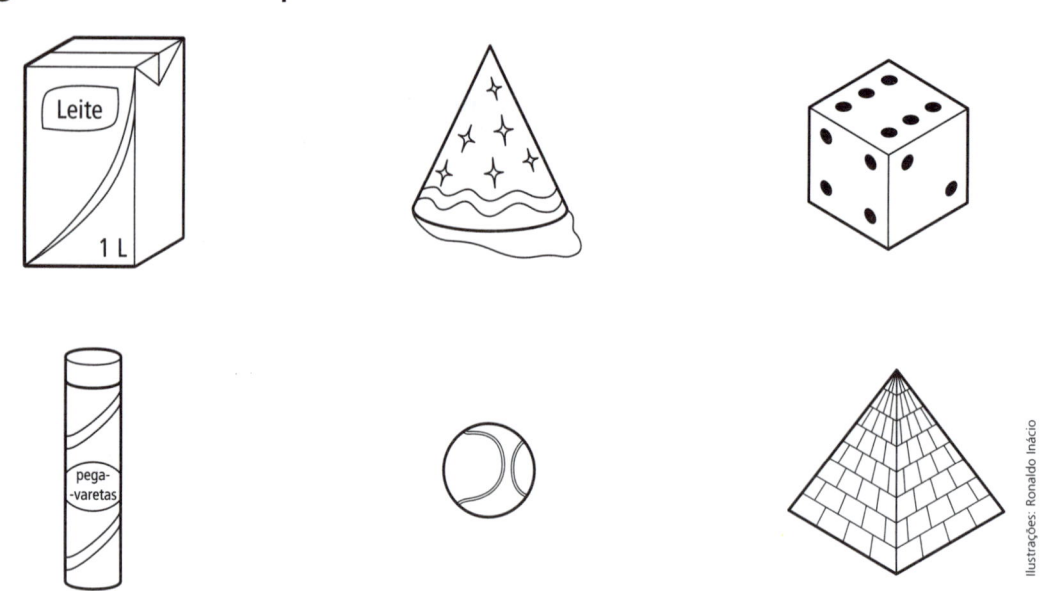

a. Pinte de azul o objeto que tem a forma de um cubo.

b. Contorne o objeto que tem a forma de uma pirâmide.

c. Marque com um **X** o objeto que tem a forma de um paralelepípedo.

d. Pinte de amarelo os objetos que têm superfície não plana, arredondada.

6. Entre os itens abaixo, contorne aquele em que as duas figuras geométricas espaciais representadas têm superfície não plana, ou seja, arredondada.

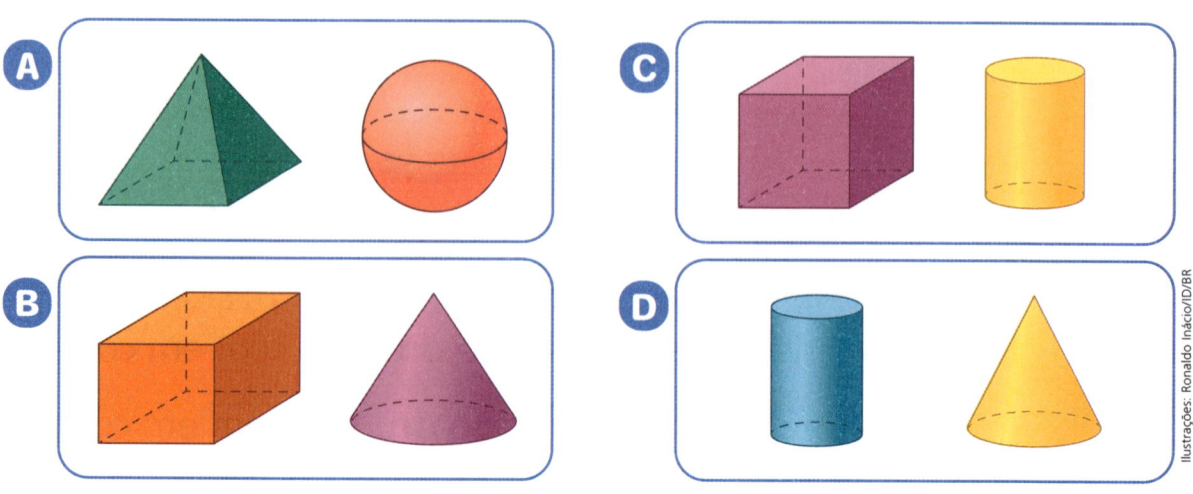

Matemática na prática

A professora Maria levou para a sala de aula o molde de um **cubo**. Veja como ela o montou.

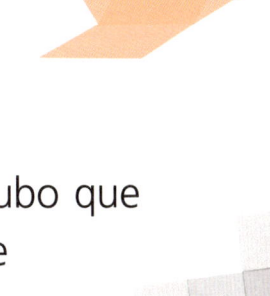

Destaque o molde do cubo que se encontra na página **225** e construa-o de acordo com as orientações de seu professor. Em seguida, complete a frase a seguir.

O cubo tem _____ faces, _____ vértices e _____ arestas.

7. Marque com um **X** a figura a seguir que representa a planificação do cubo.

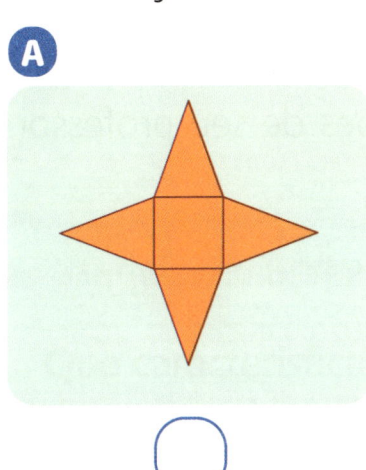

A   B   C

8. As imagens abaixo mostram as etapas de construção de uma caixa que lembra um paralelepípedo. Indique qual foi a sequência dessa construção escrevendo os ordinais 2º, 3º, 4º, 5º e 6º nos quadrinhos adequados.

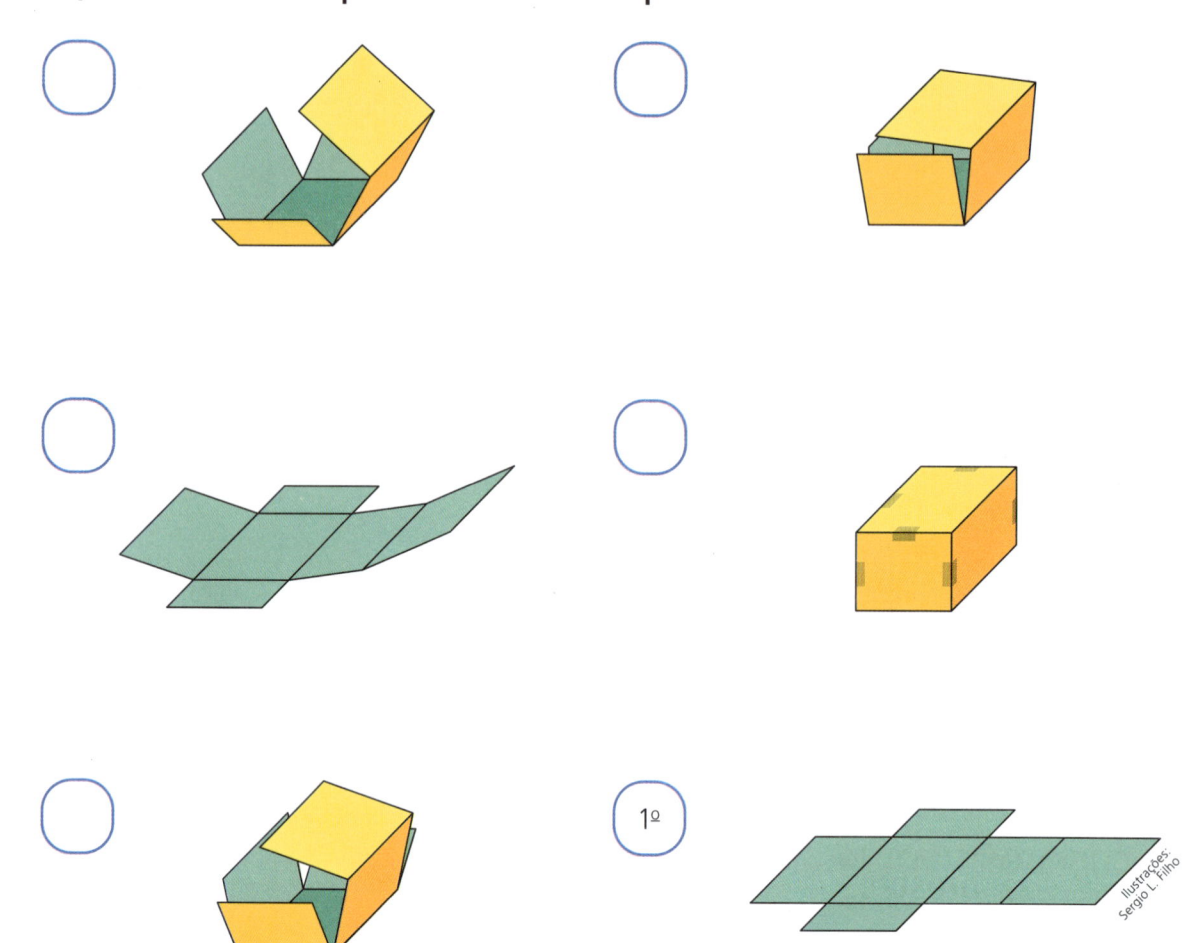

1º

Matemática na prática

Destaque o molde do paralelepípedo que se encontra na página 225 e construa-o de acordo com as indicações de seu professor.

O paralelepípedo que você montou tem:

• quantos vértices? _____ vértices.

• quantas arestas? _____ arestas.

• quantas faces? _____ faces.

9. João desmontou algumas caixas com formatos de cilindro, cone e pirâmide.

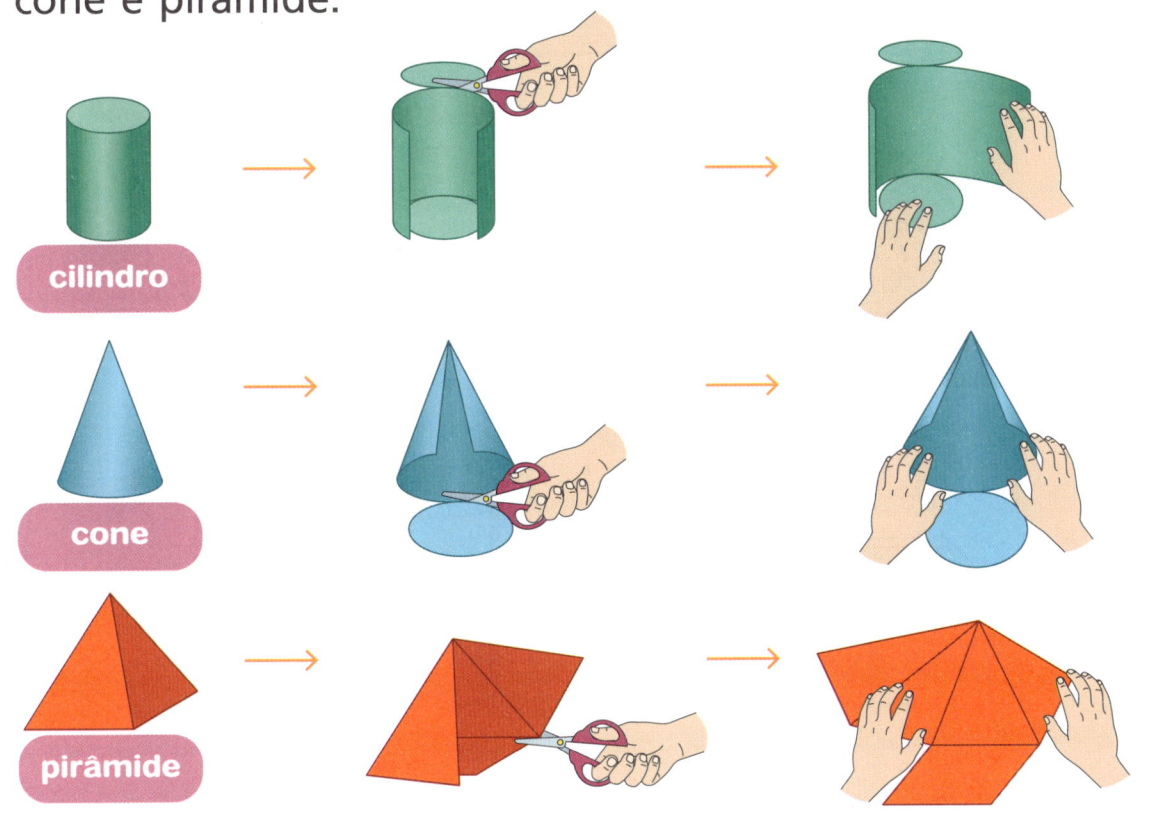

cilindro

cone

pirâmide

Marque com um **X** as figuras que representam as caixas de João totalmente desmontadas.

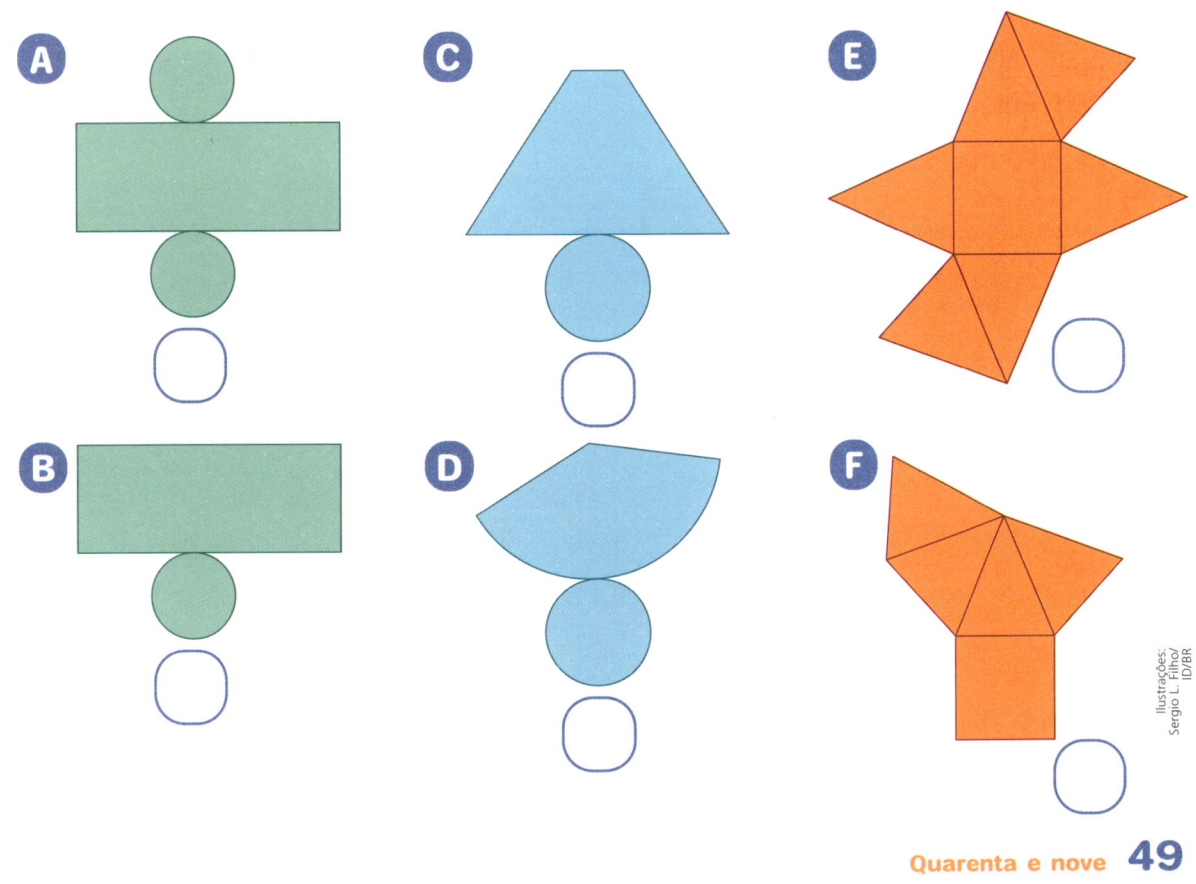

A

B

C

D

E

F

10. Para realizar uma atividade com seus alunos na sala de aula, Aroldo levou algumas embalagens.

PARA ESSA ATIVIDADE, VAMOS DESMONTAR ESSAS EMBALAGENS.

Ⓐ   Ⓑ   Ⓒ

Associe cada uma dessas embalagens com a imagem que representa sua planificação, escrevendo no quadrinho a letra correspondente.

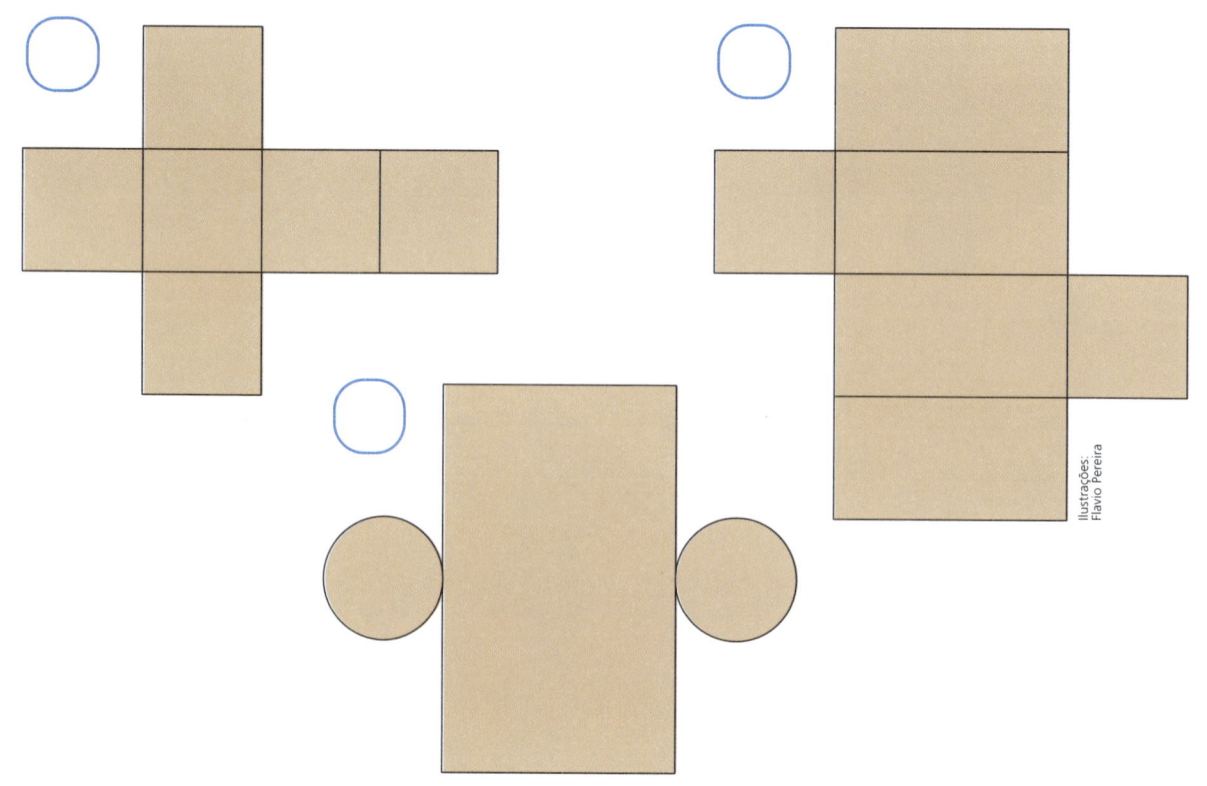

11. Mariana desmontou uma caixa de creme dental e obteve a planificação dessa caixa. Entre as figuras abaixo, contorne aquela que pode representar a planificação obtida por Mariana.

A

B

C

D

Divirta-se e aprenda

Jogo da velha com figuras geométricas espaciais

Vamos precisar de:

- massa de modelar
- pedaço de papelão quadrado com 30 cm de lado para o tabuleiro
- tesoura com pontas arredondadas
- fitas finas de papel colorido
- cola

Procedimentos:

Junte-se a um colega e siga as orientações do professor para a elaboração do tabuleiro e das peças com massa de modelar. Um jogador fica com peças que possuem partes arredondadas (esfera, cilindro, cone) e o outro fica com peças que não possuem partes arredondadas (bloco retangular, cubo, pirâmide).

Cada jogador, na sua vez, coloca uma das peças do seu grupo em uma das casas do tabuleiro. Cada casa recebe apenas uma peça.

Ganha o jogo aquele que completar primeiro uma linha, coluna ou diagonal do tabuleiro, apenas com as peças de seu grupo. Caso nenhum dos jogadores complete uma linha, coluna ou diagonal, o jogo terminará empatado.

Ponto de chegada

Nesta unidade, aprendemos a identificar algumas **figuras geométricas espaciais**. Leia e complete o que falta nos itens.

a. Percebemos que alguns objetos do nosso dia a dia lembram figuras geométricas espaciais.

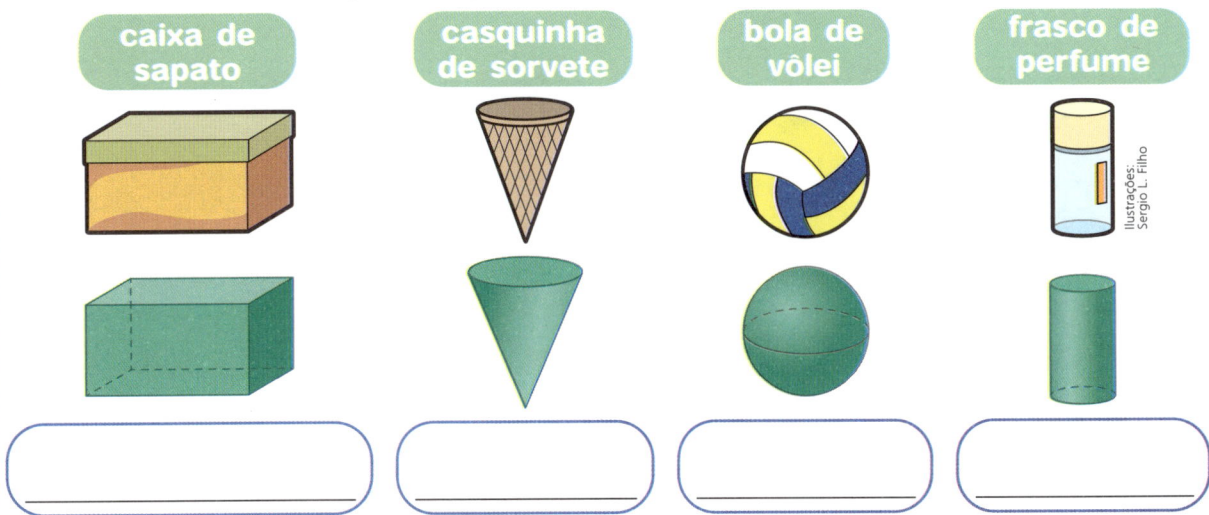

caixa de sapato	casquinha de sorvete	bola de vôlei	frasco de perfume

b. Identificamos as planificações de algumas figuras geométricas espaciais.

Planificação de um _____   Planificação de uma _____

c. Organizamos as figuras geométricas espaciais em dois grupos. Marque com um **X** as figuras geométricas que têm apenas superfícies planas e contorne aquelas que têm superfícies não planas.

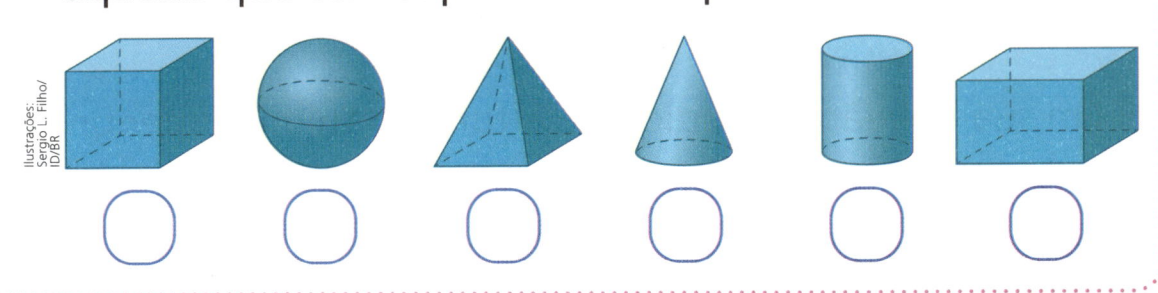

53

unidade 3
Medidas 1

Tuiuiú adulto: pode chegar a medir 115 centímetros de altura.

Casal de tuiuiú, considerado símbolo do Pantanal, procurando alimento em um lago. Imagem capturada em 2015.

Ponto de partida

1. Em sua opinião, a medida da altura do tuiuiú é menor do que a sua?

2. Em sua sala de aula, há alunos mais altos do que essa ave?

Medidas de comprimento

1. A professora pediu a quatro alunos que medissem a largura da sala de aula.

Quanto mede a largura da sala?

25 palmos.

18 pés.

17 pés.

26 palmos.

💬 Os resultados obtidos pelos alunos são iguais ou diferentes? Por que isso aconteceu? Converse com o professor e seus colegas sobre esse assunto.

Matemática na prática

Seu professor vai escolher dois alunos para medir a largura de sua sala de aula utilizando os pés.

a. Faça uma estimativa de quantos pés de cada aluno serão necessários para medir a largura de sua sala.

b. Realizadas as medições, compare os resultados obtidos pelos alunos com suas estimativas. Os resultados obtidos pelos alunos foram iguais? Justifique sua resposta.

O centímetro

2. Observe o que a professora está dizendo para uma de suas alunas.

> VIMOS QUE O PALMO E O PÉ NÃO SÃO UNIDADES DE MEDIDA ADEQUADAS PARA MEDIR COMPRIMENTOS, POIS OS TAMANHOS DO PÉ E DA MÃO VARIAM DE UMA PESSOA PARA OUTRA.

> E O QUE FAZER PARA EVITAR ESSE TIPO DE CONFUSÃO?

Para evitar essa confusão, foram criadas unidades de medida de comprimento padronizadas, entre elas o **centímetro** (cm). Assim, todos que medirem um objeto usando a mesma unidade de medida padronizada vão obter o mesmo resultado.

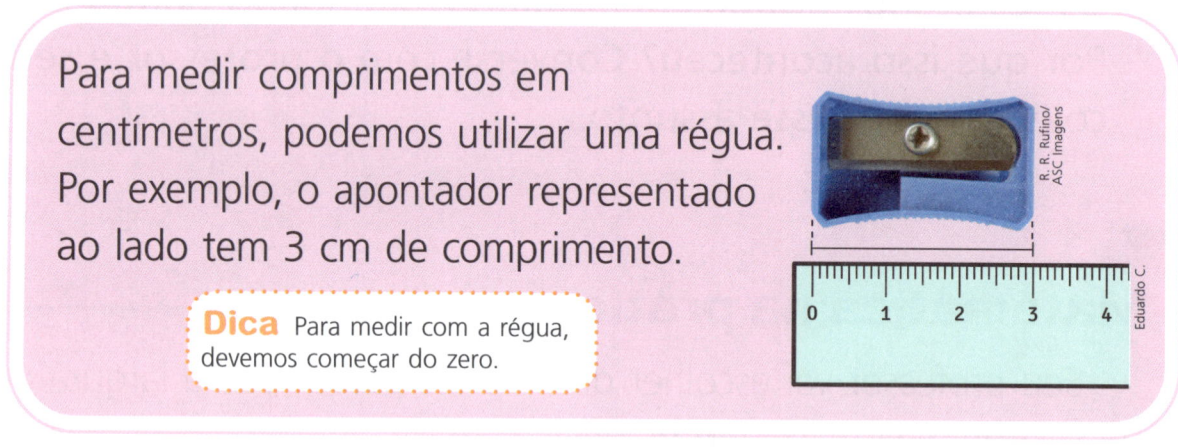

Para medir comprimentos em centímetros, podemos utilizar uma régua. Por exemplo, o apontador representado ao lado tem 3 cm de comprimento.

Dica Para medir com a régua, devemos começar do zero.

Agora, escreva a medida do comprimento, em centímetro, de cada um dos objetos representados.

_____ cm

_____ cm

3. Esta tira tem 12 cm de comprimento, dos quais 3 cm estão pintados de **vermelho**.

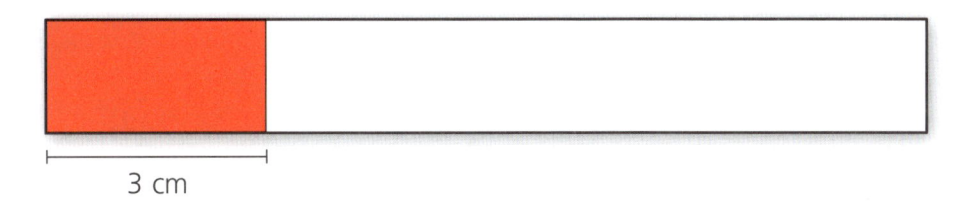

|—— 3 cm ——|

Pinte cada uma das tiras a seguir, de acordo com as medidas indicadas.

A

5 cm

B

7 cm

C

10 cm

Ilustrações: Rafael L. Gaion

Aprenda mais!

No livro *Procura-se!*, você vai encontrar diversos animais que infelizmente estão em perigo de extinção e poderá descobrir seus tamanhos, massas e outras curiosidades sobre medidas na natureza.

Procura-se!: galeria de animais ameaçados de extinção, de vários autores. Ilustrações de Mario Bag. São Paulo: Companhia das Letrinhas, 2007.

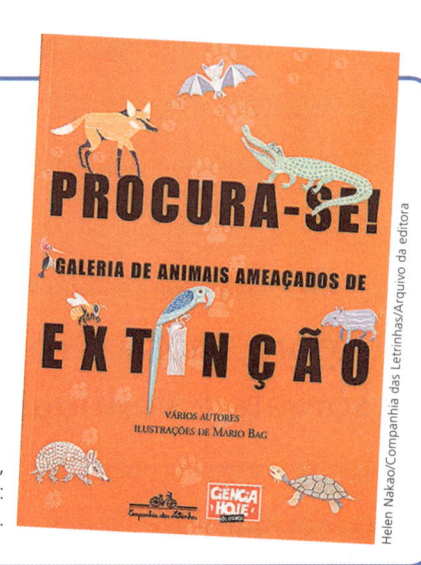

Helen Nakao/Companhia das Letrinhas/Arquivo da editora

4. Leia o que as crianças estão dizendo e, sem realizar medições, escreva o nome daquelas cuja afirmação você acha que está correta.

Fabiana: O PALITO DE SORVETE TEM MAIS DO QUE 14 CM DE COMPRIMENTO.

Juliano: ESTE PALITO DE SORVETE TEM ENTRE 7 CM E 12 CM DE COMPRIMENTO.

Inês: O COMPRIMENTO DA BORRACHA MEDE 6 CM.

Gabriel: A BORRACHA TEM ENTRE 3 CM E 6 CM DE COMPRIMENTO.

_____

Agora, meça o comprimento da borracha e o do palito de sorvete e verifique se sua resposta está correta.

palito → _____ cm

borracha → _____ cm

5. Nas malhas a seguir, estão representados os caminhos feitos por duas formigas. Por meio de estimativa, escreva qual dos caminhos é o mais longo.

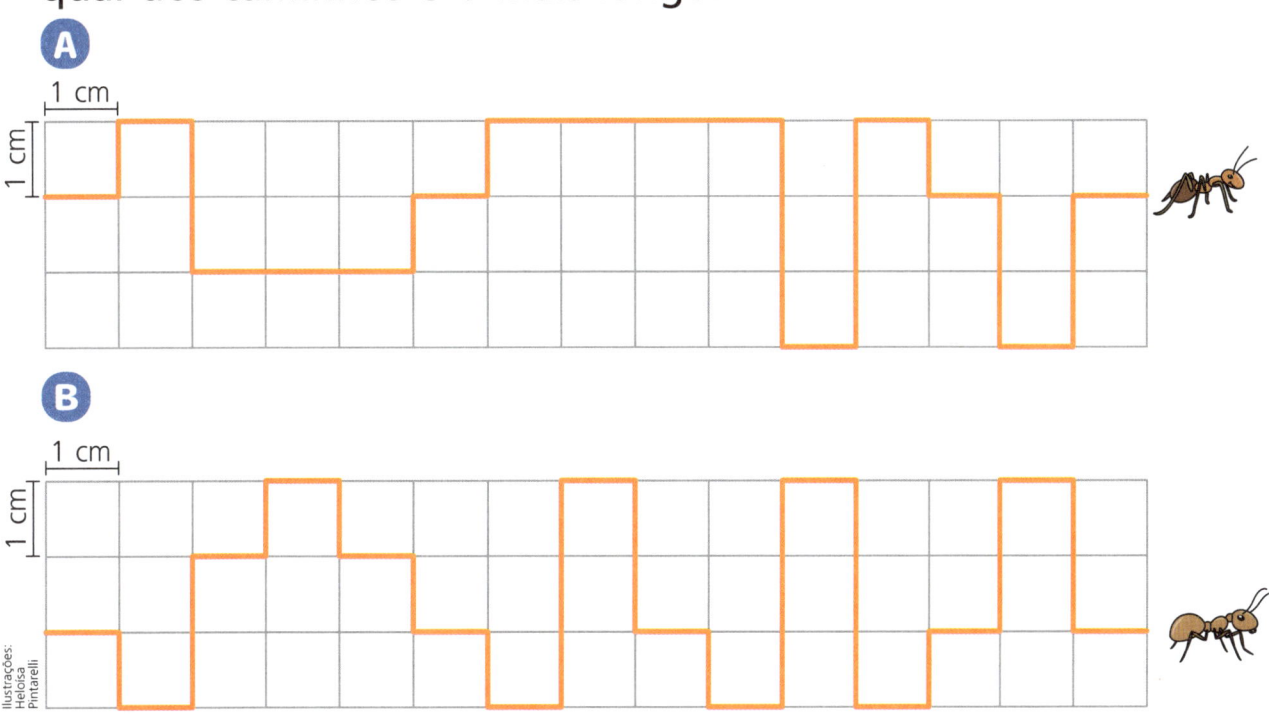

A

B

_____

Realize medições da maneira que achar mais adequada e obtenha, em centímetros, a medida do comprimento dos caminhos **A** e **B**. Em seguida, verifique se sua estimativa está correta.

Caminho A: _____ cm.

Caminho B: _____ cm.

6. Sem realizar medições, indique se a linha **azul** é maior, menor ou do mesmo comprimento do que a linha **alaranjada**.

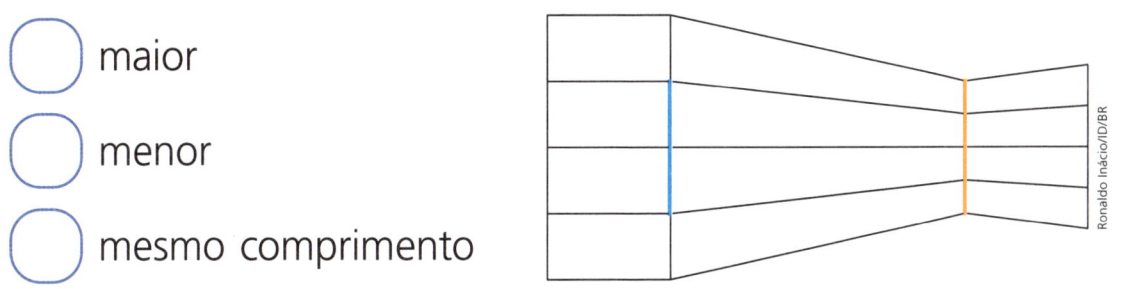

◯ maior

◯ menor

◯ mesmo comprimento

Compare sua resposta com a de um colega. Depois, utilizem uma régua e verifiquem se suas respostas estão corretas.

7. Utilizando uma régua, meça o comprimento de cada uma das linhas.

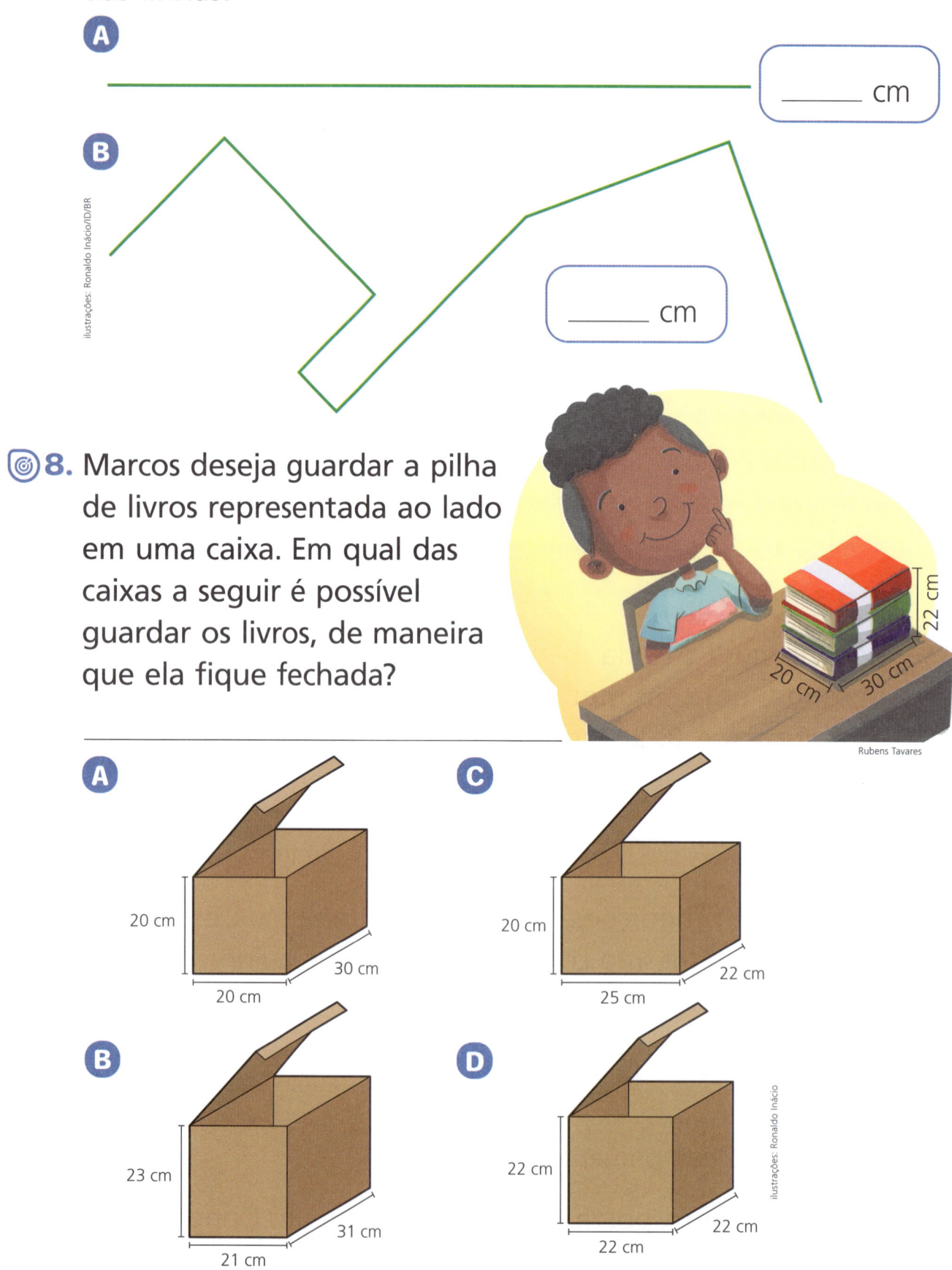

A

_____ cm

B

_____ cm

8. Marcos deseja guardar a pilha de livros representada ao lado em uma caixa. Em qual das caixas a seguir é possível guardar os livros, de maneira que ela fique fechada?

A
20 cm
30 cm
20 cm

B
23 cm
31 cm
21 cm

C
20 cm
22 cm
25 cm

D
22 cm
22 cm
22 cm

O milímetro

9. Maria e José estão realizando algumas medições.

> MARIA, ESTE GIZ DE CERA TEM MAIS DO QUE 8 CM E MENOS DO QUE 9 CM.

a. Qual é a medida do comprimento desse giz de cera?

_____

Note que um centímetro (1 cm) está dividido em 10 partes iguais. Cada uma dessas partes corresponde a um **milímetro** (1 mm).

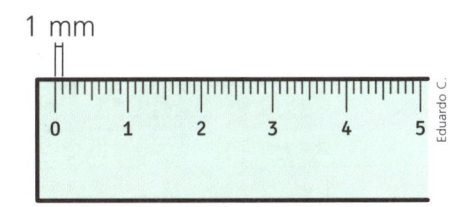

1 cm = 10 mm

Portanto, esse giz de cera tem 86 mm ou _____ cm e 6 mm de comprimento.

b. Maria e José também mediram o comprimento de uma chave e de uma borracha. Escreva a medida do comprimento desses objetos.

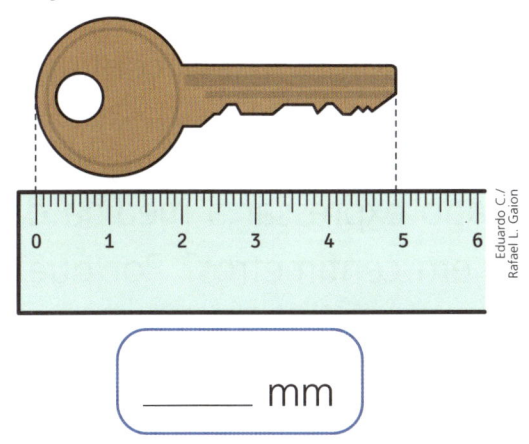

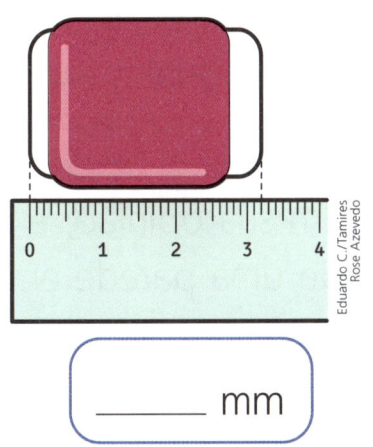

_____ mm

_____ mm

O metro

10. Além do centímetro e do milímetro, outra unidade padronizada de medida de comprimento é o **metro** (m).

O metro é dividido em 100 partes iguais, e cada uma dessas partes corresponde a 1 centímetro (1 cm).

$$1 \text{ m} = 100 \text{ cm}$$

Veja algumas situações em que o metro é utilizado como unidade de medida.

A ESTA PAREDE MEDE 2 M DE ALTURA.

B A LOUSA MEDE 5 M DE COMPRIMENTO.

a. Na situação **B**, os alunos estão medindo o comprimento da lousa. Qual é a medida desse comprimento em centímetros?

_____

b. Em sua opinião, é mais adequado expressar a medida da altura de uma parede em metros ou em centímetros? Por quê?

_____

_____

11. Qual é a unidade de medida mais adequada para expressar:

- a largura de um livro?

    ◯ cm   ◯ mm   ◯ m

- a espessura de um parafuso?

    ◯ cm   ◯ mm   ◯ m

- a altura de um prédio?

    ◯ cm   ◯ mm   ◯ m

12. Alguns animais possuem características interessantes. A girafa, por exemplo, é o animal terrestre mais alto do mundo. Um elefante adulto pode ser mais pesado do que um automóvel. E o camelo é um animal que consegue ficar muitos dias sem beber água.

Cada centímetro indicado nas fotos abaixo corresponde a 1 m na realidade. Realize as medições com o auxílio de uma régua e determine a medida da altura real aproximada desses três animais.

Elefante adulto: entre 4 000 kg e 7 000 kg de massa.

Camelo adulto: aproximadamente 650 kg de massa.

Girafa adulta: entre 600 kg e 1900 kg de massa.

Elefante: _____ m   Camelo: _____ m   Girafa: _____ m

Sessenta e três **63**

13. Jorge tem, em sua casa, alguns instrumentos para medir comprimento.

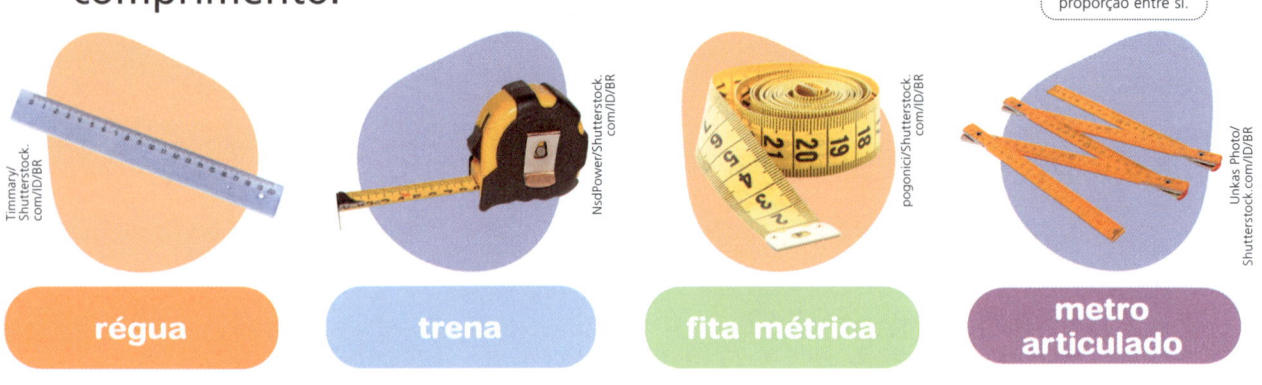

Imagens sem proporção entre si.

- régua
- trena
- fita métrica
- metro articulado

Agora, escreva qual instrumento é o mais adequado para Jorge medir:

- o comprimento de um tecido. _____
- a altura de um guarda-roupa. _____
- o comprimento de uma folha de papel sulfite. _____

14. Maria construiu um canteiro de flores.

PARA CERCAR ESSE CANTEIRO VOU PRECISAR DE 128 CM DE TELA.

Veja como podemos escrever, em metro e centímetros, a medida do comprimento de tela necessária para cercar o canteiro.

128 cm = 100 cm + 28 cm = 1 m + 28 cm = 1 m 28 cm

Agora, escreva as medidas a seguir em metro e centímetros.

- 135 cm = _____
- 282 cm = _____

15. O gráfico apresenta a altura dos atletas da seleção masculina que disputaram a liga mundial de voleibol em 2017.

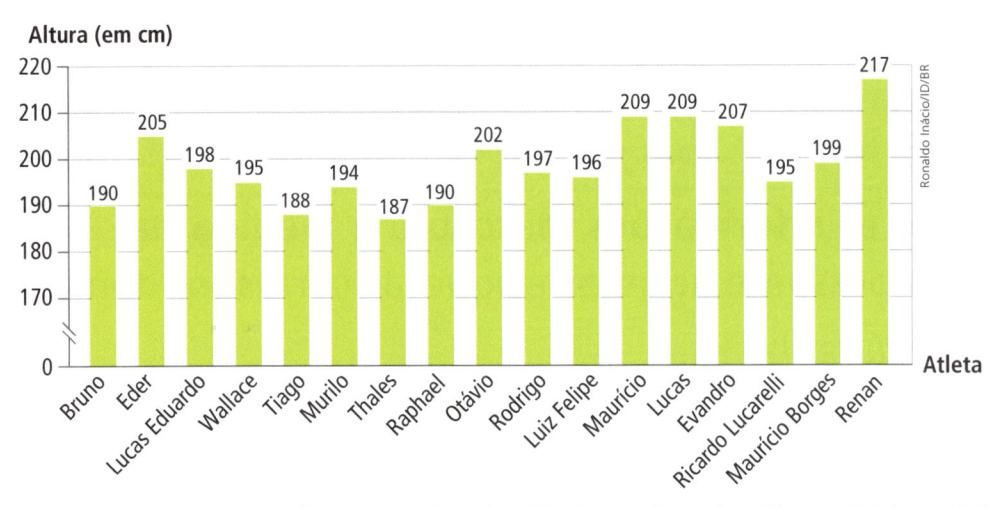

Altura dos atletas da seleção masculina de voleibol (2017)

Altura (em cm)
- Bruno: 190
- Eder: 205
- Lucas Eduardo: 198
- Wallace: 195
- Tiago: 188
- Murilo: 194
- Thales: 187
- Raphael: 190
- Otávio: 202
- Rodrigo: 197
- Luiz Felipe: 196
- Maurício: 209
- Lucas: 209
- Evandro: 207
- Ricardo Lucarelli: 195
- Maurício Borges: 199
- Renan: 217

O símbolo ⚡ no eixo vertical indica uma supressão, ou seja, uma "quebra", pois nesse caso não há valores menores do que 170.

Fonte de pesquisa: Confederação Brasileira de Vôlei. Disponível em: <http://ligamundial.cbv.com.br/selecao-brasileira>. Acesso em: 10 nov. 2017.

a. Qual é o jogador mais alto? _____

E o mais baixo? _____

Qual é a diferença, em centímetros, entre a medida da altura desses dois jogadores?

b. Escreva as medidas das alturas dos jogadores abaixo em metros e centímetros e, em seguida, registre-as apenas em centímetros.

- Murilo: _____ m _____ cm ou _____ cm
- Bruno: _____ m _____ cm ou _____ cm
- Evandro: _____ m _____ cm ou _____ cm

c. Quais jogadores têm mais do que 2 m de altura?

16. Nas etiquetas estão indicados o nome e a medida da altura das pessoas que moram na casa de Edgar.

| Débora | Edson | Edgar | Humberto | Irene |

| 1 m 75 cm | 1 m 65 cm | 1 m 41 cm | 1 m 62 cm | 1 m 53 cm |

De acordo com as informações, descubra a medida da altura de cada pessoa e ligue as etiquetas correspondentes.

- Humberto é o mais alto.
- Edgar é 10 cm mais baixo do que Humberto.
- Se Edson fosse 24 cm mais alto, teria a mesma altura de Edgar.
- Débora tem 153 cm de altura.
- Irene é 9 cm mais alta do que Débora.

17. Leia a tirinha.

Magali, de Mauricio de Sousa. *Magali*. Rio de Janeiro, Globo, n. 336, p. 34, maio 2002. (Turma da Mônica).

a. De acordo com o desejo de Magali, quantos centímetros de comprimento terá o bolo do seu próximo aniversário? _____

b. De acordo com a fala da mãe de Magali, o bolo do próximo aniversário terá meio metro a mais do que o deste ano. Sabendo que meio metro equivale a 50 cm, quantos centímetros de comprimento tem o bolo do aniversário de Magali? _____

Medidas de tempo

- Em sua opinião, por que, algumas vezes, temos a sensação de que o tempo passa muito depressa ou muito devagar?

Os meses do ano e os dias da semana

1. A professora Esperança propôs a seus alunos que escrevessem o que eles gostariam de fazer ou de ganhar em cada um dos meses do ano. Veja a resposta de Marcos.

Janeiro Viajar com meus avós.	Fevereiro Passear com meus irmãos.	Março Ir ao museu com meus pais.
Abril Ir ao cinema com meus amigos.	Maio Ganhar uma bicicleta.	Junho Dançar quadrilha na escola.
Julho Visitar os meus tios.	Agosto Ir ao circo.	Setembro Participar do desfile da escola.
Outubro Ganhar uma bola nova.	Novembro Participar da apresentação de teatro da escola.	Dezembro Ganhar um videogame.

a. Quantos meses tem o ano? _____

b. Em que mês estamos? _____

c. Qual é o seu mês preferido? _____

d. Escreva em seu caderno o que você gostaria de fazer ou de ganhar em cada um dos meses do ano.

2. Complete o quadro com o número e o nome dos meses, obedecendo a ordem em que eles ocorrem durante o ano.

> **Janeiro** é o primeiro mês do ano.

Número do mês	Nome do mês	Número do mês	Nome do mês
1	Janeiro		

Para fazer juntos!

Junte-se a um colega e consultem um calendário. Em seguida, escolham dois dos feriados preferidos de vocês.

1. Em qual mês do ano ocorre cada um desses feriados?
2. O que vocês mais gostam de fazer nesses dias?

3. Observe este calendário e responda aos itens a seguir.

CALENDÁRIO 2021

JANEIRO
1 - Confraternização universal

FEVEREIRO
16 - Carnaval

MARÇO

ABRIL
2 - Paixão de Cristo
4 - Páscoa
21 - Tiradentes

MAIO
1 - Dia do trabalho

JUNHO
3 - Corpus Christi

JULHO

AGOSTO

SETEMBRO
7 - Independência do Brasil

OUTUBRO
12 - Nossa Senhora Aparecida

NOVEMBRO
2 - Finados
15 - Proclamação da República

DEZEMBRO
25 - Natal

a. Quais são os meses que têm 31 dias?
_____

b. Quais são os meses que têm apenas 30 dias?
_____

c. Quantos dias tem o mês de fevereiro? _____

d. De que ano é esse calendário? _____

e. Em que data é comemorado o seu aniversário?
_____

f. Qual é o feriado nacional comemorado no mês de setembro?
_____

Em que dia esse feriado é comemorado? _____

Sessenta e nove 69

4. Existem palavras que são utilizadas para representar certa quantidade de meses. Veja três dessas palavras.

BIMESTRE: 2 MESES

TRIMESTRE: 3 MESES

SEMESTRE: 6 MESES

Agora, utilizando um calendário do ano em que estamos, responda.

a. Quantos bimestres há em um ano? _____ bimestres.

E quantos trimestres? _____ trimestres.

b. Quais são os meses do 1º semestre do ano?

_____

5. O gráfico apresenta o período de gestação aproximado de alguns animais.

a. Qual é o animal com maior período de gestação?

_____

De quantos meses é esse período? _____ meses. Esse período é maior ou menor do que um ano?

_____

Período de gestação aproximado de alguns animais

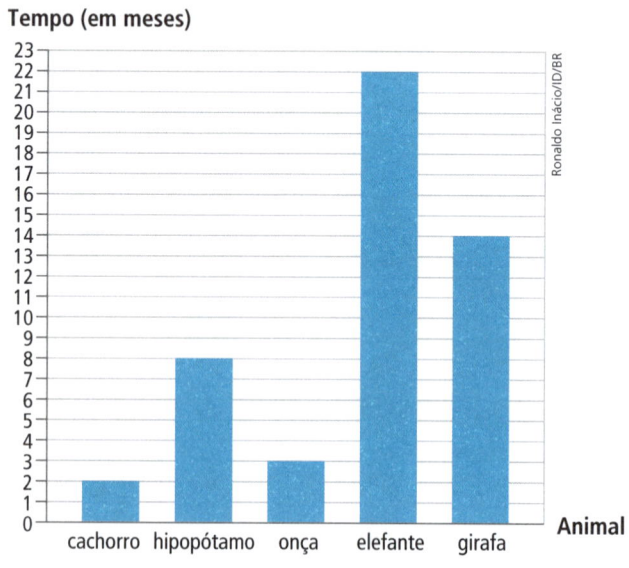

Tempo (em meses)

- cachorro: 2
- hipopótamo: 8
- onça: 3
- elefante: 22
- girafa: 14

Animal

Fonte de pesquisa: Zoológico de São Paulo. Disponível em: <http://www.zoologico.com.br/nossos-animais>. Acesso em: 26 set. 2017.

b. Quais são os animais que têm o período de gestação entre 7 e 16 meses?

_____

c. Qual é o animal cujo período de gestação é de um bimestre?

_____

Matemática na prática

De acordo com o calendário do ano em que estamos, responda.

a. Em que dia da semana estamos? _____

b. Amanhã será qual dia da semana? _____

c. Ontem foi qual dia da semana? _____

d. Daqui a quatro dias, estaremos em qual dia da semana?
_____

e. Em que dia da semana começou o ano? _____

f. Qual é o dia da semana referente ao dia do seu aniversário?
_____

6. Leia o que as crianças estão dizendo e, de acordo com o calendário da página **69**, escreva o dia da semana em que elas fazem aniversário em abril de 2021.

Vanessa: EU FAÇO ANIVERSÁRIO NO 2º DIA DO MÊS.

Rafael: EU FAÇO ANIVERSÁRIO 5 DIAS ANTES DE MATEUS.

Sabrina: EU FAÇO ANIVERSÁRIO 15 DIAS APÓS A VANESSA.

Mateus: MEU ANIVERSÁRIO É NO DIA 20 DE ABRIL.

As horas e os minutos

7. O dia tem 24 horas e está dividido em quatro períodos: **manhã**, **tarde**, **noite** e **madrugada**.

Destaque os **adesivos** da página **243**, com as cenas de algumas atividades que Angélica realiza em um dia de aula, e cole-os nos locais adequados.

Depois, observe essas cenas e responda aos itens abaixo.

Manhã

Noite

Tarde

Madrugada

Ilustrações: Flavio Pereira

a. Escreva algumas atividades que você realiza durante um dia de aula e o período em que elas são realizadas.

_____

b. Em que período você tem mais atividades? _____
Qual é o período de que você mais gosta? Por quê?

_____

8. Para saber em que momento do dia fazemos algumas tarefas e para medir o tempo que levamos para realizá-las, usamos as **horas** e os **minutos**.

Uma hora equivale a sessenta minutos, ou seja:

1 hora = _____ minutos

💡 Efetue os cálculos mentalmente e complete.

a. 2 horas = _____ minutos.

b. _____ horas = 180 minutos.

9. Usamos o **relógio** para indicar as horas e os minutos. Veja os horários indicados em um relógio de ponteiros.

Dica Quando o ponteiro grande dá meia volta, indo do 12 ao 6, se passa meia hora. E quando o ponteiro grande dá uma volta inteira, se passa uma hora.

ponteiro dos minutos
ponteiro das horas

4 horas

4 horas e 30 minutos ou 4 horas e meia

5 horas

Complete com o horário indicado nos relógios abaixo.

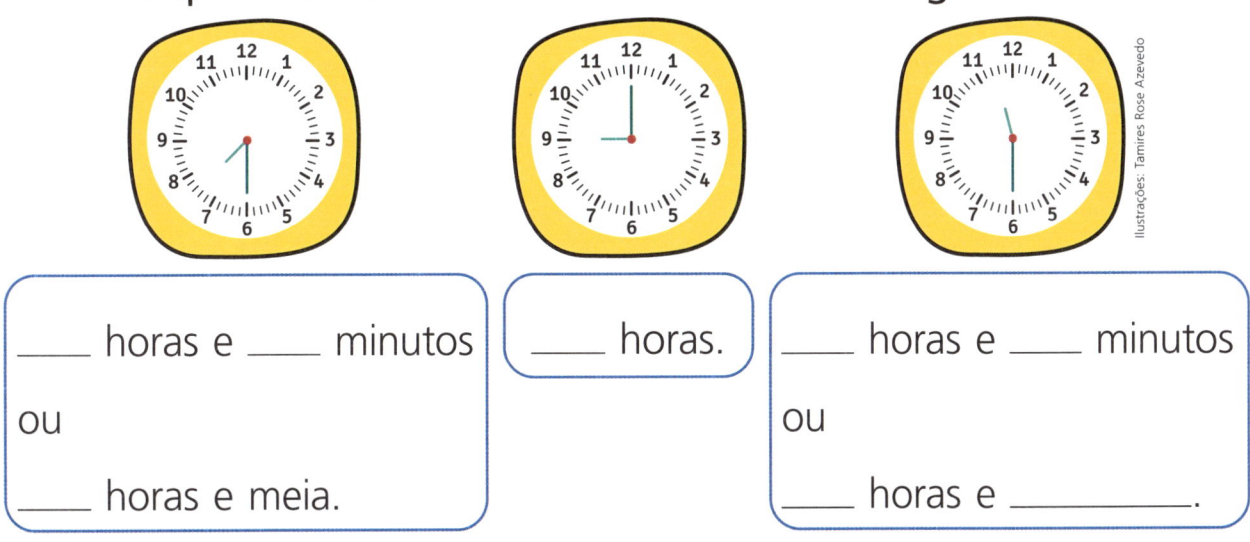

____ horas e ____ minutos
ou
____ horas e meia.

____ horas.

____ horas e ____ minutos
ou
____ horas e _____.

10. Outro tipo de relógio bastante utilizado é o digital. Observe os horários indicados nos relógios abaixo.

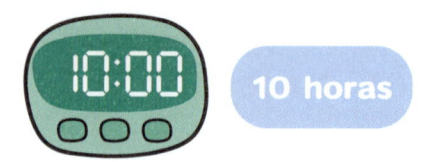

- 10:00 — 10 horas
- 10:30 — 10 horas e 30 minutos ou 10 horas e meia

Desenhe os ponteiros em cada relógio de acordo com o horário indicado no relógio digital de cada item.

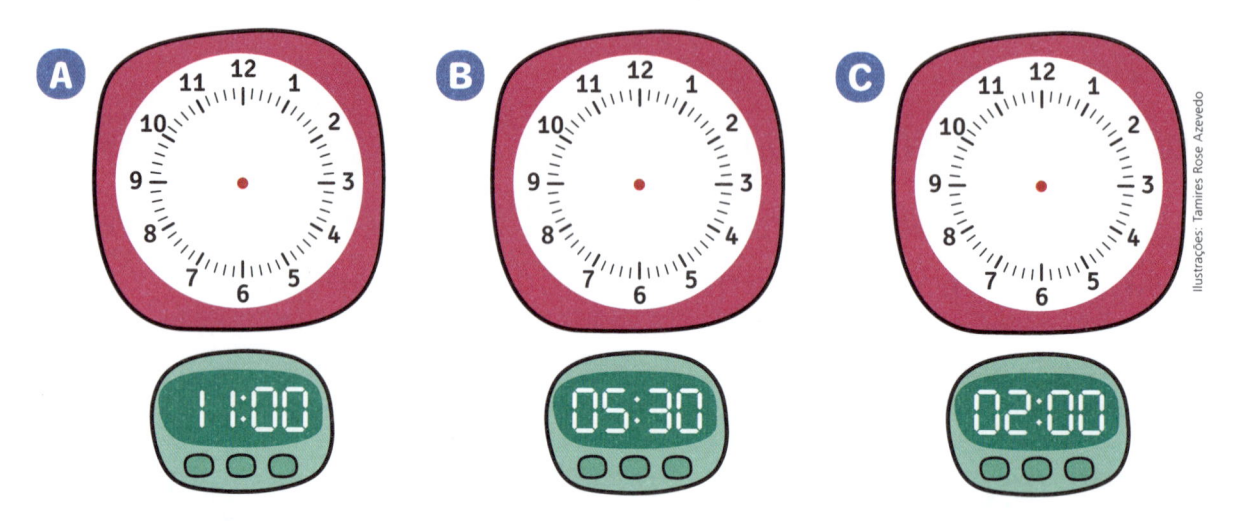

A 11:00

B 05:30

C 02:00

11. Observe algumas atividades que realizamos em nosso dia a dia.

- Tomar banho
- Escovar os dentes
- Estudar
- Almoçar
- Dormir
- Brincar

a. Quais dessas atividades você demora mais de uma hora para realizar? _____

b. Quais delas você demora menos de uma hora para realizar?
_____

Compare suas respostas com as de um colega.

Vamos nos cuidar

Algumas atitudes simples no dia a dia nos ajudam a cuidar da nossa saúde. Ter bons hábitos de higiene promove o bem-estar pessoal e evita doenças.

12. O esporte preferido de Cecília é a natação. Ela pratica esse esporte duas vezes por semana. Cada aula começa às 5 horas e dura uma hora.

a. De acordo com a cena, quantos minutos da aula já se passaram? _____ minutos.

b. Quantos minutos faltam para acabar a aula de Cecília? _____ minutos.

c. A que horas terminará a aula de Cecília? _____ horas.

13. Leia o trecho de uma história em quadrinhos.

MAGALI

TIA NENA! AINDA FALTA MUITO PRA ESSE BOLO DE FUBÁ FICAR PRONTO? FALTA?

NÃO, MAGALI! AGORA, É SÓ COLOCAR NO FORNO! DAQUI A MEIA HORA ESTARÁ PRONTO!

Magali, de Mauricio de Sousa. *Magali*. Rio de Janeiro, Globo, n. 326, p. 28, dez. 2001. (Turma da Mônica).

Se Tia Nena colocar o bolo para assar no horário indicado pelo relógio, a que horas ele ficará pronto? _____ horas.

14. Nos relógios ao lado, estão indicados quantos minutos se passaram enquanto o ponteiro grande foi de um número para o que vem logo depois dele.

a. Quantos minutos se passaram enquanto o ponteiro grande saiu do 12 e foi para o 1?

_____ minutos.

E do 1 para o 2? _____ minutos.

b. Quantos minutos se passaram enquanto o ponteiro grande saiu do 12 e foi para o 3?

_____ minutos.

c. Escreva o horário indicado no último relógio.

_____ horas _____ minutos.

15. Desenhe o ponteiro dos minutos em cada relógio, de acordo com a sequência de horários.

9 horas → 9 horas e 5 minutos → 9 horas e 10 minutos → 9 horas e 15 minutos

16. Na cena **A**, Laura está na escola em que estuda. Na cena **B**, ela aparece, no mesmo dia, brincando com sua mãe e seus irmãos após o jantar.

Nas duas cenas, os ponteiros dos relógios estão na mesma posição, porém, podemos ler as horas de maneiras diferentes.

- Na cena **A**, lemos: 7 horas da manhã.
- Na cena **B**, lemos: 7 horas da noite ou 19 horas.

Isso ocorre porque o dia tem 24 horas e os relógios com os ponteiros que utilizamos têm apenas 12 números para indicá-las. Veja outros exemplos.

Antes do meio-dia: 1 hora da madrugada.
Após o meio-dia: 1 hora da tarde ou 13 horas, pois 12 horas + 1 hora = _____ horas.

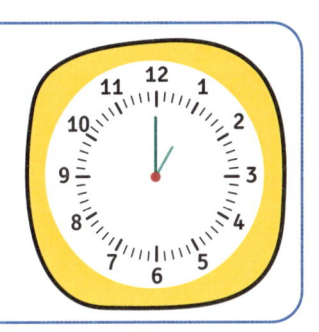

Antes do meio-dia: 2 horas da madrugada.
Após o meio-dia: 2 horas da tarde ou 14 horas, pois 12 horas + 2 horas = _____ horas.

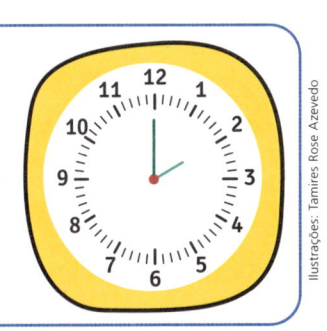

17. Complete o relógio abaixo escrevendo as horas antes e depois do meio-dia, de acordo com as indicações.

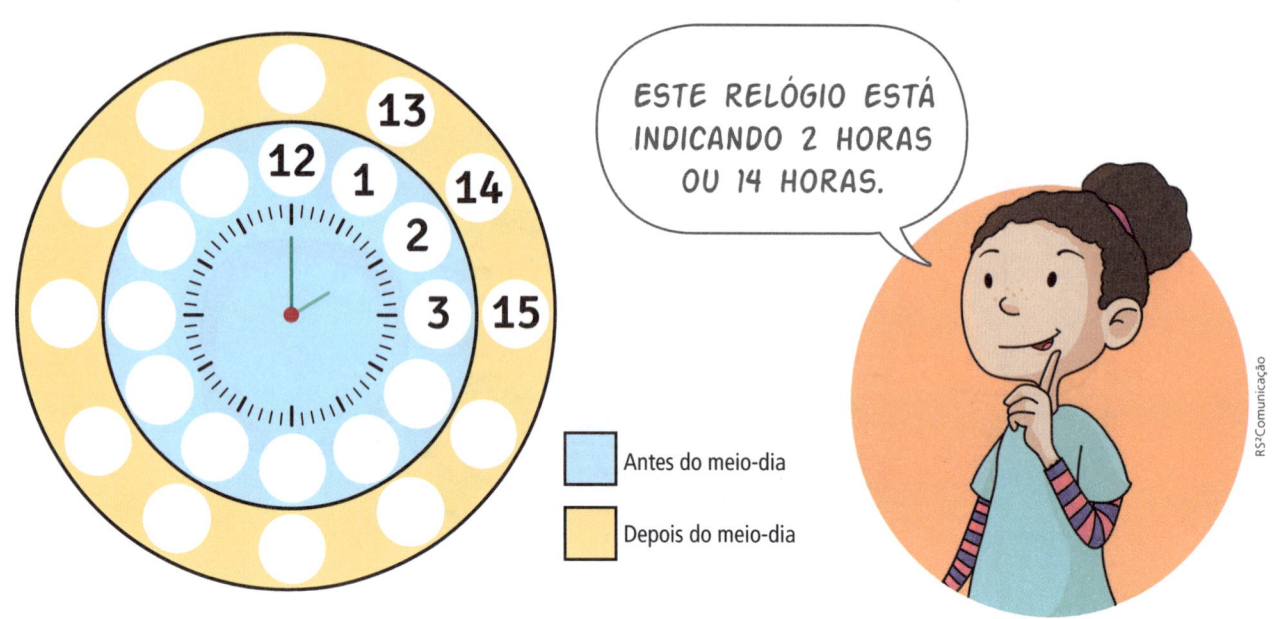

ESTE RELÓGIO ESTÁ INDICANDO 2 HORAS OU 14 HORAS.

Antes do meio-dia

Depois do meio-dia

Agora, escreva os horários indicados nos relógios antes e depois do meio-dia.

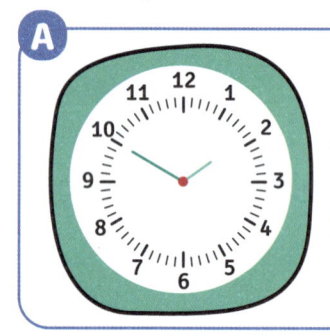

A

Antes do meio-dia: _____ hora e _____ minutos.

Depois do meio-dia: _____ horas e _____ minutos.

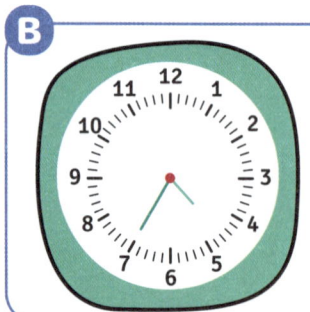

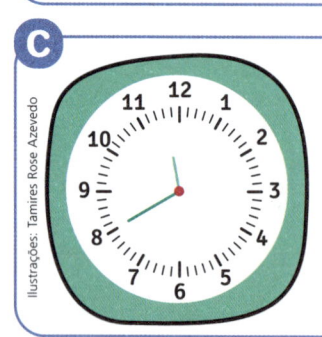

B

Antes do meio-dia: _____ horas e _____ minutos.

Depois do meio-dia: _____ horas e _____ minutos.

C

Antes do meio-dia: _____ horas e _____ minutos.

Depois do meio-dia: _____ horas e _____ minutos.

Os minutos e os segundos

18. Luiz e seu avô estão assistindo a uma corrida de carros.

> NESTA VOLTA, FELIPE FOI UM SEGUNDO MAIS RÁPIDO DO QUE NA ANTERIOR.

> SIM!

Além da hora e do minuto, outra unidade de medida de tempo é o **segundo**.

1 minuto = _____ segundos

Efetue os cálculos mentalmente e complete.

a. 3 minutos = _____ segundos.

b. Meio minuto = _____ segundos.

19. Qual é a unidade de medida de tempo mais adequada para expressar:

• a duração de um filme?

◯ segundos   ◯ minutos   ◯ horas

• o tempo de duração de um banho?

◯ segundos   ◯ minutos   ◯ horas

• o tempo gasto para percorrer uma prova de corrida de 100 m?

◯ segundos   ◯ minutos   ◯ horas

20. No decorrer da História, o ser humano criou vários instrumentos para medir o tempo. Veja alguns exemplos.

Imagens sem proporção entre si.

Ampulheta
Nesse instrumento, o tempo é marcado de acordo com a passagem da areia de um lado do recipiente de vidro para o outro, por meio de uma pequena abertura entre eles.

Relógio de água ou clepsidra
À medida que a água escorre do recipiente por um furo na parte de baixo, marca-se a passagem do tempo nesse relógio.

Cronômetro
É um instrumento de muita precisão, em que o ponteiro pode ser acionado ou parado por uma pessoa para registrar o tempo exato.

Vamos conhecer

Conhecer outros instrumentos que já existiram para medir o tempo é uma maneira de compreender os avanços tecnológicos ao longo da história até os dias atuais.

💬 Qual dos instrumentos apresentados você usaria para determinar o tempo que um colega leva para dar uma volta completa na quadra esportiva da escola?

21. Rodrigo e Cláudio praticam natação. Veja o tempo que eles levam para ir de uma borda à outra da piscina.

- Quem foi o mais rápido nessa brincadeira?

PARA DESCOBRIR QUEM FOI O MAIS RÁPIDO, VOU PROPOR UM DESAFIO!

RODRIGO DEMOROU 156 SEGUNDOS E CLÁUDIO, 2 MINUTOS E 23 SEGUNDOS.

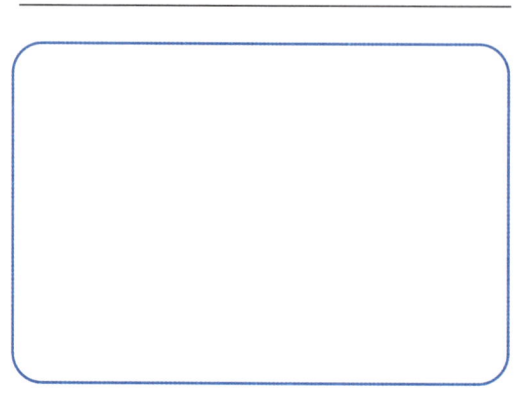

Ponto de chegada

Nesta unidade, estudamos algumas unidades de medida de comprimento e de tempo.

a. Estudamos as unidades de medida de comprimento **centímetro** (cm), **milímetro** (mm) e **metro** (m) e algumas equivalências.

1 cm = _____ mm   1 m = _____ cm

b. Conhecemos, também, alguns instrumentos de medida de comprimento.

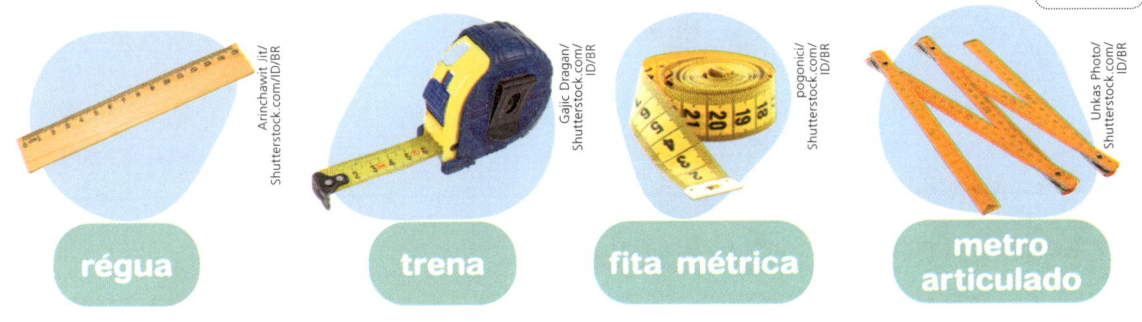

régua   trena   fita métrica   metro articulado

c. Identificamos os meses do ano e os dias do mês utilizando o **calendário**.

d. Lemos e indicamos horas em **relógio de ponteiros** e **digital**.

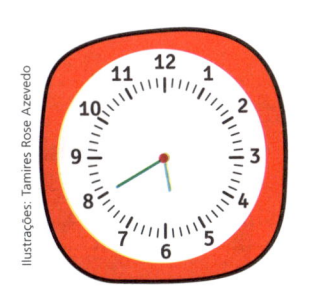

_____ horas e _____ minutos.   _____ horas e _____ minutos.

e. Estudamos equivalências entre algumas unidades de medida de tempo.

1 hora = _____ minutos.   1 minuto = _____ segundos.

unidade 4
Adição e subtração

Menino usando um ábaco para efetuar cálculos.

Ponto de partida

1. O ábaco é um antigo instrumento de cálculo. Em sua opinião, que operações matemáticas podemos realizar com o auxílio de um ábaco?

2. Que outro recurso, além do ábaco, podemos utilizar para efetuar cálculos?

Adição

1. Júlio é bibliotecário em uma ONG (Organização Não Governamental). Ele está organizando os livros recebidos de doações na última semana.

   JÁ ORGANIZEI 102 LIVROS, FALTAM ESTES 5.

   ONG: entidade sem fins lucrativos que executa ações sociais e solidárias

💬 Como você faria para saber quantos livros foram doados a essa ONG na última semana, sem contar um a um?

Para saber quantos livros foram doados a essa ONG na última semana, podemos usar uma adição, calculando 102 + 5.

Vamos efetuar esse cálculo com o auxílio da reta numérica natural.

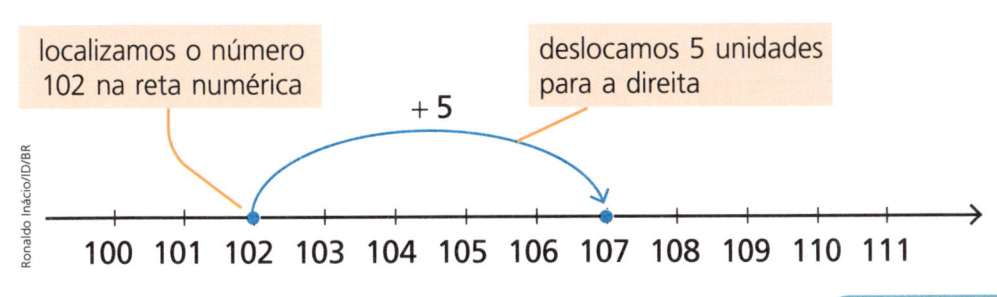

- localizamos o número 102 na reta numérica
- deslocamos 5 unidades para a direita
- + 5

100 101 102 103 104 105 106 107 108 109 110 111

102 + 5 = _____

Portanto, essa ONG recebeu _____ livros na última semana.

Vamos colaborar

Você já doou algum livro ou brinquedo? Qual é a importância desse ato? Ações como essa ajudam o próximo e incentivam a generosidade.

2. Com o auxílio da reta numérica natural, efetue as adições.

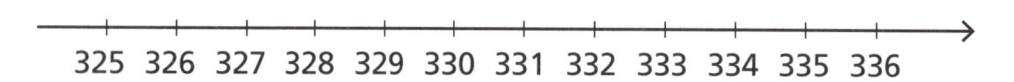

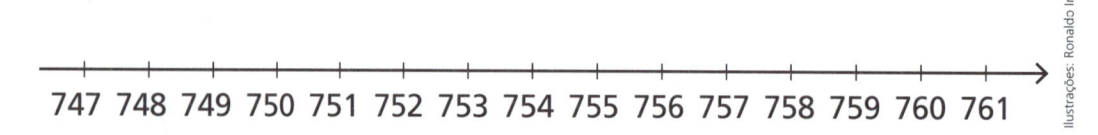

a. 325 + 8 = _____

325 326 327 328 329 330 331 332 333 334 335 336

b. 749 + _____ = 761

747 748 749 750 751 752 753 754 755 756 757 758 759 760 761

3. Veja como Laura efetuou 45 + 47 e 113 + 125 mentalmente. Depois, calcule mentalmente os itens a seguir.

45 + 47
45 + 45 + 2
90 + 2
92

113 + 125
113 + 113 + 12
226 + 12
238

a. 5 + 7 = _____

b. 12 + 15 = _____

c. 27 + 37 = _____

d. 135 + 142 = _____

e. 212 + 219 = _____

f. 505 + 515 = _____

4. Ricardo tem R$ 125,00 para comprar um *skate*. Sua tia o presenteou com uma quantia equivalente a R$ 20,00 a mais do que ele já possui.

a. Com quantos reais Ricardo ficou? _____

b. Com a quantia que Ricardo tem é possível comprar o *skate*? _____

R$ 255,00

5. Antônio tinha R$ 3 675,00 em sua conta bancária.

Após um depósito de R$ 2 457,00, quantos reais Antônio passou a ter em sua conta?

Podemos responder a esta pergunta calculando 3 675 + 2 457.

Veja como efetuar essa adição no quadro de ordens e complete o que falta nos itens.

1º Adicionamos as unidades.

UM	C	D	U
3	6	7	5
+ 2	4	5	7
			12

5 U + 7 U = _____ U

2º Trocamos dez unidades por uma dezena e, em seguida, adicionamos as dezenas.

UM	C	D	U
3	6	¹7	5
+ 2	4	5	7
		13	2

1 D + 7 D + 5 D = _____ D

3º Trocamos dez dezenas por uma centena e, depois, adicionamos as centenas.

UM	C	D	U
3	¹6	¹7	5
+ 2	4	5	7
	11	3	2

1 C + 6 C + 4 C = _____ C

4º Finalmente, trocamos dez centenas por uma unidade de milhar e, então, adicionamos as unidades de milhar.

UM	C	D	U
¹3	¹6	¹7	5
+ 2	4	5	7
6	1	3	2

1 UM + 3 UM + 2 UM = _____ UM

ou

```
  ¹3 ¹6 ¹7  5  ⎫
+  2  4  5  7  ⎬ parcelas
 ─────────────  ⎭
   6  1  3  2  ← soma ou total
```

Portanto, Antônio passou a ter R$ _____ em sua conta.

6. Efetue os cálculos da maneira que achar mais adequada.

a. 4 876 + 1 321 = _____

b. 6 574 + 2 456 = _____

7. O caminhoneiro Jamil está levando uma carga de Florianópolis, estado de Santa Catarina, até Aracaju, no estado de Sergipe. Ele percorreu 1 639 km até Vitória, no estado do Espírito Santo. Para completar todo o percurso, falta percorrer o trajeto indicado em **vermelho** no mapa.

Trajeto de Florianópolis, no estado de Santa Catarina, até Aracaju, no estado de Sergipe

1 362 km

Fontes de pesquisa: IBGE. *Atlas geográfico escolar*. Rio de Janeiro: IBGE, 2012. (Adaptado).

Google Maps. Disponível em: <https://www.google.com.br/maps>. Acesso em: 11 nov. 2017.

Calcule a distância total, em quilômetros, que Jamil vai percorrer de Florianópolis a Aracaju.

8. Complete cada sentença com um dos números que aparecem nas fichas de maneira que todas elas se tornem verdadeiras.

> CADA NÚMERO QUE APARECE NAS FICHAS DEVE SER UTILIZADO APENAS UMA VEZ.

- 5 936
- 3 417
- 1 243

a. 1 378 + _____ < 1 457 + 1 169

b. _____ + 2 182 > 2 345 + 2 690

c. 4 193 + 3 748 < _____ + 3 243

9. Complete com os números adequados.

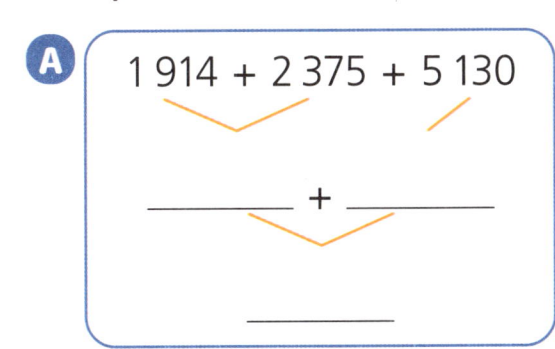

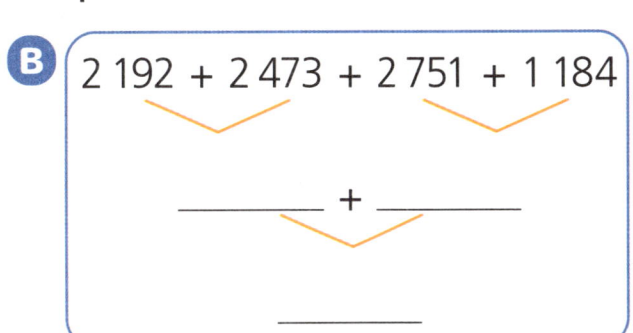

A 1 914 + 2 375 + 5 130
_____ + _____
_____

B 2 192 + 2 473 + 2 751 + 1 184
_____ + _____
_____

10. Uma loja obteve R$ 4 248,00 de lucro com as vendas no mês de janeiro, e no mês de fevereiro lucrou R$ 1 456,00 a mais do que no mês anterior.

lucro: diferença entre o custo de um serviço ou da produção de um bem e o preço final desse serviço ou bem

a. Qual foi o lucro dessa loja no mês de fevereiro?

b. Quantos reais essa loja lucrou ao todo nesses dois meses?

11. A quantidade mensal de automóveis produzidos por uma empresa nos três primeiros meses de 2018 está representada no quadro a seguir.

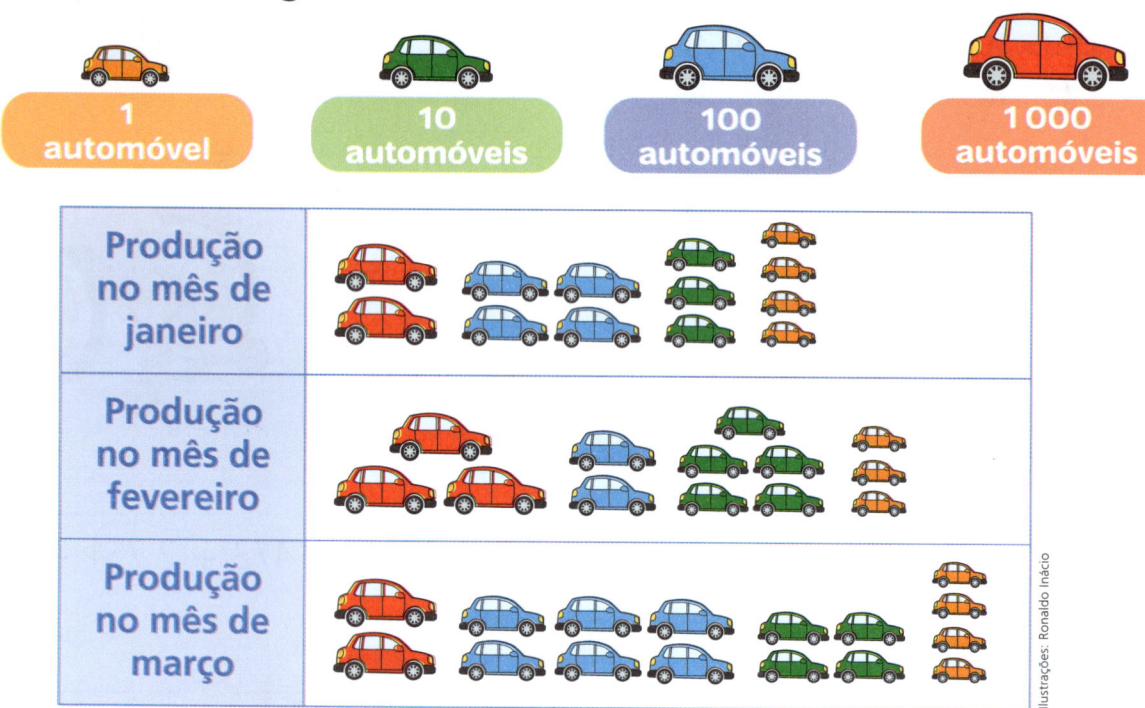

1 automóvel	10 automóveis
100 automóveis	1 000 automóveis

Produção no mês de janeiro	(automóveis representados)
Produção no mês de fevereiro	(automóveis representados)
Produção no mês de março	(automóveis representados)

a. Em qual desses meses foi produzida a maior quantidade de automóveis? Quantos automóveis foram produzidos?

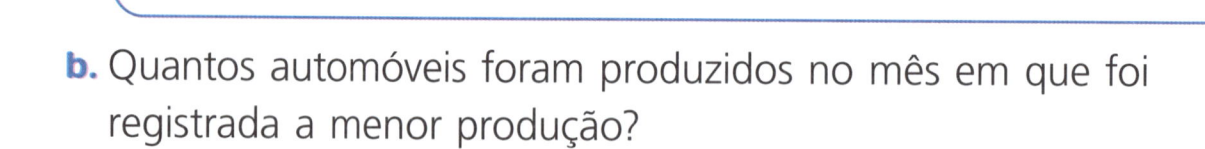

b. Quantos automóveis foram produzidos no mês em que foi registrada a menor produção?

c. Quantos automóveis foram produzidos, ao todo, nesses três meses?

12. Gerson foi a uma loja e comprou uma televisão de R$ 1 399,00 utilizando seu cartão de débito. Após pagar a compra, sobraram em sua conta bancária R$ 1 053,00.

Quantos reais Gerson tinha em sua conta bancária antes de comprar a televisão?

cartão de débito: cartão de plástico, emitido por uma instituição financeira, que permite ao titular pagar uma dívida ou compra automaticamente da sua conta do banco

13. Efetue os cálculos e complete o esquema.

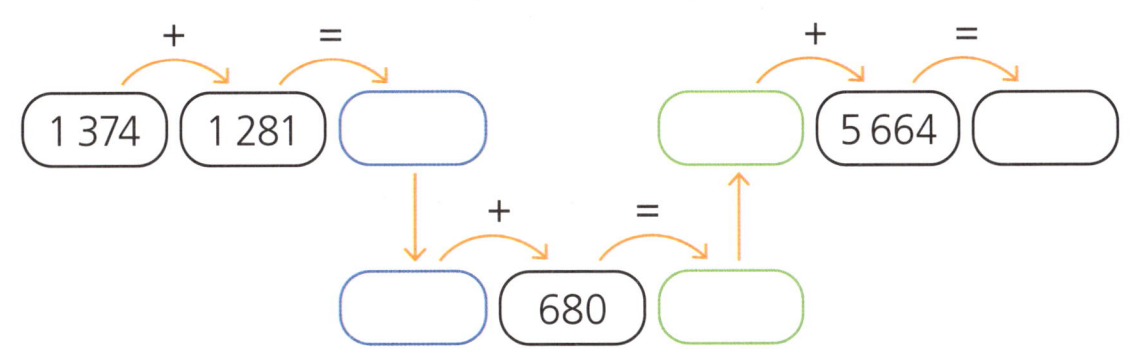

1 374 + 1 281 = ☐

☐ + 680 = ☐

☐ + 5 664 = ☐

14. A diretora Janaína fez uma tabela informando a quantidade de alunos, por período, que estudam na escola.

Alunos da escola da diretora Janaína	
Período	Quantidade de alunos
Manhã	1 783
Tarde	2 237
Noite	1 159

Fonte de pesquisa: Anotações de Janaína.

Com as informações apresentadas na tabela, escreva em seu caderno o enunciado de um problema envolvendo adição. Em seguida, troque com um colega para que ele resolva e depois verifique sua resposta.

15. Veja como Jair usou uma calculadora para efetuar o cálculo e determinar a quantidade de ingressos vendidos no teatro em que trabalha, vendidos na terça-feira.

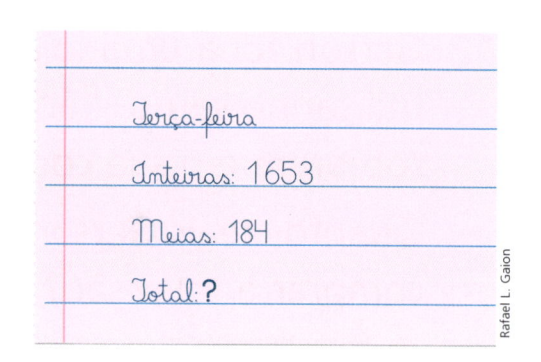

Terça-feira
Inteiras: 1653
Meias: 184
Total: ?

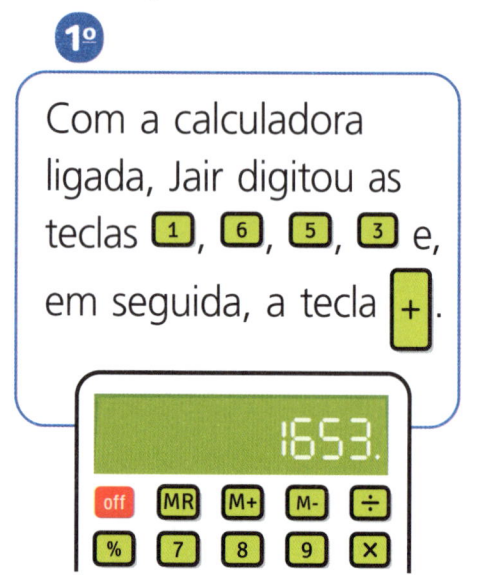

1º Com a calculadora ligada, Jair digitou as teclas [1], [6], [5], [3] e, em seguida, a tecla [+].
Visor: 1653.

2º Depois, ele digitou as teclas [1], [8] e [4].
Visor: 184.

3º Por fim, digitou a tecla [=] e obteve o resultado.
Visor: 1837.

Agora, utilize uma calculadora e determine a quantidade total de ingressos vendidos em outros dias nesse teatro.

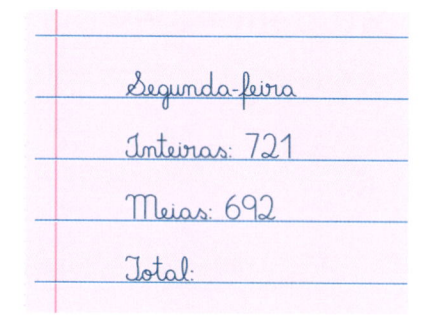

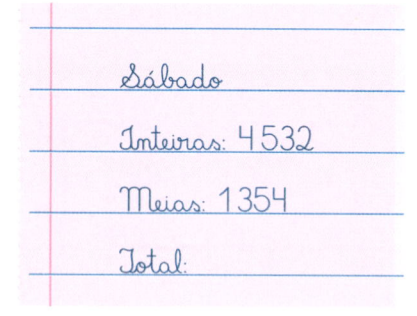

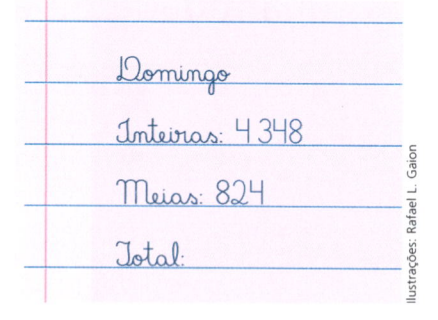

Segunda-feira
Inteiras: 721
Meias: 692
Total:

Sábado
Inteiras: 4532
Meias: 1354
Total:

Domingo
Inteiras: 4348
Meias: 824
Total:

16. Observe o resultado indicado no visor das calculadoras e complete com algarismos o que está faltando em cada sequência de teclas.

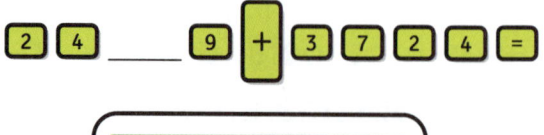

[2] [4] ___ [9] [+] [3] [7] [2] [4] [=]
Visor: 6163.

[7] [4] [3] [6] [+] [1] [0] ___ [1] [=]
Visor: 8527.

90 Noventa

17. Joice precisa comprar uma torradeira de R$ 136,00 e um liquidificador de R$ 87,00. Fazendo os cálculos de cabeça, assinale a alternativa com o valor que mais se aproxima do quanto Joice vai precisar para comprar os dois produtos.

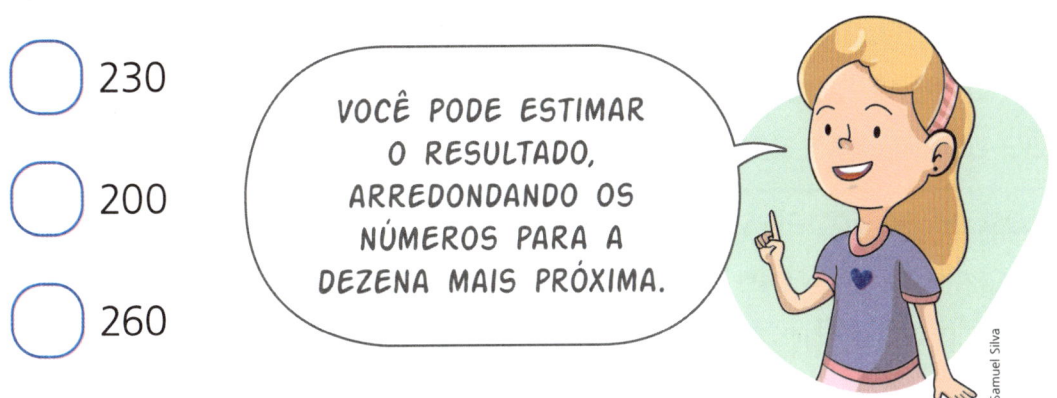

◯ 230

◯ 200

◯ 260

VOCÊ PODE ESTIMAR O RESULTADO, ARREDONDANDO OS NÚMEROS PARA A DEZENA MAIS PRÓXIMA.

18. O brasileiro Leônidas da Silva, artilheiro da Copa do Mundo em 1938, é considerado um dos melhores jogadores de futebol de sua época.

Nascido em 1913, Leônidas passou os últimos anos de sua vida em uma clínica, vítima de uma doença que o fez perder a memória, até falecer no ano seguinte ao de seu aniversário de 90 anos.

De acordo com as informações do texto, calcule em que ano Leônidas da Silva faleceu. _____

Que curioso!

Façanha do "Diamante Negro"

Habilidoso e rápido, Leônidas ficou conhecido como "Diamante Negro" e "Homem Borracha". Em 1932, ele encantou o Brasil ao realizar uma jogada que virou sua marca registrada: a "bicicleta".

Leônidas da Silva, em 1983, segurando um retrato da "bicicleta", jogada que o tornou famoso.

Por dentro do tema

Direitos humanos

Voto consciente

As eleições, como as que acontecem em nosso país, são uma conquista do povo para eleger representantes que trabalhem para a construção de um país cada vez melhor.

Para escolher aqueles que serão nossos representantes, é preciso, antes, buscar informações sobre os candidatos. Depois, precisamos acompanhar o trabalho que os eleitos realizam e nos manifestar sobre o que concordamos ou não.

Ações de cidadãos politicamente conscientes

- Pesquisam sobre o candidato antes de escolhê-lo.
- Acompanham as ações dos candidatos eleitos durante o mandato.
- Cobram das pessoas e dos poderes certos, de maneira adequada.
- Entendem que somos uma pequena parte, mas capazes de mudar o todo.

A. As pessoas de seu convívio costumam praticar as ações apresentadas nas imagens?

B. Você acha que essas ações contribuem para que sejam eleitos bons representantes? Por quê?

C. Três candidatos disputaram a eleição para prefeito de um município. O candidato José Souza recebeu 1 782 votos. O candidato Pedro Rocha recebeu 373 votos a mais do que José Souza e 980 votos a menos do que o candidato Francisco Ferreira.

- Quantos votos recebeu cada candidato?
- Sabendo que os votos brancos e nulos juntos totalizaram 267 votos, quantos eleitores votaram nessa eleição?

Subtração

1. Bernardo vende amendoim no parque de diversões. Veja as anotações das quantidades vendidas por ele.

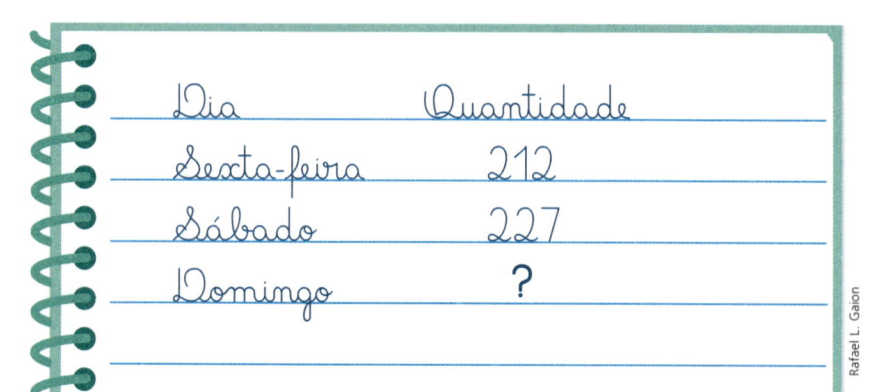

Dia	Quantidade
Sexta-feira	212
Sábado	227
Domingo	?

HOJE É DOMINGO E EU VENDI 8 SAQUINHOS A MENOS DO QUE NO SÁBADO.

a. Como você faria para saber quantos saquinhos de amendoim Bernardo vendeu no domingo?

_____

_____

Podemos determinar quantos saquinhos de amendoim Bernardo vendeu no domingo resolvendo uma subtração. Para isso, vamos calcular 227 – 8.

Podemos efetuar esse cálculo utilizando a reta numérica natural.

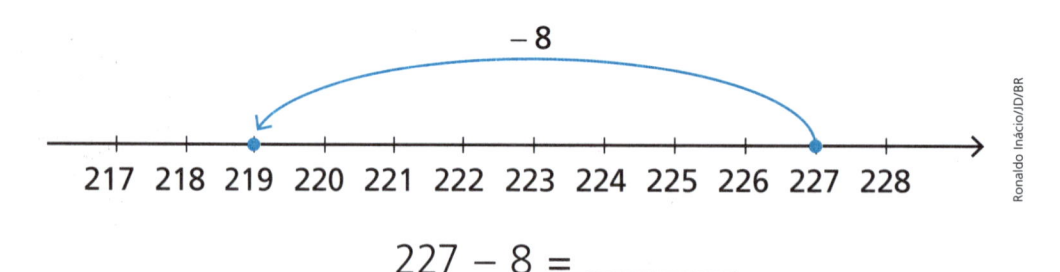

217 218 219 220 221 222 223 224 225 226 227 228

227 – 8 = _____

Portanto, Bernardo vendeu _____ saquinhos de amendoim no domingo.

b. Quantos saquinhos Bernardo vendeu, ao todo, nesses três dias?

2. No tanque de um posto de combustível havia 8 705 L de gasolina. No final do dia, o gerente do posto verificou que foram vendidos 3 298 L. Quantos litros de gasolina ainda restaram no tanque?

Vamos responder a essa questão calculando 8 705 − 3 298 .

Veja como podemos efetuar esse cálculo utilizando o algoritmo e complete o que falta nas explicações.

1º Não é possível subtrair oito unidades de cinco unidades. Como não há dezenas para trocar por unidades, trocamos uma centena por dez dezenas.

UM	C	D	U
8	⁶7̷	0	5
− 3	2	9	8

2º Trocamos 1 dezena por 10 unidades, ficando com 9 dezenas e 15 unidades. Em seguida, subtraímos as unidades.

UM	C	D	U
8	⁶7̷	⁹0̷	¹5
− 3	2	9	8
			7

15 U − 8 U = _____ U

3º Subtraímos as dezenas, as centenas e, por último, as unidades de milhar.

UM	C	D	U
8	⁶7̷	⁹0̷	¹5
− 3	2	9	8
5	4	0	7

8 UM − 3 UM = _____ UM

6 C − 2 C = _____ C

9 D − _____ D = _____ D

ou

```
   8  ⁶7̷  ⁹0̷  ¹5   ← minuendo
−  3   2   9   8   ← subtraendo
   5   4   0   7   ← diferença
```

Portanto, restaram _____ L de gasolina no tanque.

3. Efetue os cálculos da maneira que achar mais adequada.

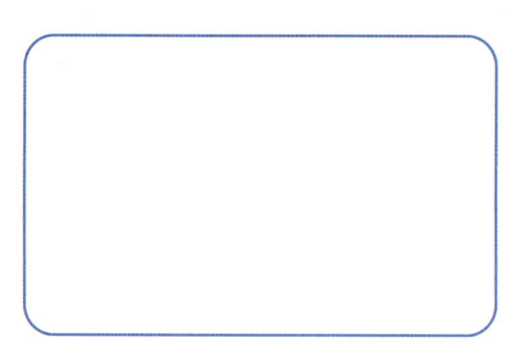

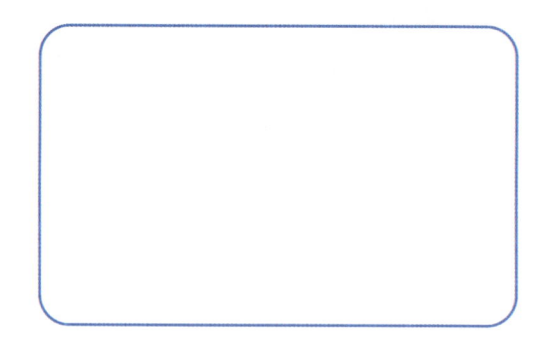

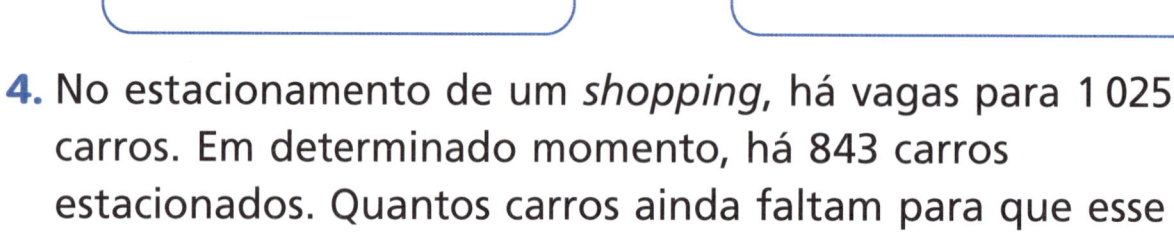

a. 2 304 − 1 157 = _____

c. 5 708 − 1 469 = _____

b. 7 036 − 3 752 = _____

d. 8 406 − 5 465 = _____

4. No estacionamento de um *shopping*, há vagas para 1 025 carros. Em determinado momento, há 843 carros estacionados. Quantos carros ainda faltam para que esse estacionamento fique com todas as vagas ocupadas?

5. Complete a subtração conforme as informações a seguir.

O subtraendo é um número com todos os algarismos diferentes.

A diferença é um número entre 1 040 e 3 010.

4 029 − _____ = _____

6. Marcos e Denise estão brincando com um jogo. Em cada partida, eles devem organizar as fichas no painel de maneira que a sentença obtida seja verdadeira.

Veja as sentenças obtidas por eles em uma partida.

130 + 273 = 305 + 98

Marcos

730 − 487 = 811 − 568

Denise

a. A sentença obtida por Marcos está correta, ou seja, 130 + 273 é igual a 305 + 98 ? Justifique.

_____

E a sentença obtida por Denise?

_____

b. Utilizando as fichas penduradas no varal, complete os painéis de maneira que as sentenças sejam verdadeiras.

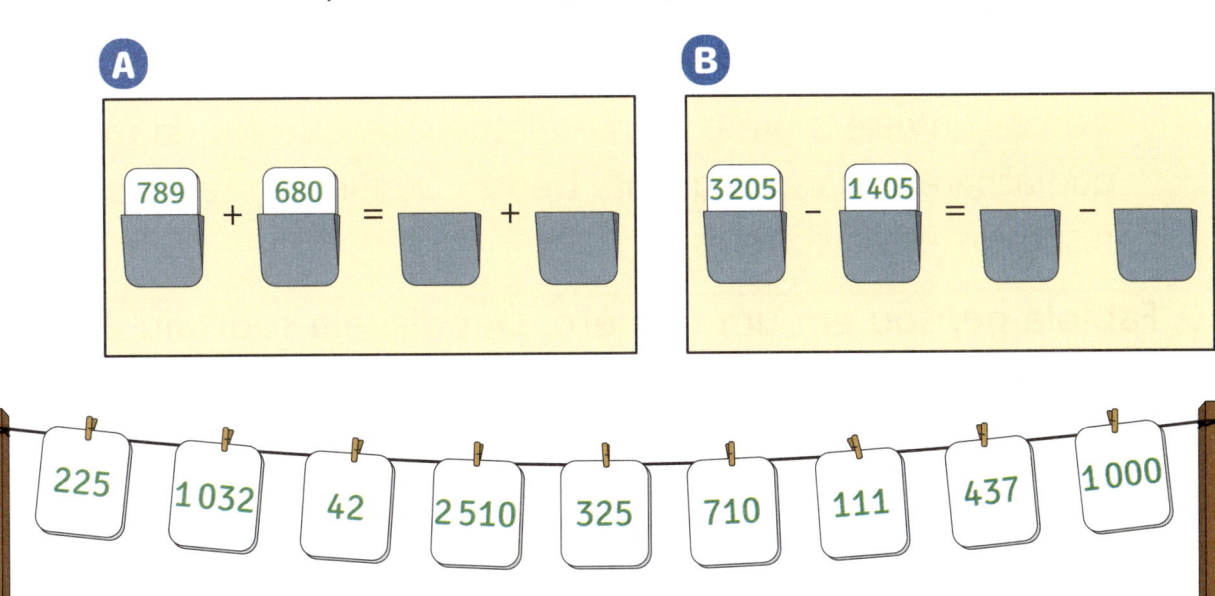

A

789 + 680 = ☐ + ☐

B

3 205 − 1 405 = ☐ − ☐

Fichas no varal: 225 | 1 032 | 42 | 2 510 | 325 | 710 | 111 | 437 | 1 000

7. Complete os itens de maneira que as igualdades sejam verdadeiras.

a. 125 + 210 = _____ + _____

b. 432 − 120 = _____ − _____

c. _____ − _____ = _____ − _____

8. Jairo escreveu as seguintes subtrações em uma folha de papel.

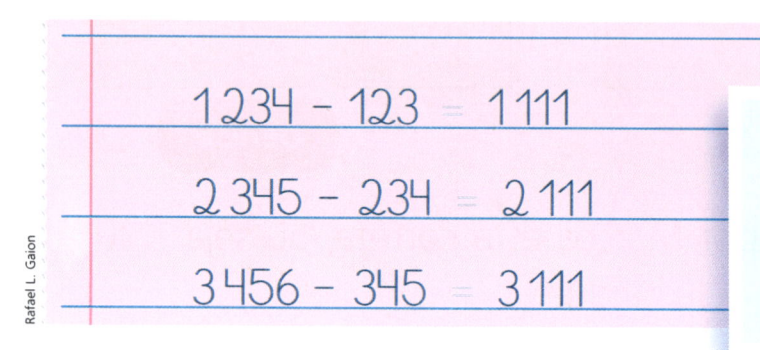

1234 − 123 = 1111

2345 − 234 = 2111

3456 − 345 = 3111

Note que, em todas as subtrações, o minuendo, o subtraendo e a diferença possuem uma regularidade.

a. Qual é a regularidade presente nas subtrações escritas por Jairo?

b. De acordo com as subtrações que você observou, determine o resultado dos cálculos a seguir sem efetuá-los.

• 4 567 − 456 = _____
• 6 789 − 678 = _____
• 5 678 − 567 = _____

Agora, junte-se a um colega e efetuem os cálculos da maneira que acharem mais adequada. Depois, verifiquem se suas respostas estão corretas.

9. Fabíola pensou em um número. Depois, ela subtraiu 2 516 unidades desse número e obteve 1 187. Em que número ela pensou?

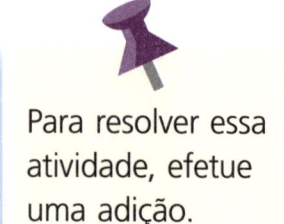

Para resolver essa atividade, efetue uma adição.

10. Elabore e escreva em seu caderno uma pergunta para a informação abaixo, de modo que seja necessário efetuar cálculos para respondê-la. Depois, responda à pergunta e escreva a resposta.

> Na eleição para o cargo de prefeito de uma cidade, Paulo recebeu 7 495 votos. Priscila recebeu 1 578 votos a mais do que Paulo e Jorge 1 689 votos a menos do que Priscila.

11. Nas imagens, está representada uma mesma balança em dois momentos diferentes.

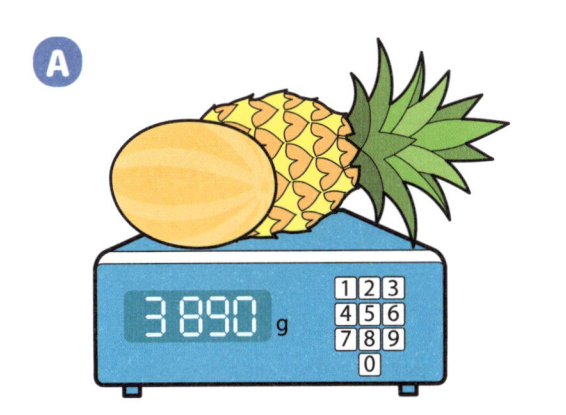

A — 3 890 g

B — 2 034 g

De acordo com essas imagens, qual é a massa, em gramas, do melão?

12. Efetue os cálculos utilizando uma calculadora.

a. 4 381 − 2 474 = _____

b. 6 407 − 1 627 = _____

c. 9 200 − 5 072 = _____

d. 8 340 − 2 614 = _____

Dica Para efetuar as subtrações dessa atividade, siga os mesmos passos apresentados na página **90**, utilizando a tecla ⊖ no lugar da tecla ⊕.

13. Um quadrado é mágico quando a soma dos números de cada linha, coluna ou diagonal é sempre a mesma. Essa soma recebe o nome de **constante mágica**.

Sabendo que os quadrados abaixo são mágicos, efetue os cálculos necessários, utilizando uma calculadora, e complete os espaços com os números que faltam.

2 728		1 120
718	2 326	
		1 924

1 274	1 456	
	1 092	1 820
1 638		910

14. Veja como Jandira pensou para completar a seguinte sequência.

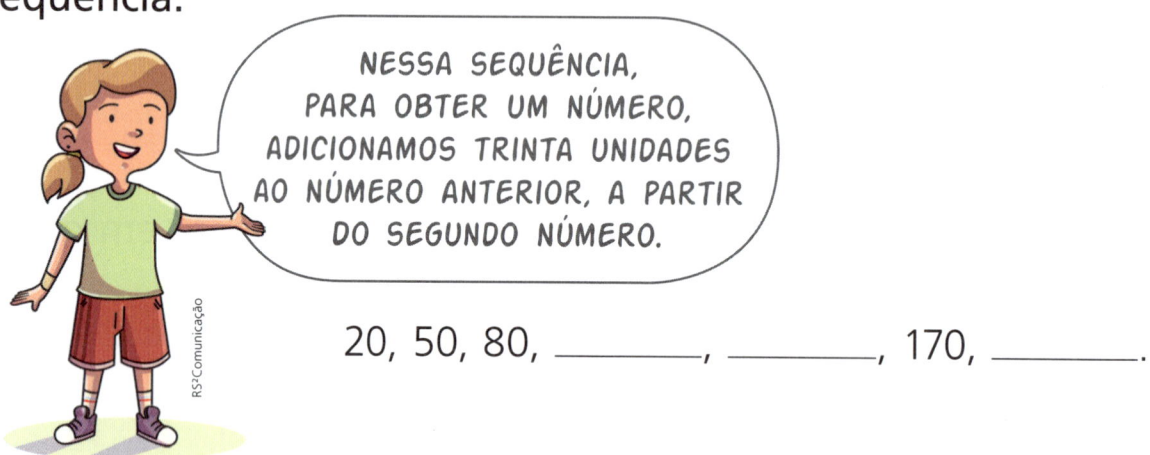

NESSA SEQUÊNCIA, PARA OBTER UM NÚMERO, ADICIONAMOS TRINTA UNIDADES AO NÚMERO ANTERIOR, A PARTIR DO SEGUNDO NÚMERO.

20, 50, 80, _____, _____, 170, _____.

a. De acordo com o que Jandira pensou, complete a sequência.

b. Determine a regra das sequências a seguir e complete-as.

• 25, 150, 275, _____, _____, 650, _____, 900.

Regra: _____

• 2 340, 2 140, 1 940, 1 740, _____, _____, _____.

Regra: _____

15. Fernanda calculou mentalmente a quantia aproximada, em reais, que restaria após ela comprar uma geladeira.

TENHO R$ 1 508,00.

ARREDONDO A QUANTIA QUE TENHO PARA R$ 1 510,00 E O PREÇO DA GELADEIRA PARA R$ 1 350,00. AGORA, SUBTRAIO OS VALORES ARREDONDADOS E DETERMINO A QUANTIA APROXIMADA QUE VAI SOBRAR: 1 510 − 1 350 = 160.

R$ 1 352,00

De maneira semelhante à de Fernanda, determine o valor aproximado da quantia que vai sobrar para cada pessoa.

A — **TENHO R$ 1 618,00 E VOU COMPRAR A BICICLETA.** R$ 1 322,00

B — **RECEBI R$ 1 867,00 DE SALÁRIO. PARA PAGAR AS CONTAS DO MÊS, PRECISO DE R$ 1 623,00.**

C — **SUA COMPRA FICOU EM R$ 2 748,00.** **PARA PAGAR ESSA CONTA, TENHO R$ 2 921,00 EM MINHA CONTA BANCÁRIA.**

Ilustrações: Isabela Santos

Agora, efetue os cálculos exatos e compare com os resultados aproximados que você obteve.

Divirta-se e aprenda

Maior diferença

Vamos precisar de:

- lápis
- papel
- tesoura com pontas arredondadas
- molde do dado que está na página **227**

Procedimentos:

- Junte-se a um colega e siga as orientações e o exemplo abaixo.

1º Escolham um número qualquer de quatro algarismos maior do que 7 000 e anotem nas folhas de papel.

Sandra
7549

Felipe
7549

2º Cada jogador, na sua vez, deve jogar o dado e anotar o número sorteado abaixo do algarismo das unidades do número escolhido.

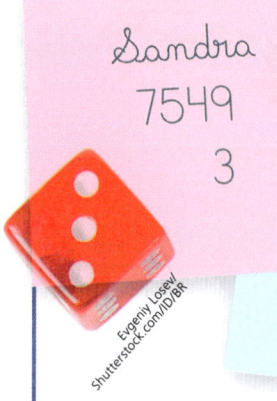

Sandra
7549
3

Felipe
7549
6

3º Continuem lançando o dado e anotando os números sorteados abaixo dos algarismos da dezena, da centena e da unidade de milhar do número escolhido, obtendo, assim, outro número de quatro algarismos.

Sandra
7549
− 1623

Felipe
7549
− 1156

4º Por fim, calculem a diferença entre os dois números anotados. Vence a partida aquele que obteve a maior diferença.

Sandra
7549
− 1623
5926

Felipe
7549
− 1156
6393

Ponto de chegada

Nesta unidade, estudamos a adição e a subtração com números até a ordem da unidade de milhar. Vamos recordar? Leia e complete o que falta nos itens.

a. Podemos realizar adições e subtrações com o auxílio da reta numérica natural.

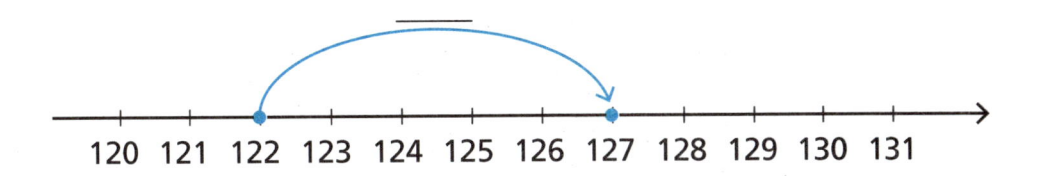

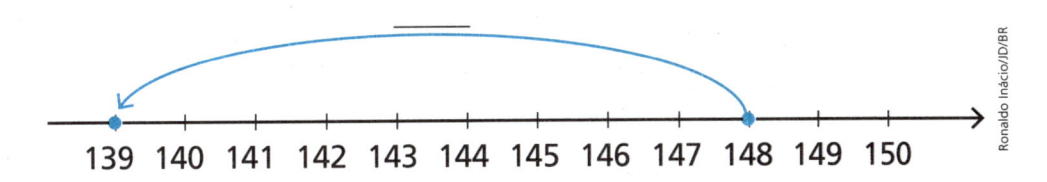

b. Com base no algoritmo também é possível fazer adições e subtrações.

UM	C	D	U
	2	0	1	9
+ 1	2	3	0

UM	C	D	U
¹2̷	⁹₁0̷	¹1	9
− 1	9	9	3

c. Vimos igualdades envolvendo adições e subtrações.

680 + 789 = 850 + _____

3 250 − 1 153 = 7 987 − _____

d. Completamos sequências utilizando adições e subtrações.

- 252, 263, 274, _____, _____, 307, _____.
- 987, 876, _____, _____, 543, _____, 321.

unidade

5 Figuras geométricas planas

Imagem aérea do Jardim Botânico da cidade de Curitiba, no Paraná, em julho de 2017.

Ponto de partida

1. Ao observar a foto, quais partes do jardim lembram figuras geométricas planas?

2. Desenhe um jardim como o da foto, em que a organização das plantas lembre figuras geométricas planas que você conhece.

Retas

1. A foto a seguir apresenta parte de um campo de futebol.

A linha em destaque, se for prolongada indefinidamente nos dois sentidos, nos dá a ideia de **reta**.

Podemos representar uma reta utilizando régua e lápis.

> UMA RETA SE PROLONGA INDEFINIDAMENTE NOS DOIS SENTIDOS. ELA NÃO TEM COMEÇO NEM FIM.
>
> PARA NOMEAR UMA RETA, UTILIZAMOS LETRAS MINÚSCULAS DE NOSSO ALFABETO.

Veja a representação das retas **s** e **t**.

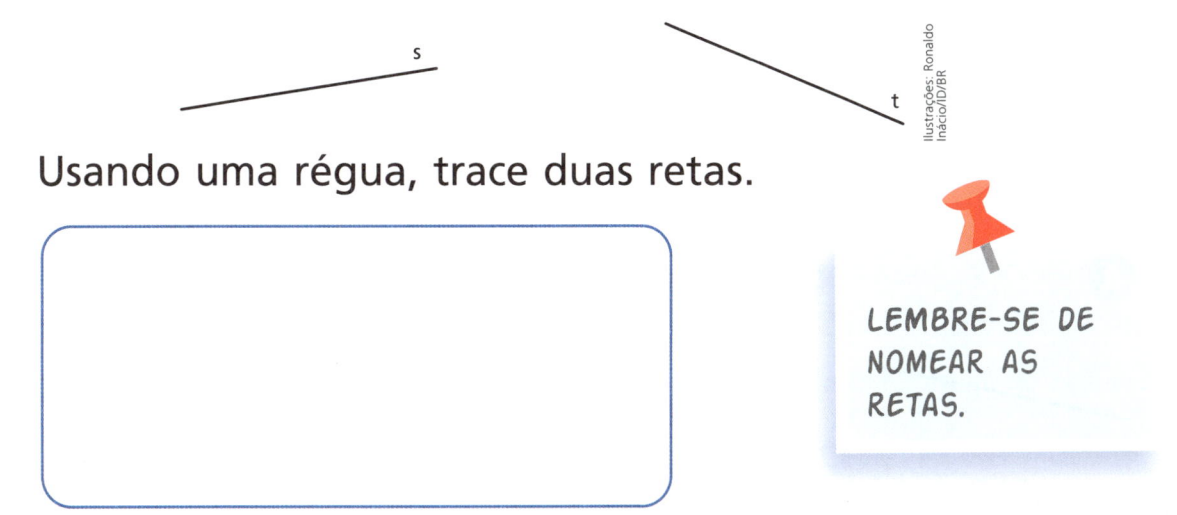

Usando uma régua, trace duas retas.

> LEMBRE-SE DE NOMEAR AS RETAS.

Cento e cinco **105**

2. Usando régua e esquadro, Lílian traçou, em uma folha de papel, duas retas com uma importante característica.

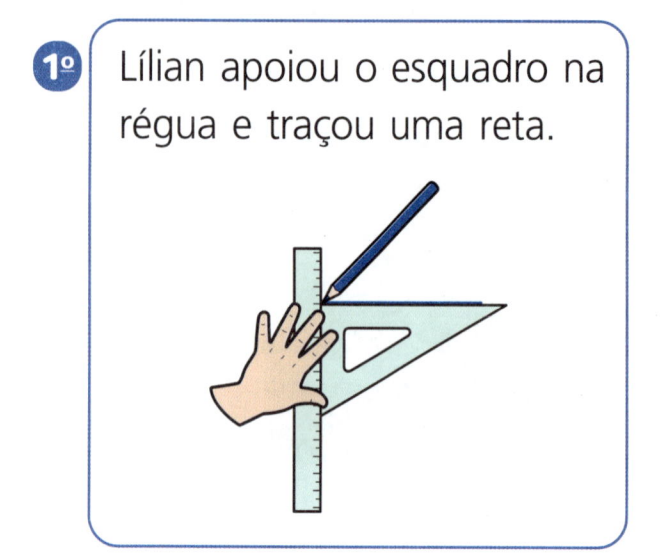

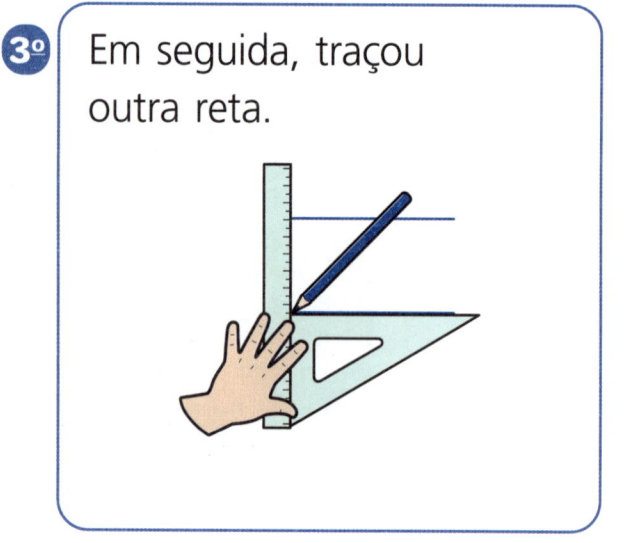

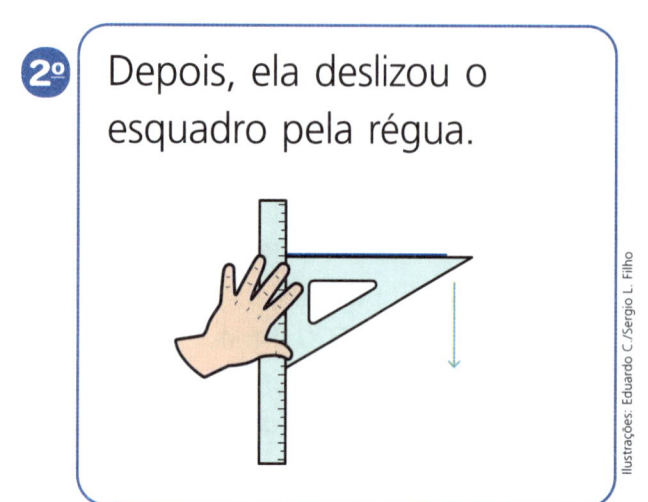

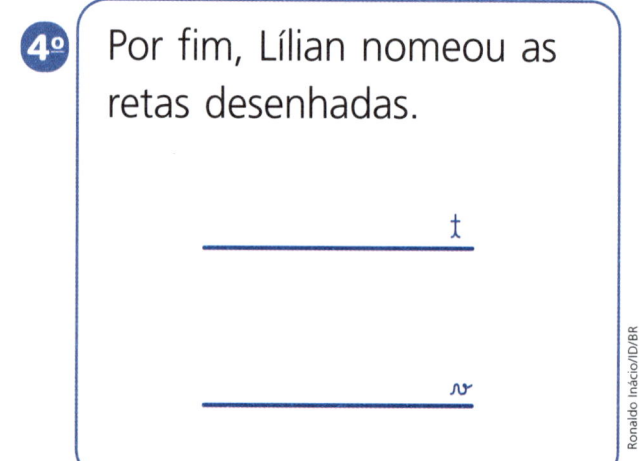

1º Lílian apoiou o esquadro na régua e traçou uma reta.

3º Em seguida, traçou outra reta.

2º Depois, ela deslizou o esquadro pela régua.

4º Por fim, Lílian nomeou as retas desenhadas.

t

r

As retas que Lílian traçou são **paralelas**. Elas não têm pontos em comum, isto é, nunca se cruzam e mantêm entre si a mesma distância.

Entre os pares de reta a seguir, está representado um par de retas paralelas. Identifique-as e contorne-as.

Dica Se necessário, utilize régua e esquadro.

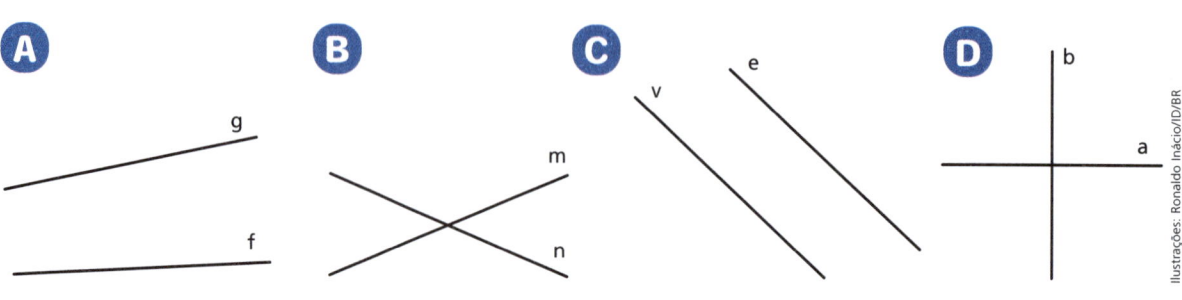

A g, f

B m, n

C v, e

D b, a

106 Cento e seis

Identificando figuras planas

1. Para fazer um trabalho escolar, Bárbara vai recortar algumas embalagens que lembram figuras geométricas espaciais.

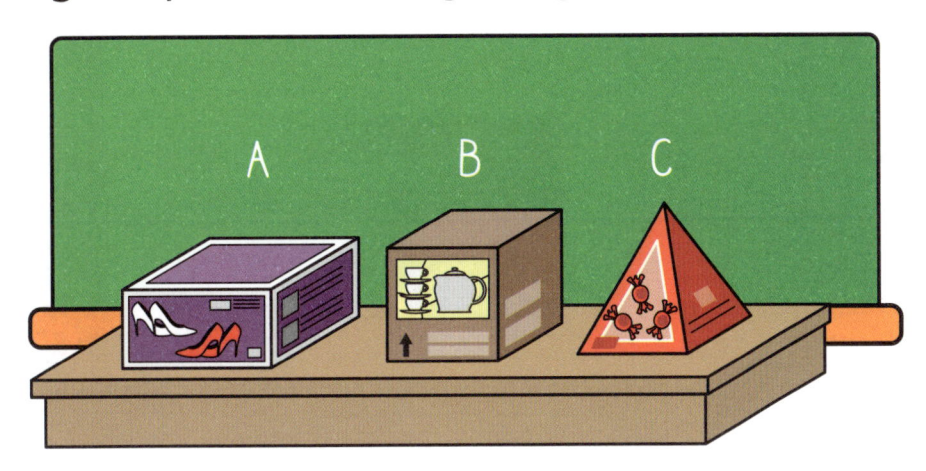

   a. Essas embalagens lembram quais figuras geométricas espaciais?

   _____

   b. Veja as partes obtidas por Bárbara ao desmontar e recortar cada embalagem.

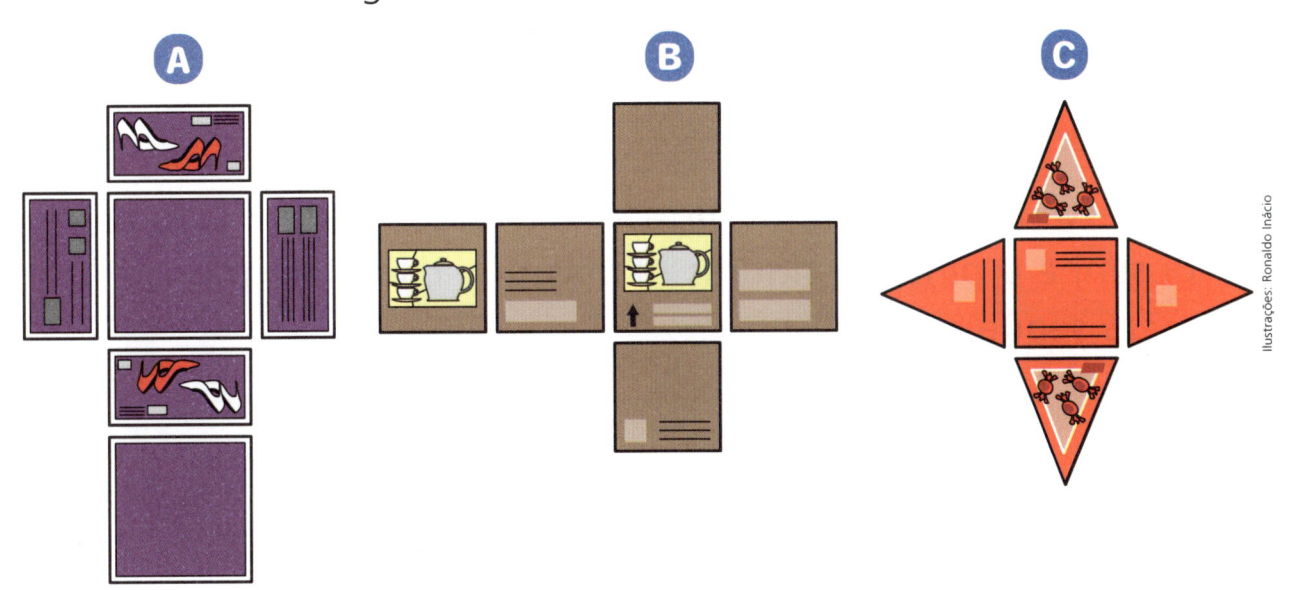

   As partes obtidas por Bárbara ao desmontar e recortar as embalagens lembram algumas **figuras geométricas planas**. Uma delas é o quadrado.
   Que figuras planas as outras partes podem lembrar?

   _____

2. Em nosso dia a dia, é possível identificar objetos que lembram figuras geométricas planas. Escreva o nome da figura geométrica que os objetos lembram.

Imagens sem proporção entre si.

3. Observe a sequência de figuras em cada quadro. Depois, desenhe e pinte as figuras planas que completam essas sequências.

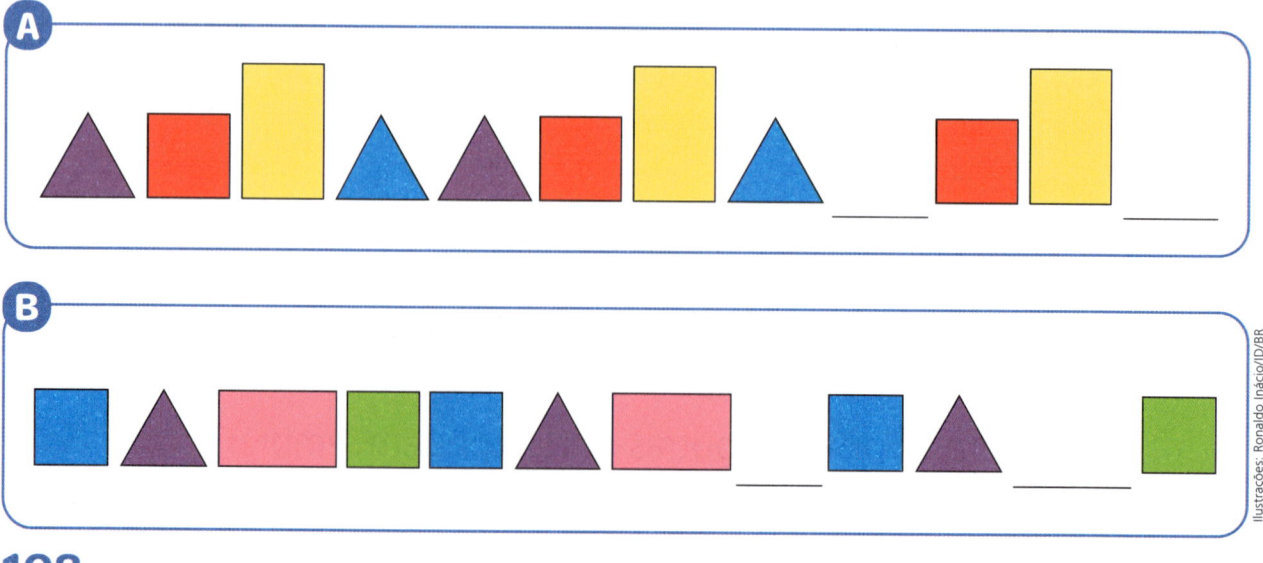

A

B

4. Além do triângulo, do quadrado e do retângulo, existem outras figuras geométricas planas que podemos observar em objetos e situações do nosso cotidiano. Uma delas é o **círculo**.

Escreva o nome de alguns objetos que lembram o círculo.

_____

5. Veja o quadro que Lucas montou com peças de formato geométrico.

Quantos círculos há, ao todo, no quadro? _____ círculos.

Matemática na prática

Para desenhar um círculo, podemos utilizar vários objetos, como copos plásticos, moedas, pratos, CDs ou latas.

Veja como Arnaldo desenhou um círculo contornando um CD.

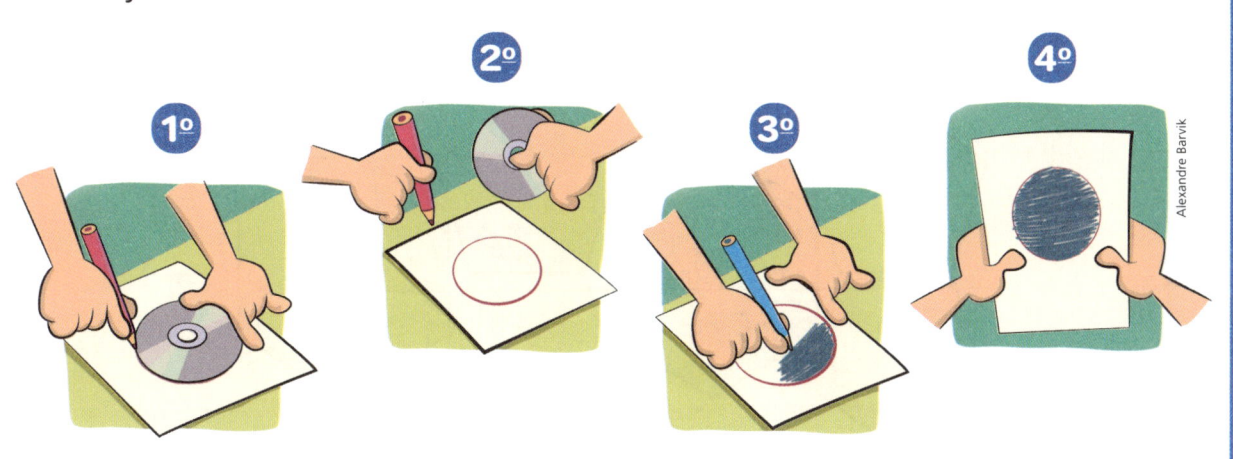

1º   2º   3º   4º

Agora, desenhe alguns círculos em seu caderno usando um dos objetos citados acima.

6. Usando duas embalagens diferentes, Sibele desenhou as seguintes figuras planas.

A figura que Sibele pintou de azul é um **pentágono** e a figura que ela pintou de vermelho é um **hexágono**.

Determine a quantidade de pentágonos e de hexágonos que aparecem na composição abaixo.

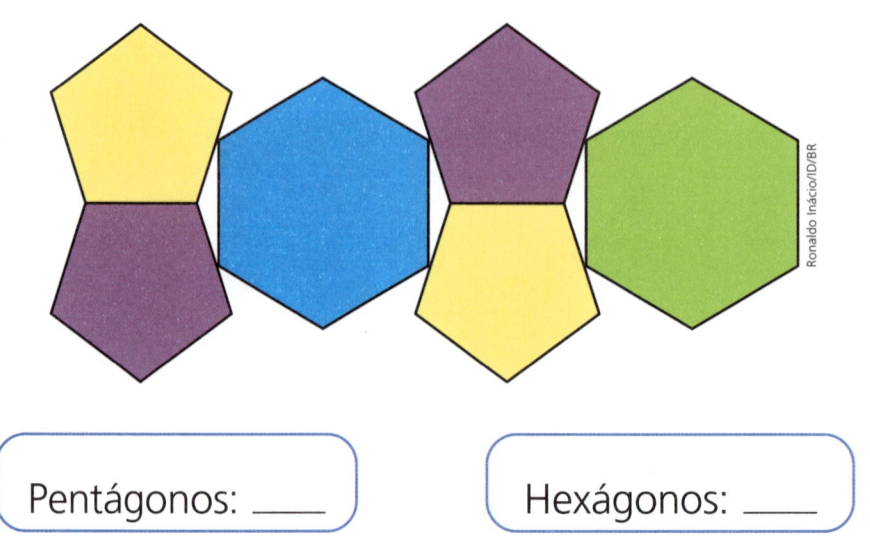

Pentágonos: ____   Hexágonos: ____

7. Descubra o padrão e termine de pintar o mosaico.

8. Ao desmontar a embalagem ao lado, as partes obtidas lembram que figuras geométricas planas?

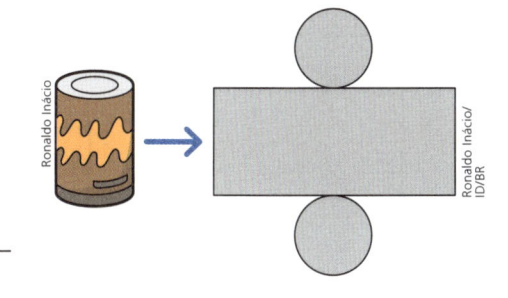

_____

9. Observe as figuras abaixo e determine quantos retângulos podem ser identificados em cada uma delas.

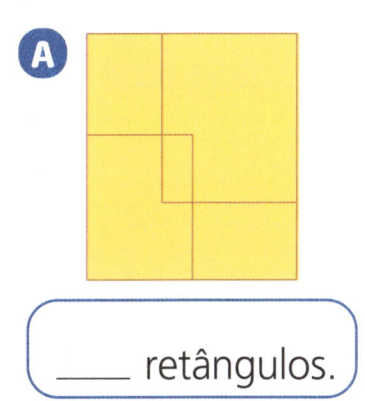

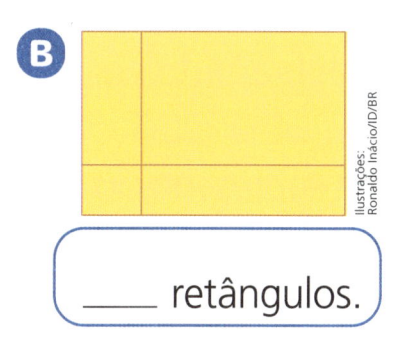

A

_____ retângulos.

B

_____ retângulos.

Aprenda mais!

O personagem Redondo podia fazer quase tudo com os redondos. Mas o grande desafio que ele enfrentou foi fazer um quadrado. Leia o livro *Um redondo pode ser um quadrado?* para descobrir se Redondo conseguiu o que queria.

Um redondo pode ser quadrado?, de Renato Vinicius Canini. São Paulo: Formato, 2007.

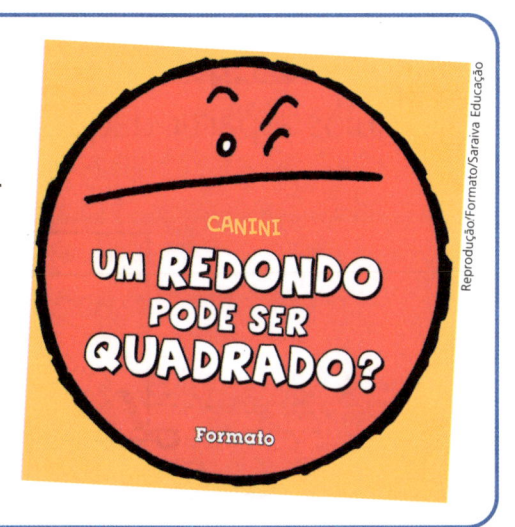

Matemática na prática

Utilizando uma folha de papel, siga os passos abaixo e veja como é possível obter formas que lembram quadrados e triângulos por meio de dobraduras e recortes.

1º Dobre uma folha de papel da seguinte maneira.

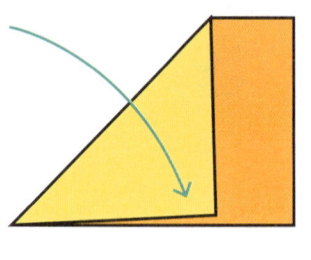

2º Sem desdobrar a folha, trace uma linha reta conforme representado na imagem.

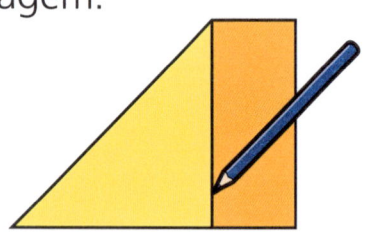

3º Desdobre a folha e recorte-a sobre a linha que você traçou.

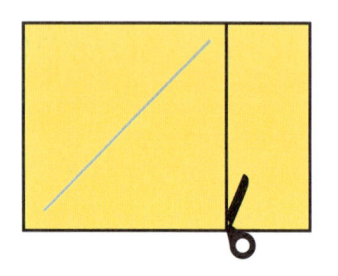

4º A forma obtida lembra um quadrado.

Verifique, a seguir, como é possível obter duas formas que lembram triângulos a partir daquela construída anteriormente.

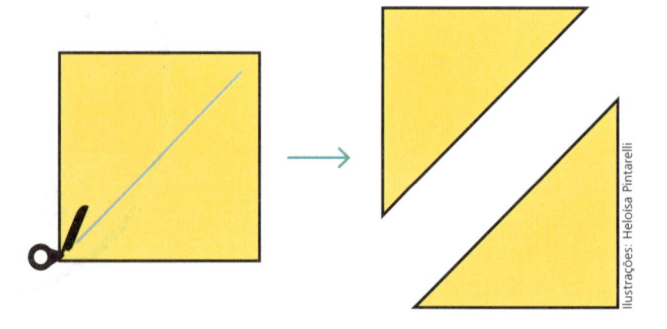

Ilustrações: Heloísa Pintarelli

112 Cento e doze

10. Para realizar um trabalho escolar, Letícia vai precisar de um papel colorido. Veja os dois pedaços de papel que ela tem.

a. O papel amarelo lembra qual figura? Marque com um **X**.

- QUADRADO
- RETÂNGULO
- PENTÁGONO

b. Para fazer o trabalho, Letícia vai precisar do papel maior. Qual ela deve escolher? _____

11. Caio representou algumas figuras em uma malha quadriculada.

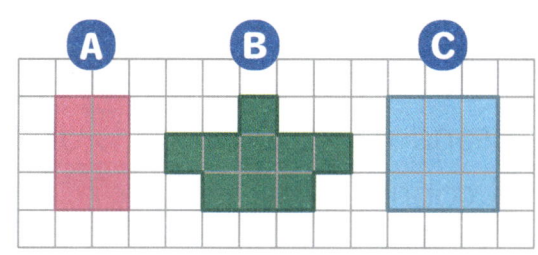

A **B** **C**

a. Quantos quadradinhos Caio pintou para representar a figura:

- A? ____
- B? ____
- C? ____

b. Em quais figuras Caio pintou a mesma quantidade de quadradinhos? _____

c. Na malha, represente uma figura com uma quantidade maior de quadradinhos pintados do que a da figura **B**.

Matemática na prática

Mariana e Pedro estavam em dúvida se era possível cobrir a figura azul utilizando as figuras amarelas. Observe como eles realizaram essa verificação.

> EU ACHO QUE NÃO COBRE.
>
> EU ACHO QUE COBRE.
>
> VOCÊ ACERTOU, AS FIGURAS AMARELAS COBREM A FIGURA AZUL.

Em sua opinião, usando as figuras azuis disponíveis na página 229, é possível cobrir a figura verde?

Destaque as figuras azuis e verifique se sua resposta está correta.

Triângulos e quadriláteros

1. A professora de Mariana desenhou na lousa algumas figuras geométricas planas que os alunos já conheciam.

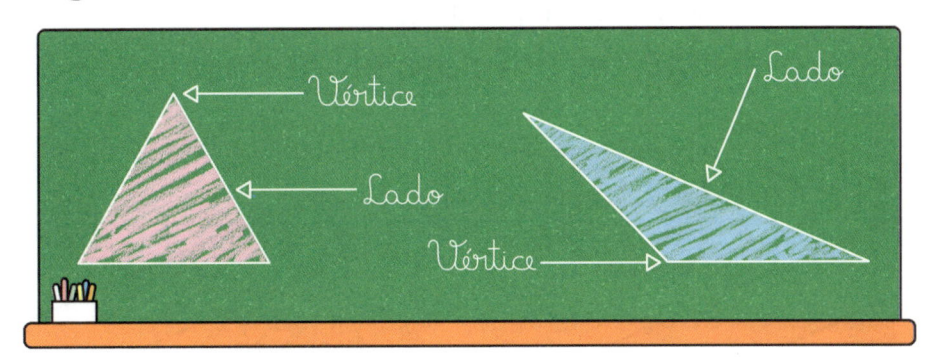

a. Quantos lados têm as figuras geométricas desenhadas na lousa? _____ lados.

b. Quantos vértices elas têm? _____ vértices.

> As figuras desenhadas nessa lousa são chamadas **triângulos**. Os triângulos têm três lados e três vértices.

Em seguida, a professora desenhou outras figuras planas que os alunos conheciam.

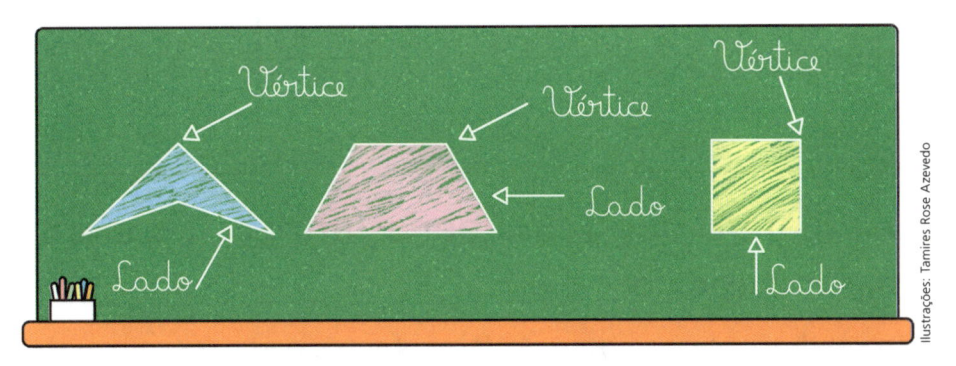

c. Quantos lados têm as figuras geométricas desenhadas na lousa? _____ lados.

d. Quantos vértices elas têm? _____ vértices.

> As figuras desenhadas nessa lousa são chamadas **quadriláteros**. Os quadriláteros têm quatro lados e quatro vértices.

2. Um quadrilátero que tem dois pares de lados paralelos é chamado **paralelogramo**.

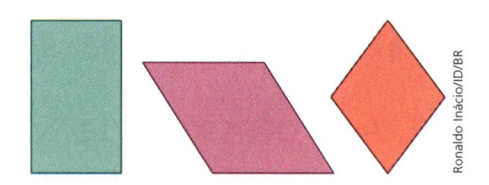

Veja como Ana verificou se o quadrilátero a seguir é um paralelogramo.

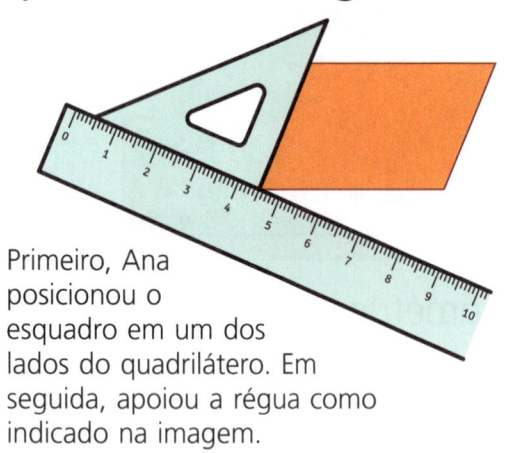

Primeiro, Ana posicionou o esquadro em um dos lados do quadrilátero. Em seguida, apoiou a régua como indicado na imagem.

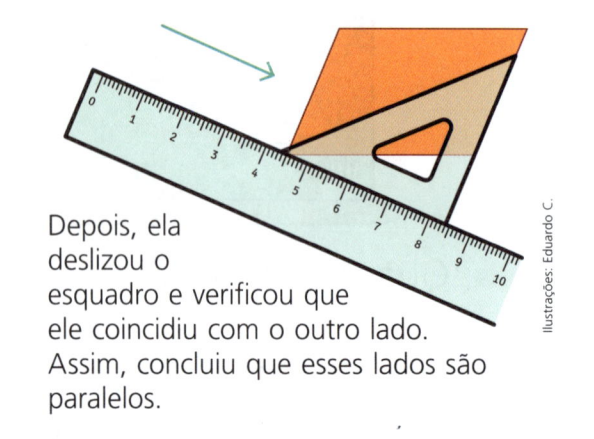

Depois, ela deslizou o esquadro e verificou que ele coincidiu com o outro lado. Assim, concluiu que esses lados são paralelos.

Em seguida, Ana fez o mesmo procedimento para o outro par de lados e também concluiu que esses lados são paralelos. Portanto, esse quadrilátero é um paralelogramo.

Agora, de acordo com o procedimento acima, identifique e pinte o quadrilátero a seguir que é um paralelogramo.

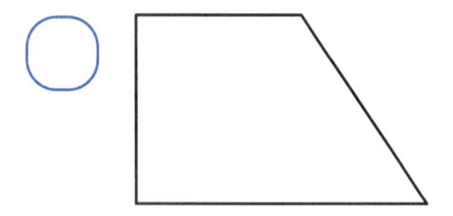

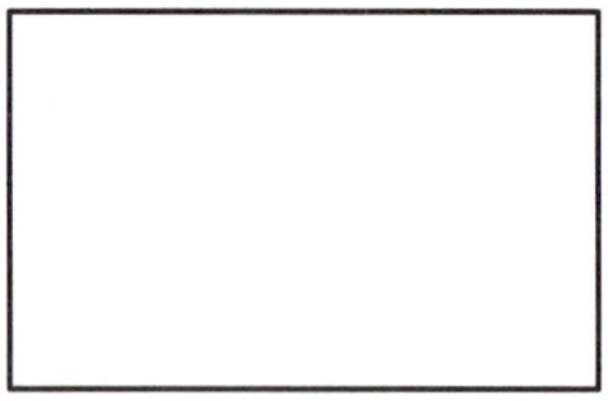

3. Um quadrilátero que tem apenas um par de lados paralelos é chamado **trapézio**.

José desenhou, em uma folha de papel, um quadrilátero que tem apenas um par de lados paralelos. Entre as figuras abaixo, identifique aquela que José desenhou.

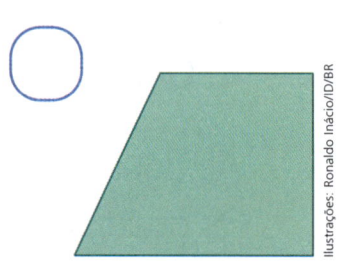

4. Utilizando régua e esquadro, Jackson e seus amigos determinaram algumas características em relação aos lados de quatro figuras planas.

ESTA FIGURA TEM TODOS OS LADOS DE MESMA MEDIDA E DOIS PARES DE LADOS PARALELOS.

Jackson

ESTA FIGURA TEM DOIS PARES DE LADOS PARALELOS.

Lucília

ESTA FIGURA TEM DOIS PARES DE LADOS PARALELOS.

Denise

ESTA FIGURA TEM APENAS UM PAR DE LADOS PARALELOS.

André

Agora é com você! Faça um:

Dica Se necessário, utilize régua e esquadro.

- X nas figuras que têm dois pares de lados paralelos.
- O nas figuras que têm apenas um par de lados paralelos.
- ☐ nas figuras que não têm pares de lados paralelos.

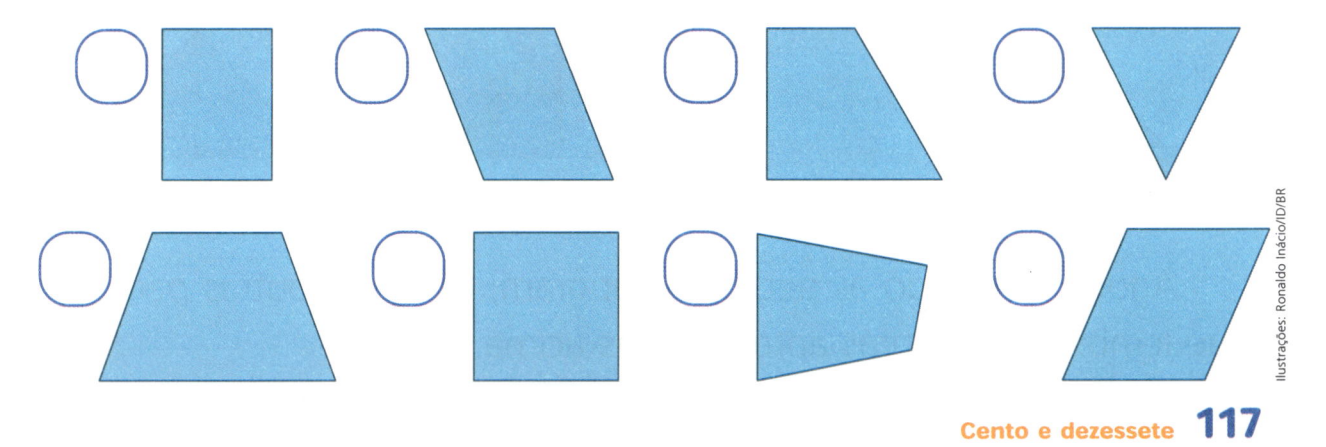

5. Na malha quadriculada ao lado, foram representados alguns quadriláteros.

Entre os quadriláteros representados, quantos:

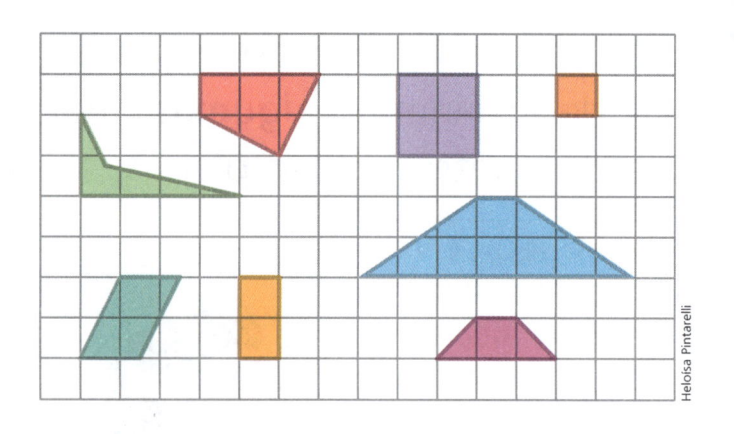

a. têm dois pares de lados paralelos? _____

b. têm apenas um par de lados paralelos? _____

c. não têm lados paralelos? _____

Matemática na prática

Destaque o tangram que se encontra na página **231** e, utilizando suas peças, construa as figuras representadas a seguir.

casa

homem correndo

coelho

O TANGRAM É UM QUEBRA-CABEÇA CHINÊS COMPOSTO POR SETE PEÇAS.

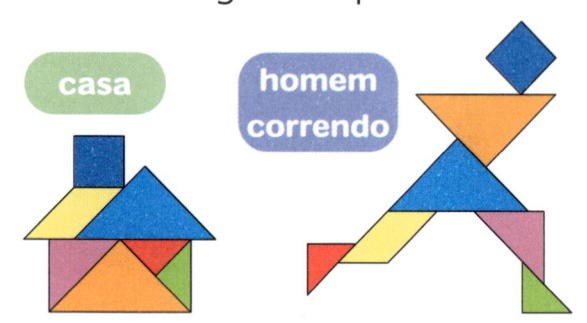

Podemos também representar figuras planas com as peças do tangram. Construa cada uma das figuras representadas abaixo e escreva o nome delas.

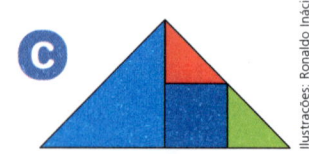

A _____ B _____ C _____

Agora, utilizando as peças do tangram, construa outras peças que lembram as figuras apresentadas acima.

6. Utilizando duas peças do tangram, é possível representar um trapézio.

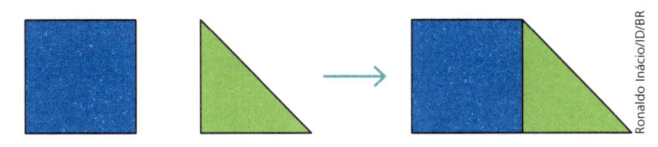

a. Usando outras duas peças, represente um quadrilátero.

b. Com três peças do tangram, represente um triângulo.

c. Represente um retângulo usando quatro peças do tangram.

7. Os quadrados azuis, representados nas figuras **A** e **B**, têm tamanhos iguais ou diferentes? _____

Agora, com o auxílio de uma régua, confirme sua resposta.

8. Natália recortou dezessete fichas de forma quadrada, como as indicadas abaixo. Ela pretende compor uma só figura de formato quadrado, juntando a maior quantidade possível de fichas. Note que parte da figura já está construída.

Vai sobrar alguma ficha? _____

Quantas fichas? _____ ficha.

Cento e dezenove 119

9. Ligue cada uma das fichas à figura correspondente.

| Quadrilátero que tem todos os lados com mesma medida. | Triângulo que não tem todos os lados com mesma medida. | Quadrilátero que não tem todos os lados com a mesma medida. | Triângulo que tem todos os lados com mesma medida. |

10. Na malha abaixo, ligue os pontos e obtenha as figuras indicadas nas fichas.

- Trapézio
- Paralelogramo
- Triângulo

Compare a sua resposta com a de seus colegas.

Figuras congruentes

1. A professora entregou aos alunos duas folhas como as representadas ao lado.

   Em seguida, ela solicitou aos alunos que comparassem as figuras. Veja como Sandra fez essa comparação.

   Sandra observou que as figuras coincidiram, ou seja, têm a mesma forma e o mesmo tamanho.

   > Figuras que têm a mesma forma e o mesmo tamanho são **congruentes**.

   Utilizando os mesmos procedimentos, Sandra comparou outras duas figuras.

   Essas figuras são congruentes? Justifique sua resposta.

   _____

   _____

Para fazer juntos!

Em uma folha de papel, desenhe uma figura geométrica plana de sua escolha.

Depois, troque com um colega para que ele obtenha, com o auxílio de uma folha transparente, uma figura congruente à que você desenhou.

Por fim, verifique se a construção de seu colega está correta.

2. Ligue as figuras que são congruentes.

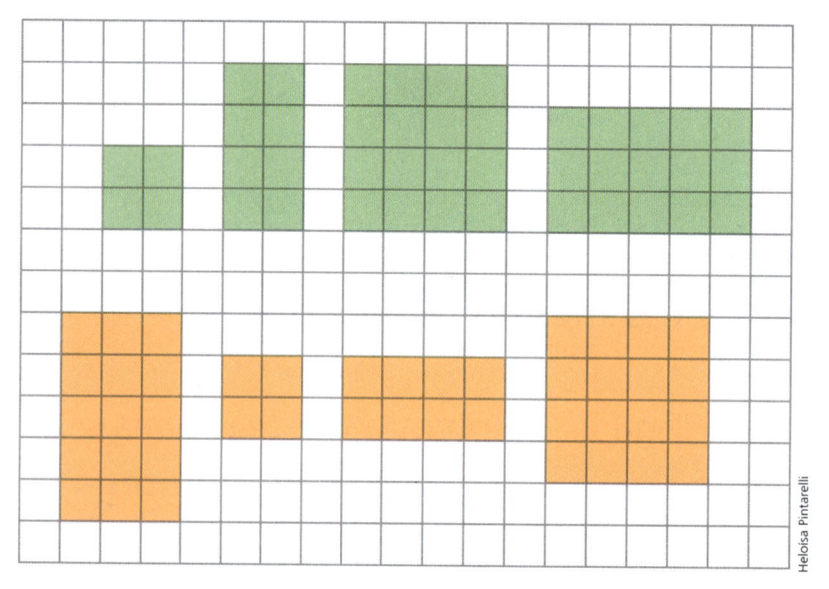

3. Na malha a seguir, desenhe figuras congruentes às apresentadas.

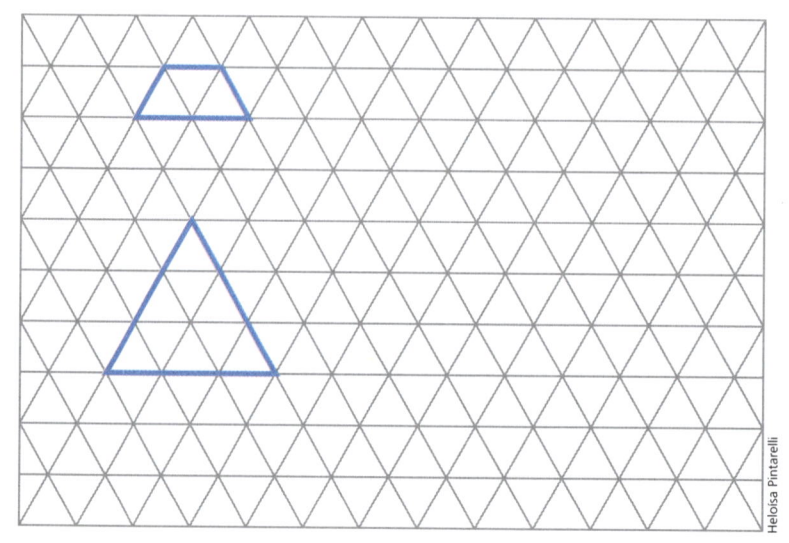

Ponto de chegada

Nesta unidade, conhecemos as retas e estudamos algumas características das figuras geométricas planas. Para recordar, leia e complete o que falta nos itens.

a. Identificamos e construímos **retas paralelas**.

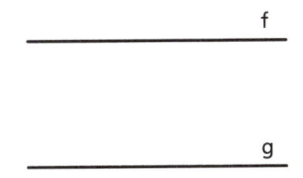

_____ f

_____ g

b. Estudamos características de **triângulos** e de **quadriláteros**.

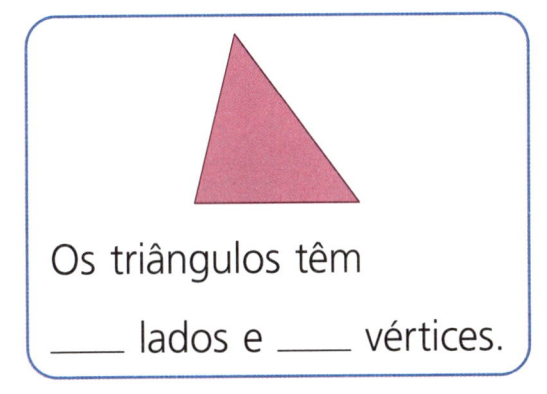

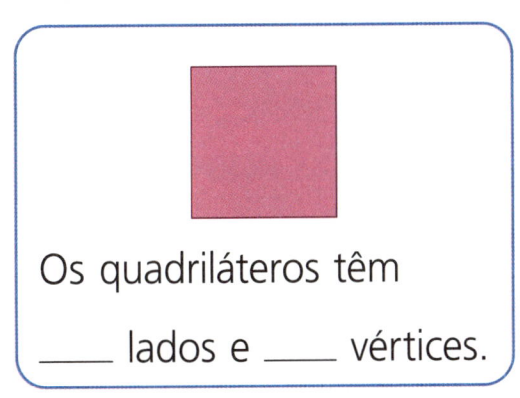

Os triângulos têm ____ lados e ____ vértices.

Os quadriláteros têm ____ lados e ____ vértices.

c. Também vimos características de **paralelogramos** e de **trapézios**.

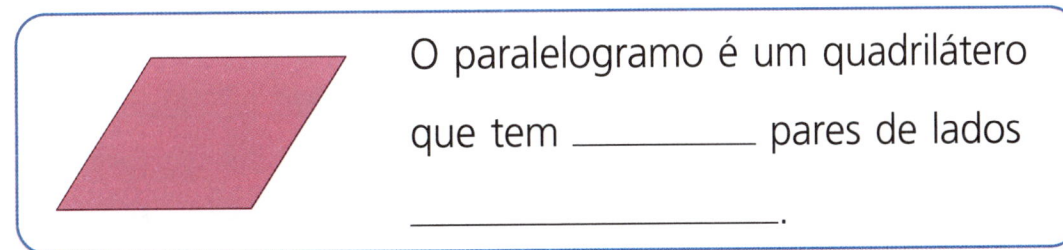

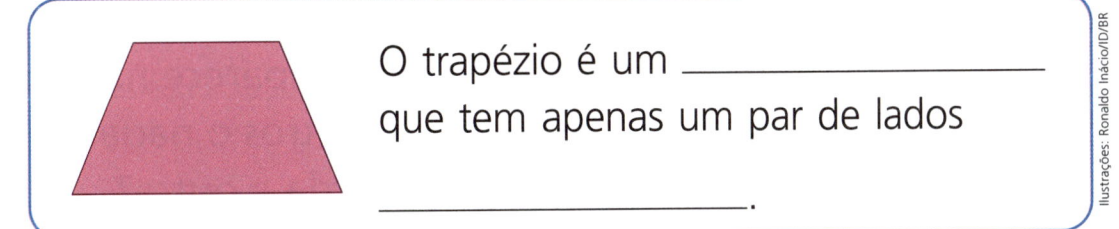

O paralelogramo é um quadrilátero que tem _____ pares de lados _____.

O trapézio é um _____ que tem apenas um par de lados _____.

d. Vimos que figuras que têm a mesma forma e o mesmo tamanho são _____.

unidade 6
Multiplicação

Momento de treino de um nadador em uma piscina.

Ponto de partida

1. Conhecendo a extensão da piscina que aparece na foto, como você faria para saber quantos metros o nadador percorreu indo e voltando de uma borda a outra?

2. Quantas vezes um atleta precisa nadar de uma borda a outra em uma piscina de 50 metros para completar 200 metros de nado?

Situações envolvendo multiplicação

1. Sandra fez uma lista dos materiais escolares de que ela e seu irmão precisavam. Com a lista em mãos, ela consultou os preços em uma papelaria.

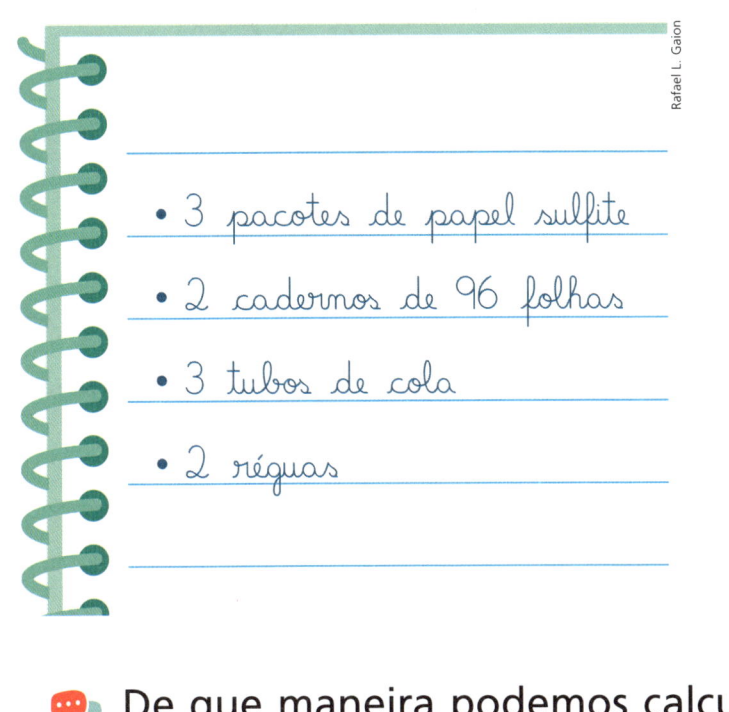

- 3 pacotes de papel sulfite
- 2 cadernos de 96 folhas
- 3 tubos de cola
- 2 réguas

Preço de alguns produtos em uma papelaria	
Produto	Preço (R$)
Pacote de sulfite	7,00
Caderno de 96 folhas	9,00
Tubo de cola	3,00
Régua	4,00

Fonte de pesquisa: Registros de Sandra.

💬 De que maneira podemos calcular quantos reais a mãe de Sandra pagou pelos três pacotes de papel sulfite?

Podemos resolver esta questão adicionando três vezes o preço de um pacote de papel sulfite, que é R$ 7,00.

$$7 + 7 + 7 = \underline{\qquad}$$
3 parcelas iguais

Nessa adição, as parcelas são iguais, ou seja, o número 7 é adicionado 3 vezes. Assim, podemos indicá-la pela seguinte multiplicação.

$$3 \times 7 = 21$$

Portanto, a mãe de Sandra pagou R$ _____ pelos três pacotes de papel sulfite.

2. Volte à atividade da página anterior e, por meio de uma adição de parcelas iguais e de uma multiplicação, determine quantos reais a mãe de Sandra pagou pelos demais produtos da lista.

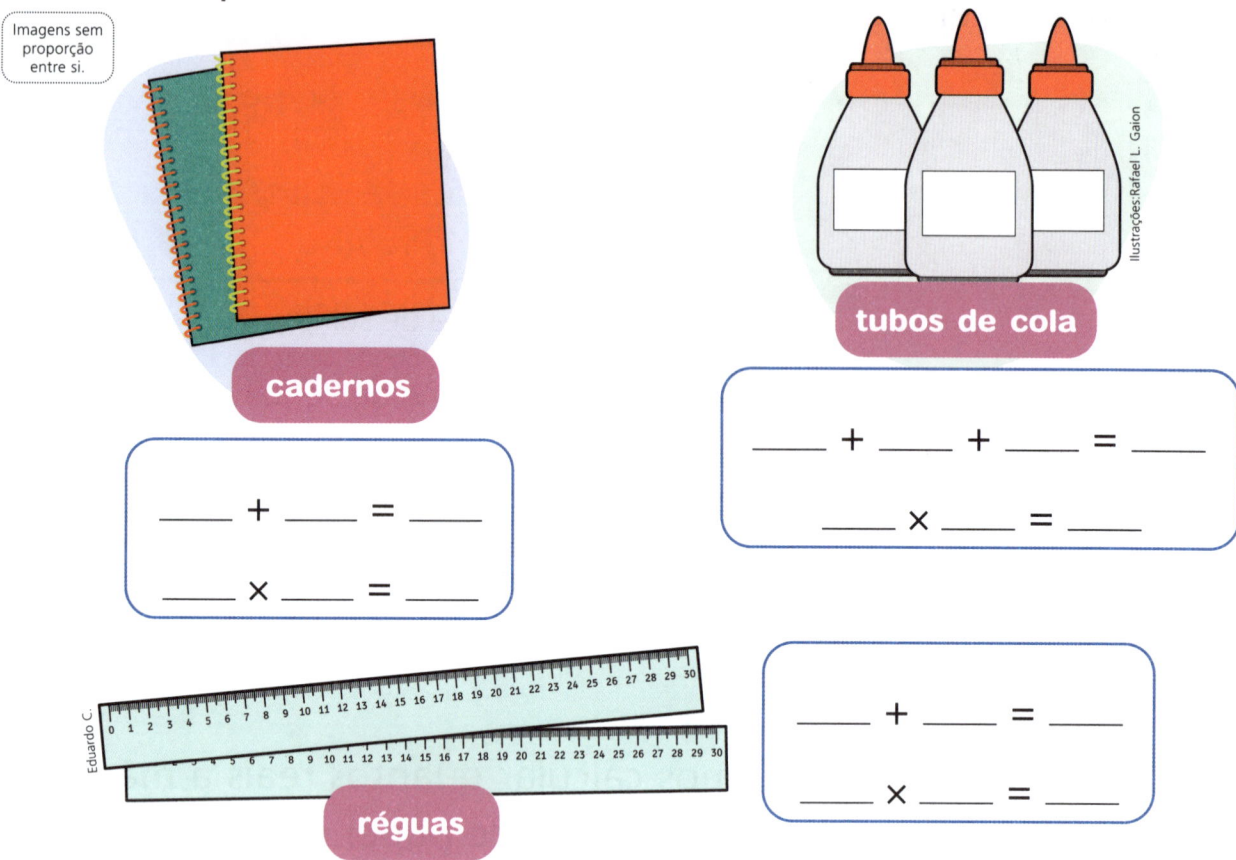

Imagens sem proporção entre si.

cadernos

____ + ____ = ____

____ × ____ = ____

tubos de cola

____ + ____ + ____ = ____

____ × ____ = ____

réguas

____ + ____ = ____

____ × ____ = ____

Quantos reais, ao todo, a mãe de Sandra gastou nessa compra?

LEMBRE-SE DE ADICIONAR A QUANTIA GASTA COM PAPEL SULFITE AOS DEMAIS PRODUTOS.

3. Complete com os números adequados.

a. $7 + 7 = $ _____ × _____ = _____

b. $6 + 6 + 6 = $ _____ × _____ = _____

c. $8 + 8 + 8 + 8 = $ _____ × _____ = _____

d. $5 + 5 + 5 + 5 + 5 = $ _____ × _____ = _____

e. $9 + 9 + 9 + 9 + 9 = $ _____ × _____ = _____

4. Abílio foi a uma loja de brinquedos e comprou as 2 caixas de carrinhos representadas ao lado.

Calcule, por meio de uma adição de parcelas iguais e de uma multiplicação, quantos carrinhos Abílio comprou.

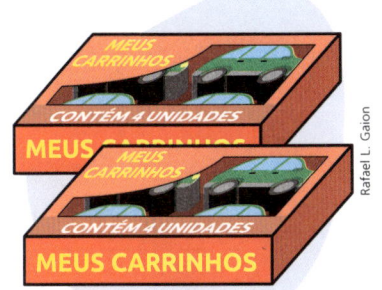

- Adição → ____ + ____ = ____
- Multiplicação → ____ × ____ = ____

Abílio comprou ____ carrinhos.

5. Luzia organizou seus CDs em suportes como o que aparece ao lado.

Quantos CDs, no máximo, Luzia pode colocar em 2 suportes como este?

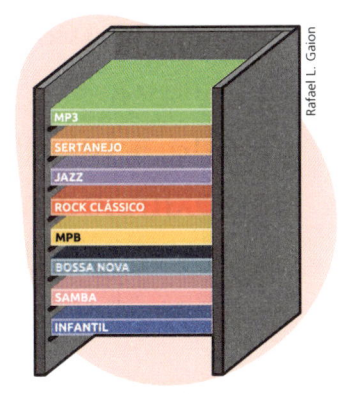

- Adição → _____ + _____ = _____
- Multiplicação → _____ × _____ = _____

Luzia pode colocar, no máximo, _____ CDs nos 2 suportes.

6. Célia levou seus filhos Eduardo e Ivan, de seis anos, e Heitor, de oito anos, para assistirem a um espetáculo do Circo Pirueta.

Quantos reais Célia gastou na compra dos ingressos de seus filhos?

- Adição → ____ + ____ + ____ = _____
- Multiplicação → ____ × ____ = _____

Célia gastou R$ _____ na compra dos ingressos de seus filhos.

Cento e vinte e sete 127

7. Complete o esquema com os números adequados.

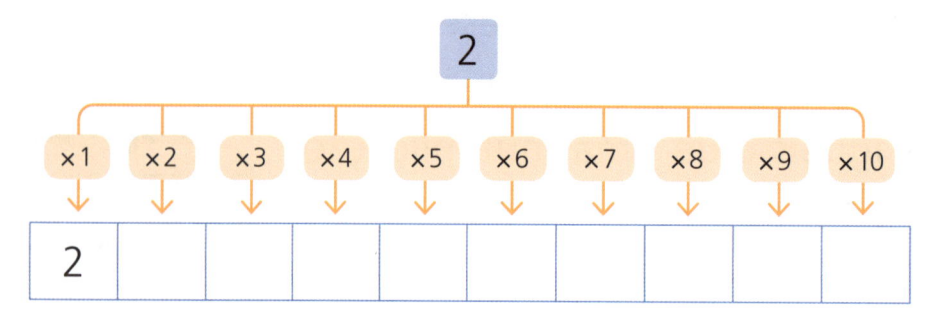

```
         2
 ×1 ×2 ×3 ×4 ×5 ×6 ×7 ×8 ×9 ×10
 ┌──┬──┬──┬──┬──┬──┬──┬──┬──┬──┐
 │2 │  │  │  │  │  │  │  │  │  │
 └──┴──┴──┴──┴──┴──┴──┴──┴──┴──┘
```

8. Miguel tem R$ 7,00. Sua irmã tem o **dobro** dessa quantia.

Quantos reais a irmã de Miguel tem?

R$ _____

Dica Para calcular o **dobro** de um número, basta multiplicá-lo por 2.

9. O gavião-real é a maior águia brasileira. Na fase adulta, um macho chega a ter uma massa de aproximadamente 6 quilogramas. Essa ave predadora se alimenta de outras aves, preguiças e até macacos.

Imagens sem proporção entre si.

Gavião-real adulto: até 105 centímetros de comprimento.

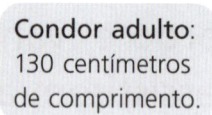

Condor adulto: 130 centímetros de comprimento.

Já o condor é considerado a maior ave do mundo. Suas asas abertas podem medir até 3 metros de uma ponta à outra. Sua massa é aproximadamente o dobro da massa de um gavião-real macho adulto.

De acordo com essas informações, qual é a massa aproximada de um condor? _____ quilogramas.

10. Observe o significado de cada seta.

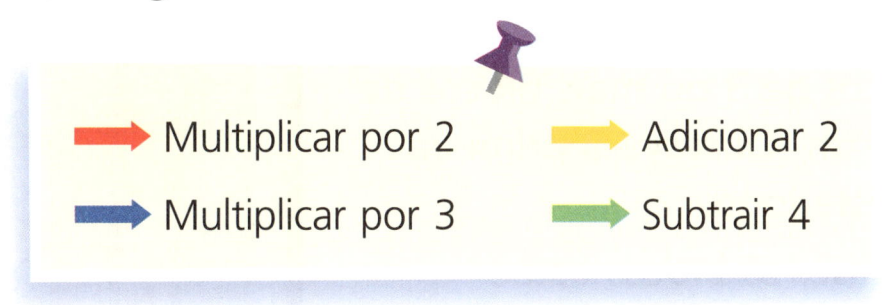

→ Multiplicar por 2   → Adicionar 2
→ Multiplicar por 3   → Subtrair 4

Siga as setas efetuando os cálculos e escreva o número que está faltando em cada quadrinho.

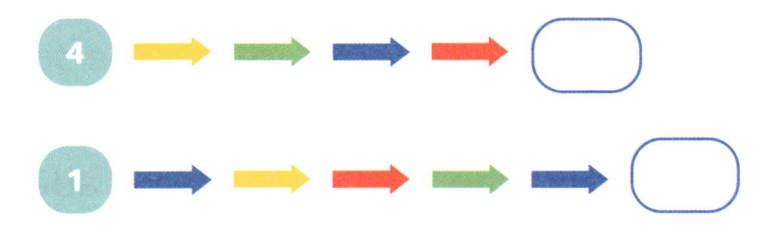

4 → → → → ☐

1 → → → → → ☐

11. Douglas tem 4 figurinhas. Nicolau tem o dobro da quantidade de figurinhas de Douglas. Roberto tem o **triplo** da quantidade de figurinhas de Nicolau. Quantas figurinhas tem Nicolau? E quantas tem Roberto?

- Nicolau → _____ figurinhas.
- Roberto → _____ figurinhas.

> **Dica** Para calcular o **triplo** de um número, basta multiplicá-lo por **3**.

12. Complete o esquema com os números adequados.

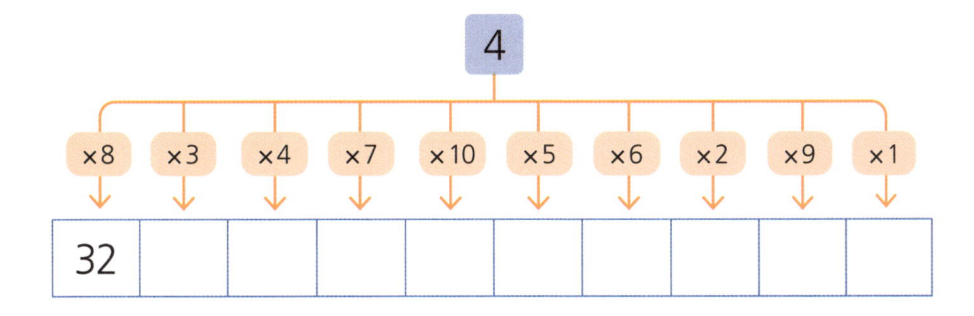

4

×8	×3	×4	×7	×10	×5	×6	×2	×9	×1
32									

13. Rebeca possui R$ 5,00. A quantia que Luís possui é igual a quatro vezes a quantia de Rebeca.

a. Quantos reais Luís possui? R$ _____

b. Quantos reais Luís possui a mais do que Rebeca? R$ _____

14. Fabiano está brincando com um jogo cujo objetivo é combinar conjuntos de 3 ou mais blocos de mesma cor. Observe a primeira fase desse jogo.

Nessa fase, os blocos estão organizados em 3 colunas, com 4 blocos em cada uma.

Por meio de uma multiplicação, podemos obter o total de blocos dessa fase sem contá-los um a um.

Complete a multiplicação com os números adequados.

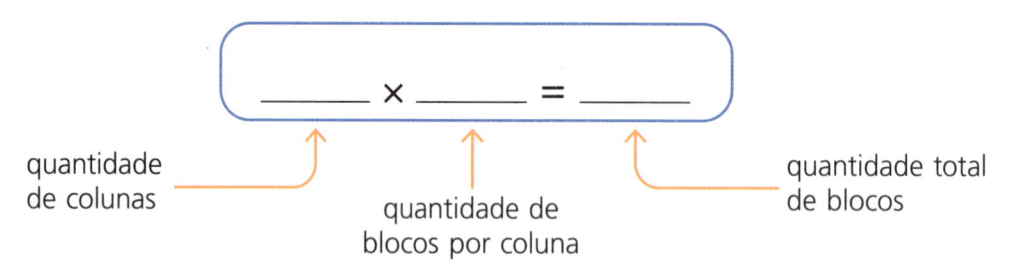

_____ × _____ = _____

quantidade de colunas

quantidade de blocos por coluna

quantidade total de blocos

Agora, sem contar um a um, complete as multiplicações e obtenha a quantidade de blocos nas seguintes fases.

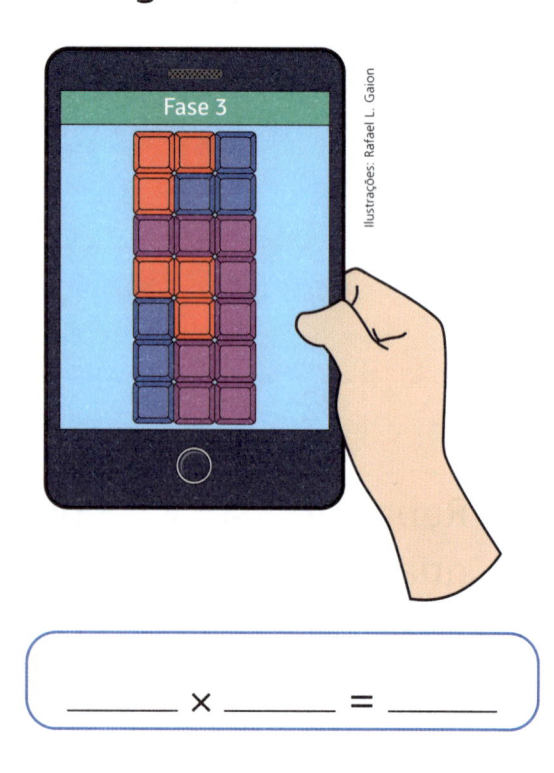

_____ × _____ = _____

_____ × _____ = _____

15. Por meio de uma multiplicação, obtenha o comprimento total do contorno de cada quadrado.

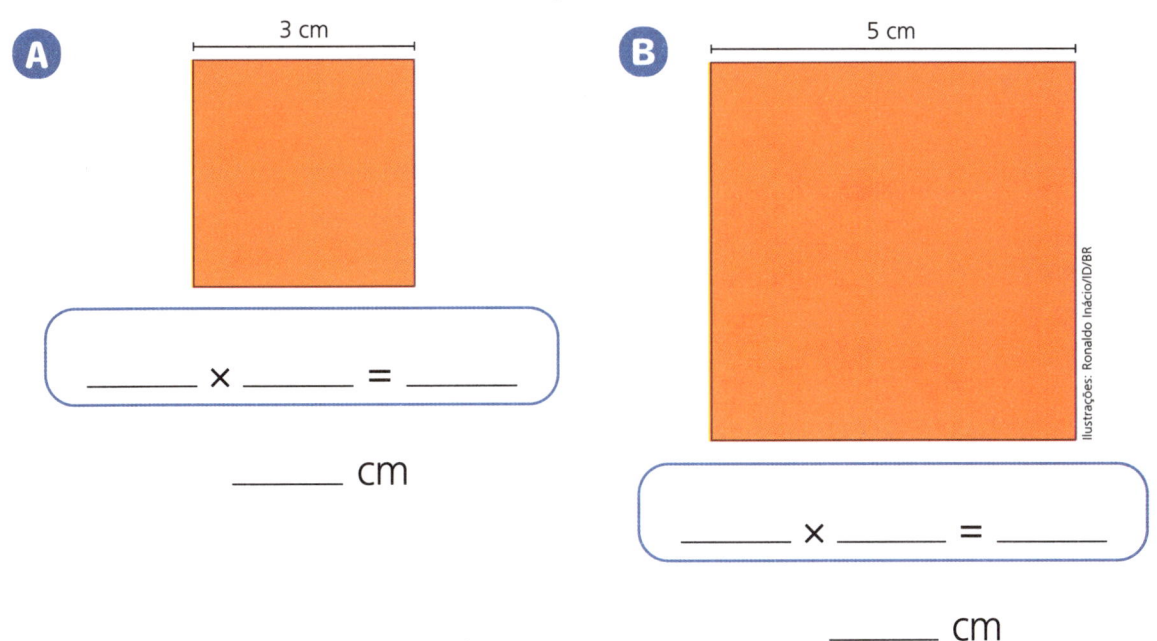

A 3 cm

_____ × _____ = _____

_____ cm

B 5 cm

_____ × _____ = _____

_____ cm

16. O quadrado representado a seguir é mágico.

5	0	7
6	4	2
1	8	3

a. Qual é a constante mágica deste quadrado? _____

b. Multiplique cada número do quadrado anterior por 4 e complete o quadrado ao lado, escrevendo os números obtidos na mesma posição dos anteriores.

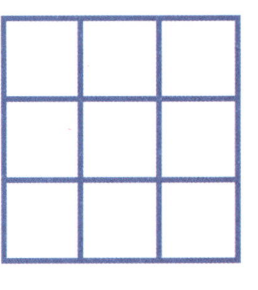

O novo quadrado é mágico? _____

Se for, qual é a sua constante mágica? _____

17. Descubra o padrão da sequência e complete-a com os números adequados.

5, 10, 15, _____, 25, 30, _____, _____, 45, _____

18. Júlio é cozinheiro. Ele vai preparar a seguinte receita.

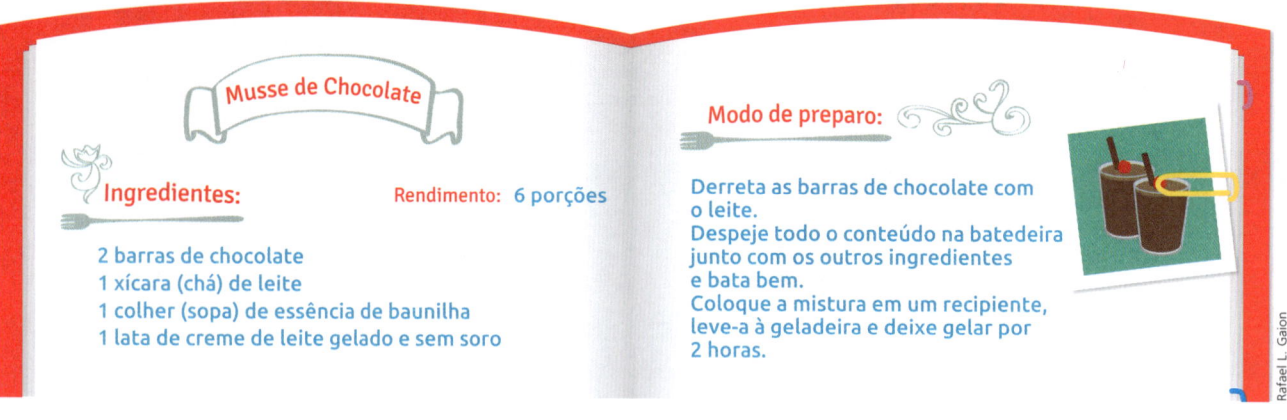

Musse de Chocolate

Ingredientes: Rendimento: 6 porções

2 barras de chocolate
1 xícara (chá) de leite
1 colher (sopa) de essência de baunilha
1 lata de creme de leite gelado e sem soro

Modo de preparo:

Derreta as barras de chocolate com o leite.
Despeje todo o conteúdo na batedeira junto com os outros ingredientes e bata bem.
Coloque a mistura em um recipiente, leve-a à geladeira e deixe gelar por 2 horas.

Quantas porções Júlio poderá servir se preparar 5 receitas como esta? _____ porções.

19. Joice está colocando ladrilhos em uma garagem.

Observe na imagem abaixo a representação do chão dessa garagem.

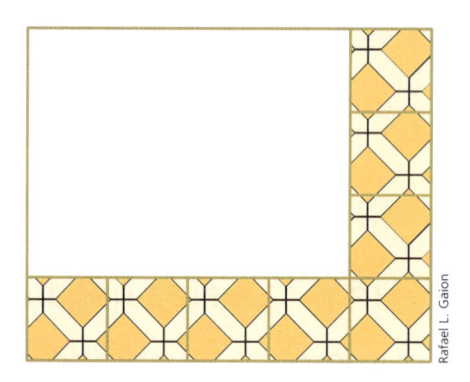

a. Quantos ladrilhos são necessários para cobrir toda a garagem?

_____ ladrilhos.

b. Quantos ladrilhos Joice já colocou? _____ ladrilhos.

c. Quantos ladrilhos ainda faltam ser colocados?
Dê sua resposta por meio de uma subtração e de uma multiplicação.

_____ – _____ = _____   _____ × _____ = _____

Faltam ser colocados _____ ladrilhos.

20. Francisca faz bombons para vender. Para embalar os bombons, ela utiliza os cinco modelos de caixa e as quatro cores de laço representados abaixo.

Pinte as caixas e os laços com as cores correspondentes.

Depois, complete a multiplicação e determine de quantas maneiras diferentes Francisca pode embalar os bombons.

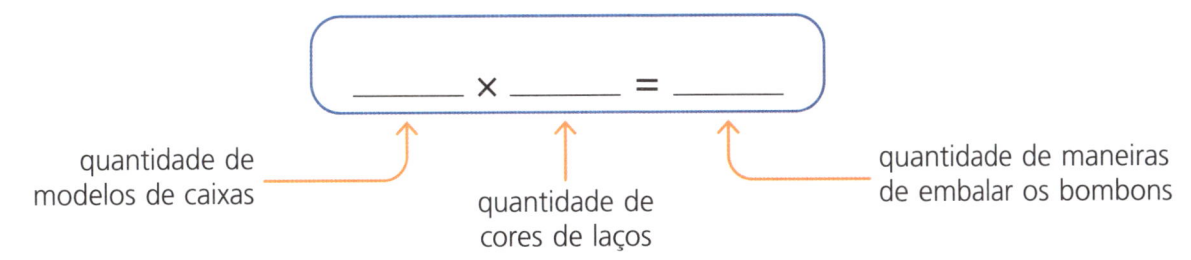

_____ × _____ = _____

quantidade de modelos de caixas

quantidade de cores de laços

quantidade de maneiras de embalar os bombons

Francisca pode embalar os bombons de _____ maneiras diferentes.

21. Regina ganhou de presente uma boneca com 5 cores diferentes de blusa e 5 cores diferentes de saia. De quantas maneiras diferentes Regina pode vestir sua boneca, utilizando uma blusa e uma saia? _____ maneiras.

Multiplicando por 6, 7, 8 e 9

1. O prédio em que Felícia mora tem seis andares e quatro apartamentos por andar.

   Calcule, por meio de adição de parcelas iguais e de multiplicação, a quantidade de apartamentos desse prédio.

   - Adição → ___ + ___ + ___ + ___ + ___ + ___ = _____
   - Multiplicação → ___ × ___ = _____

   No prédio há _____ apartamentos.

2. Escreva uma multiplicação para representar a quantia em reais que aparece em cada quadro.

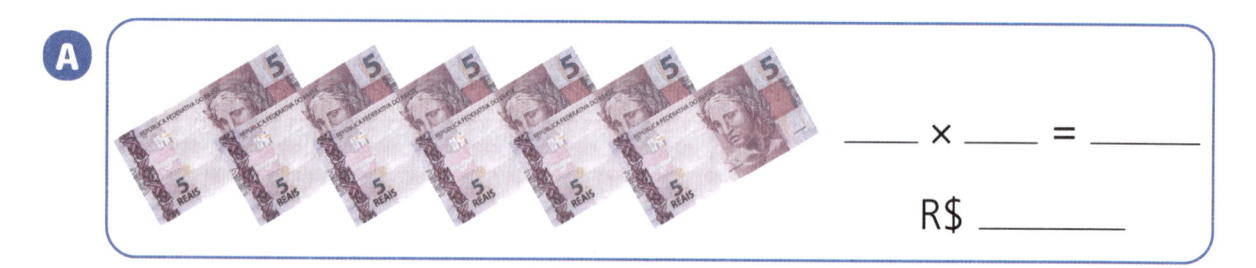

   A ___ × ___ = _____

   R$ _____

   B ___ × ___ = _____

   R$ _____

3. Efetue as multiplicações e complete o esquema abaixo com os números adequados.

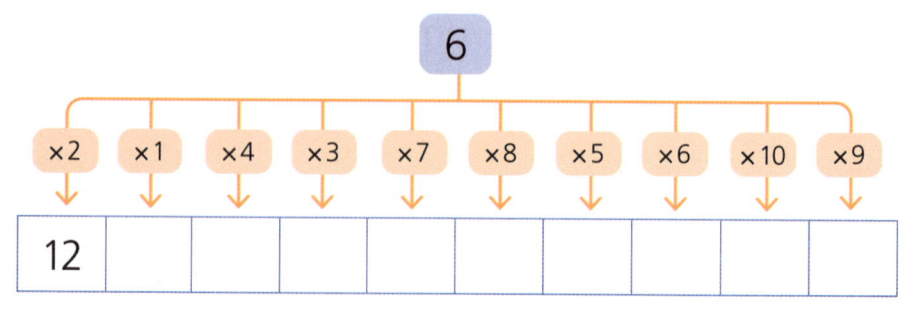

   6

   ×2 | ×1 | ×4 | ×3 | ×7 | ×8 | ×5 | ×6 | ×10 | ×9

   | 12 | | | | | | | | | |

4. Complete os cálculos em cada item.

   a. 7 + 7 + 7 + 7 + 7 + 7 + 7 = _____ × _____ = _____

   b. 0 + 0 + 0 + 0 + 0 + 0 + 0 = _____ × _____ = _____

   c. 5 + 5 + 5 + 5 + 5 + 5 + 5 = _____ × _____ = _____

5. Para manter-se informada, Renata compra durante toda a semana 6 jornais e 2 revistas. Cada jornal custa R$ 3,00 e cada revista, R$ 6,00.

- Ao todo, quantos reais por semana Renata gasta com os jornais e as revistas?

6. Jair organizou, em uma vitrine, os patins ao lado.

   a. Quantos são os pares de patins? _____

   b. Em cada par há quantos patins? _____

   c. Ao todo, são quantos patins? _____

7. Para cada volta do pedal da bicicleta de Roberta, a roda traseira dá 5 voltas completas.

   a. Se Roberta der 5 voltas no pedal, quantas voltas a roda traseira vai dar? _____ voltas.

   b. E se der 7 voltas no pedal, quantas voltas a roda traseira vai dar? _____ voltas.

Para fazer juntos!

Neide calculou o total de copos de duas maneiras diferentes.

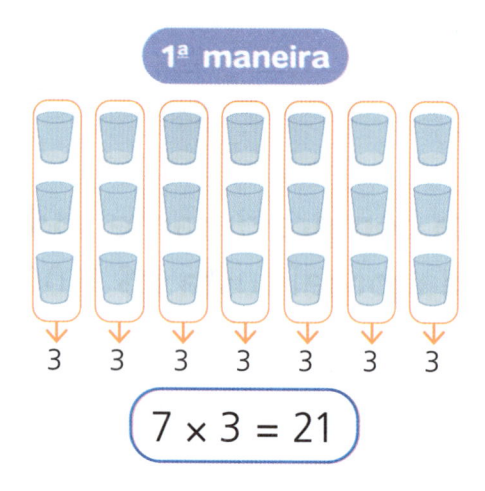

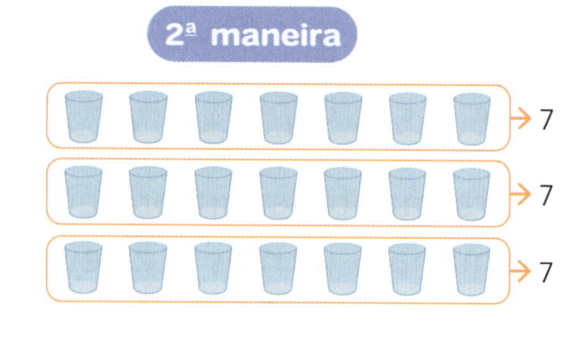

1ª maneira

3 3 3 3 3 3 3

$7 \times 3 = 21$

2ª maneira

→ 7
→ 7
→ 7

$3 \times 7 = 21$

Junte-se a um colega e faça o que se pede.

1. O que podemos observar em relação aos cálculos feitos por Neide? Anotem no caderno a conclusão.

2. Calculem, por meio de duas multiplicações, o total de copos a seguir.

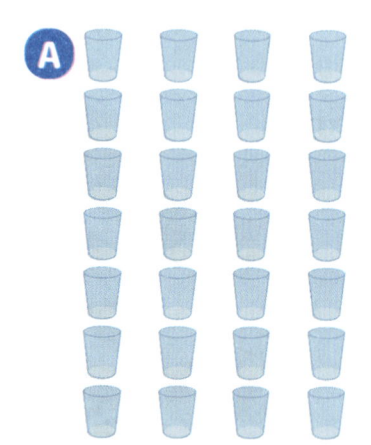

A

B

8. Efetue os cálculos necessários e complete o esquema.

8

×10	×4	×1	×8	×9	×3	×2	×5	×7	×6
80									

9. Todo o chão da varanda representada ao lado foi coberto com ladrilhos de mesmo tamanho e cores alternadas.

a. Quantos ladrilhos há na varanda?

_____ ladrilhos.

b. Quantos ladrilhos são cinza?

_____ ladrilhos.

Quantos são azuis? _____ ladrilhos.

10. Vamos efetuar 8 × 7 utilizando uma calculadora.

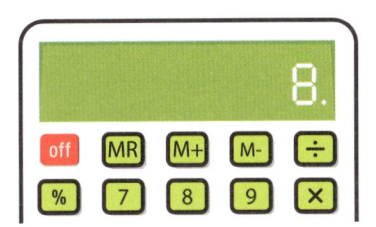

1º Com a calculadora ligada, digitamos a tecla 8 e em seguida a tecla ×.

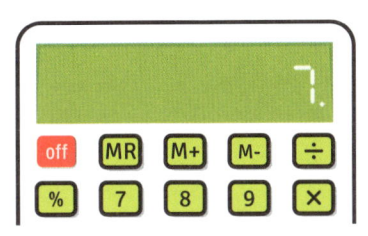

2º Digitamos a tecla 7.

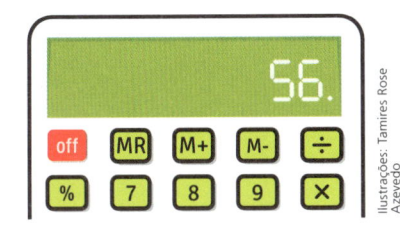

3º Digitamos a tecla = e o resultado aparecerá no visor.

a. Efetue os seguintes cálculos.

- 4 × 6 = _____
- 6 × 3 = _____
- 7 × 5 = _____
- 5 × 8 = _____
- 6 × 9 = _____
- 8 × 4 = _____

b. Utilizando uma calculadora, mas sem digitar a tecla +, obtenha o resultado dos seguintes cálculos.

- 2 + 2 + 2 = _____
- 5 + 5 + 5 + 5 + 5 = _____
- 3 + 3 + 3 + 3 = _____
- 6 + 6 + 6 + 6 + 6 + 6 = _____

11. De acordo com a imagem ao lado, crie um problema em seu caderno que envolva a multiplicação. Em seguida, resolva-o.

PROMOÇÃO
Suco
R$ 2,00 a lata

Aprenda mais!

O livro *Onde estão as multiplicações?* conta como Adelaide e seus amigos foram em busca de exemplos de multiplicações usadas no dia a dia para apresentar em uma feira de Matemática.

Onde estão as multiplicações?, de Luzia Faraco Ramos. 3. ed. Ilustrações de Faifi. São Paulo: Ática, 2012. (Turma da Matemática).

Matemática na prática

Veja como Priscila representou uma multiplicação utilizando 19 palitos.

$3 \times 7 = 21$

Agora, destaque os palitos da página **233** e, usando vinte palitos, represente multiplicações com os seguintes resultados.

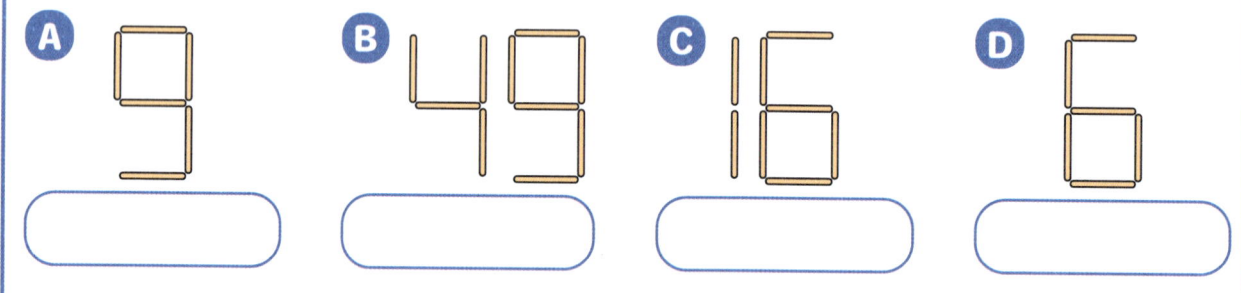

A 9 **B** 49 **C** 16 **D** 6

Os resultados das multiplicações representadas a seguir estão incorretos. Utilizando palitos, reproduza cada uma delas. Depois, mude a posição de apenas um palito de maneira que as multiplicações fiquem corretas.

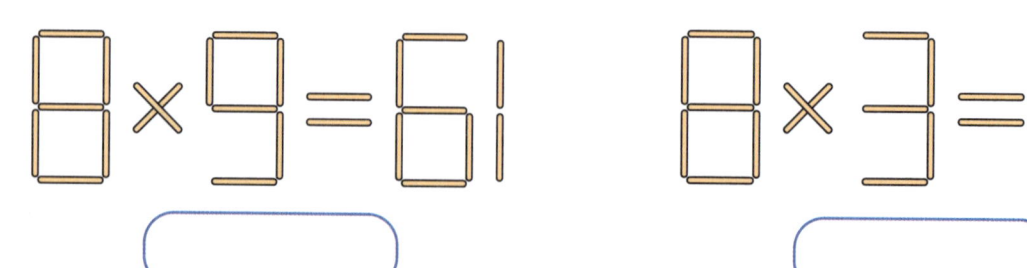

$8 \times 9 = 61$ $8 \times 3 = 19$

Multiplicando números terminados em zero

1. No jogo "Bola na lata", o objetivo é lançar uma bola para acertar uma pilha de latas, como a que aparece ao lado, e derrubar a maior quantidade de latas possível. Cada lata derrubada vale dez pontos.

Observe quantas latas Denise e seus amigos derrubaram em uma jogada.

Denise   Murilo   Valdemir

a. Quantos pontos Denise obteve na jogada? _____ pontos.
Podemos determinar o total de pontos que Denise obteve por meio de uma adição de parcelas iguais ou de uma multiplicação.

- Adição → 10 + 10 + 10 + 10 + 10 + 10 = _____
- Multiplicação → 6 × 10 = _____

Denise obteve _____ pontos na jogada.

b. Por meio de adições de parcelas iguais e multiplicações, calcule no caderno quantos pontos os amigos de Denise fizeram.

Murilo → _____ pontos   Valdemir → _____ pontos

> Ao multiplicar um número por 10, o resultado é dado por esse número com um zero colocado à sua direita.

2. Efetue os cálculos e complete o esquema com os números adequados.

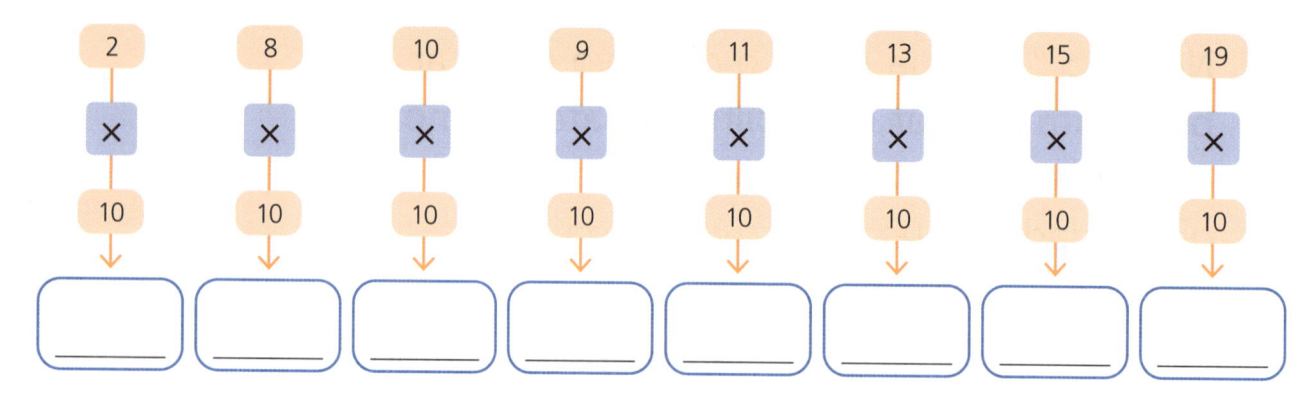

2	8	10	9	11	13	15	19
×	×	×	×	×	×	×	×
10	10	10	10	10	10	10	10
___	___	___	___	___	___	___	___

3. A baleia-azul é o maior animal do planeta Terra. A medida do comprimento dela é, aproximadamente, igual à medida do comprimento de 10 dromedários enfileirados. Sabendo que um dromedário tem cerca de 3 m de comprimento, qual é a medida do comprimento aproximado da baleia-azul? _____ m.

Que curioso!

O pequeno gigante

O filhote do maior animal da Terra, a baleia-azul, nasce com 7 metros de comprimento, aproximadamente, e 2 500 quilogramas de massa.

tonelada: unidade de medida de massa; uma tonelada equivale a mil quilogramas

Baleia-azul adulta: chega a ter 140 toneladas.

4. Observe a seguir as telas de dois artistas famosos. No tamanho original, a medida dos lados de cada tela é 10 vezes a dos lados dessas imagens.

Com uma régua, meça os lados de cada imagem. Em seguida, efetue os cálculos e escreva, em centímetros, as medidas reais das telas.

Wassily Kandinsky – *Difícil e macio.*

Óleo sobre tela, _____ cm × _____ cm. 1927. Museu de Belas Artes. Boston.

Wassily Kandinsky (1866-1944) nasceu na Rússia e foi um dos primeiros criadores da pintura abstrata moderna pura.

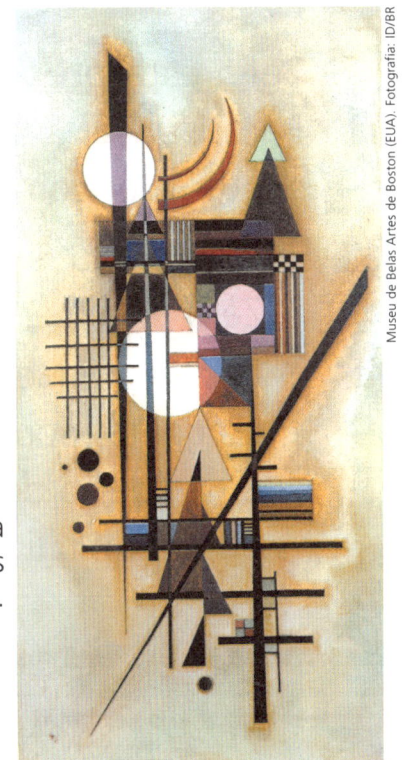

Difícil e macio, de Wassily Kandinsky. Óleo sobre tela. 1927.

Joan Miró (1893-1983), conhecido por gostar de desenhar retratos e natureza morta, tornou-se um dos maiores pintores espanhóis.

A horta, de Joan Miró. Óleo sobre tela. 1918.

Vamos valorizar

Apreciar as manifestações artísticas e culturais de diversos lugares do mundo é uma maneira de entender parte da cultura de um povo e valorizar o trabalho do artista.

Joan Miró – *A horta*. Óleo sobre tela, _____ cm × _____ cm. 1918. Museu de Arte Moderna. Estocolmo.

5. Observe ao lado o liquidificador e a quantia que Pedro possui. De acordo com essas informações, escreva em seu caderno o enunciado de um problema envolvendo a compra do liquidificador por Pedro. Em seguida, resolva-o.

Pedro possui R$ 215,00.

2 parcelas de R$ 100,00.

6. Zélia está preparando a festa de aniversário de seu filho. Para isso, ela encomendou doces e salgados. Veja na lista a seguir a encomenda que ela fez.

- 3 centenas de brigadeiro
- 2 centenas de beijinho
- 4 centenas de coxinha
- 5 centenas de quibe

a. Ao todo, quantos brigadeiros Zélia encomendou?

Para responder a esta pergunta, podemos efetuar uma adição de parcelas iguais ou uma multiplicação.

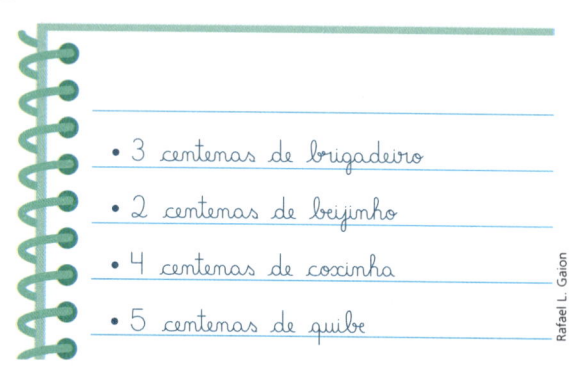

- Adição → 100 + 100 + 100 = _____
- Multiplicação → 3 × 100 = _____

Assim, Zélia encomendou _____ brigadeiros.

b. Determine a quantidade de beijinhos, coxinhas e quibes que Zélia encomendou, efetuando adições de parcelas iguais e multiplicações.

beijinhos → _____

coxinhas → _____

quibes → _____

NOTE QUE, AO MULTIPLICAR UM NÚMERO POR 100, O RESULTADO É DADO POR ESSE NÚMERO COM DOIS ZEROS COLOCADOS À SUA DIREITA.

7. A professora de Tamara propôs a seus alunos que efetuassem 4 × 60.

a. Como você efetuaria essa multiplicação? Veja ao lado como Tamara fez para resolver o cálculo proposto.

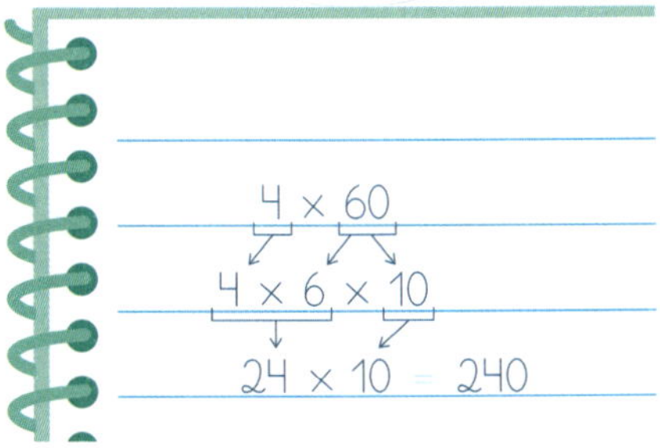

```
4 × 60
4 × 6 × 10
24 × 10 = 240
```

b. De maneira semelhante à de Tamara, ou da maneira que preferir, efetue os cálculos.

- 2 × 30 = _____
- 2 × 40 = _____
- 5 × 60 = _____

- 7 × 70 = _____
- 9 × 40 = _____
- 5 × 70 = _____

8. Diego compra água mineral em garrafões como o representado ao lado.

Por mês, são gastos na casa de Diego cerca de 6 garrafões como este.

Quantos litros de água mineral a família de Diego consome por mês? _____ litros.

ÁGUA MINERAL
20 litros

9. Complete o esquema abaixo com os números que estão faltando.

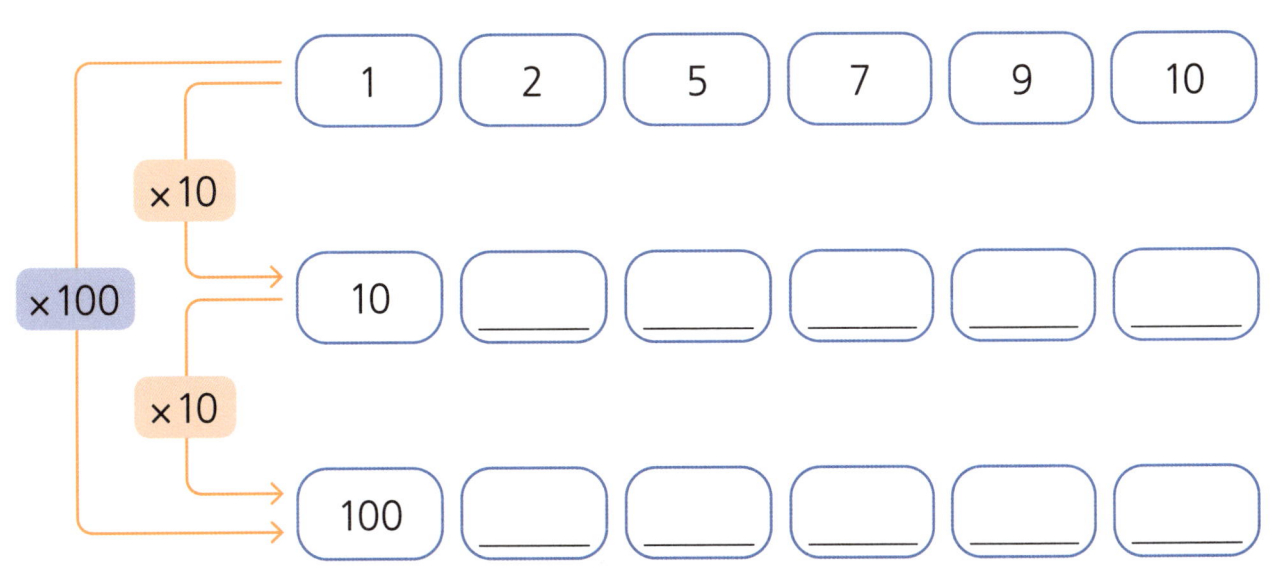

| 1 | 2 | 5 | 7 | 9 | 10 |

×10

| 10 | | | | | |

×10

×100

| 100 | | | | | |

Algoritmo da multiplicação

1. Diariamente, vários turistas visitam Brasília, capital do Brasil. Na cidade, existem ônibus especiais que levam os visitantes para conhecer alguns pontos turísticos da capital.

Sede do Congresso Nacional, localizada em Brasília, Distrito Federal, no ano 2016.

Um ônibus com capacidade para 32 passageiros sentados fez 2 viagens turísticas no sábado e 3 no domingo.

a. Sabendo que em todas essas viagens todos os lugares estavam ocupados e não havia passageiros em pé, quantos turistas utilizaram esse ônibus no sábado?

Para determinar a quantidade de turistas que utilizou esse ônibus no sábado, precisamos calcular 2 × 32.

Vamos efetuar esse cálculo utilizando um **algoritmo**.

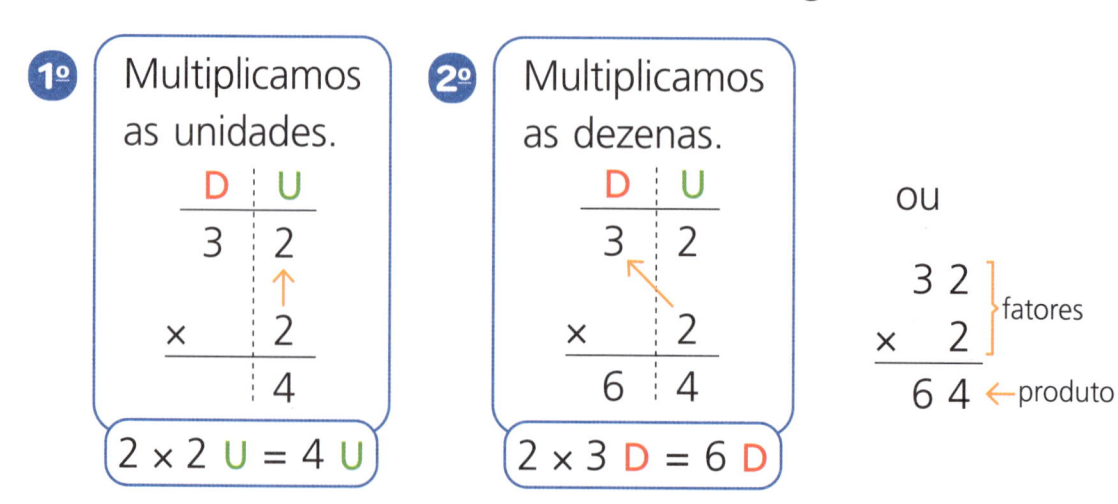

1º Multiplicamos as unidades.

D	U
3	2
×	2
	4

2 × 2 U = 4 U

2º Multiplicamos as dezenas.

D	U
3	2
×	2
6	4

2 × 3 D = 6 D

ou

$$\begin{array}{r} 32 \\ \times\ 2 \\ \hline 64 \end{array}$$ fatores

64 ← produto

Portanto, _____ turistas utilizaram esse ônibus no sábado.

b. Calcule, da maneira que achar mais conveniente, quantos turistas utilizaram esse ônibus no domingo.

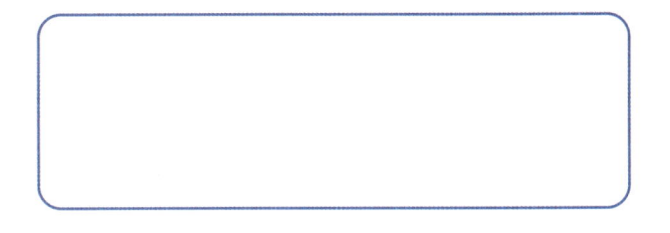

2. Efetue os cálculos da maneira que preferir.

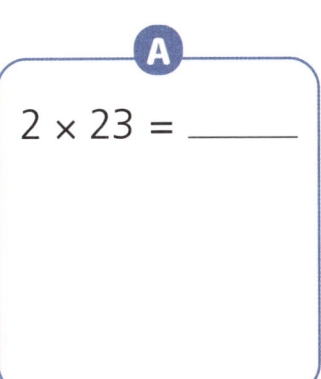

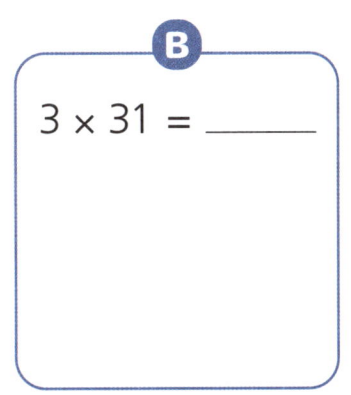

A

2 × 23 = _____

B

3 × 31 = _____

C

4 × 12 = _____

3. Letícia quer comprar uma torradeira e pesquisou o preço em duas lojas.

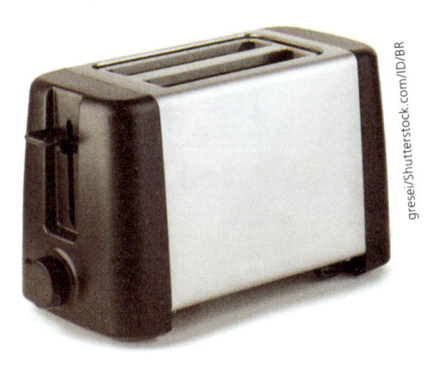

Loja A — 3 prestações de R$ 33,00.

Loja B — 4 prestações de R$ 21,00.

a. Se Letícia comprar em prestações, quantos reais ela vai pagar pela torradeira:

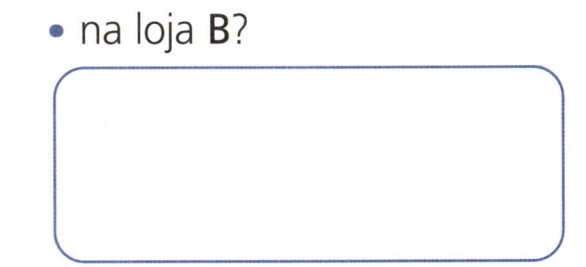

- na loja **A**?
- na loja **B**?

b. Em que loja o preço da torradeira é menor? _____

c. De quantos reais é a diferença entre os preços da torradeira nessas lojas?

4. Sebastião vende ovos na feira. Em um dia, durante o período da manhã, ele vendeu 6 dúzias de ovos.

Quantos ovos Sebastião vendeu nesse dia durante o período da manhã?

Para responder à pergunta, precisamos calcular 6×12.

Veja como podemos efetuar essa multiplicação utilizando o algoritmo e complete o que falta.

Com o quadro de ordens

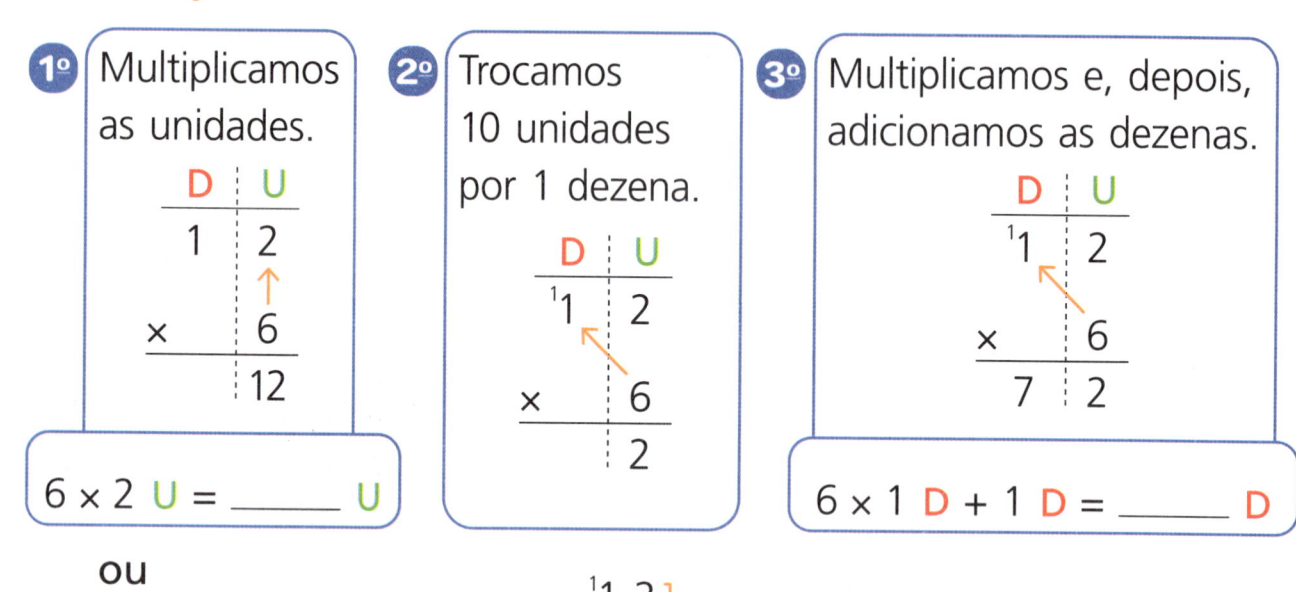

1º Multiplicamos as unidades.

```
  D | U
    1 | 2
  x   | 6
  ----+----
      |12
```

$6 \times 2 \text{ U} = \underline{\qquad} \text{ U}$

ou

2º Trocamos 10 unidades por 1 dezena.

```
   D | U
  ¹1 | 2
  x  | 6
  ---+---
     | 2
```

3º Multiplicamos e, depois, adicionamos as dezenas.

```
   D | U
  ¹1 | 2
  x  | 6
  ---+---
   7 | 2
```

$6 \times 1 \text{ D} + 1 \text{ D} = \underline{\qquad} \text{ D}$

```
  ¹1 2  ⎤ fatores
  x  6  ⎦
  -----
   7 2  ← produto
```

Portanto, Sebastião vendeu _____ ovos.

5. Efetue os cálculos da maneira que achar mais adequada.

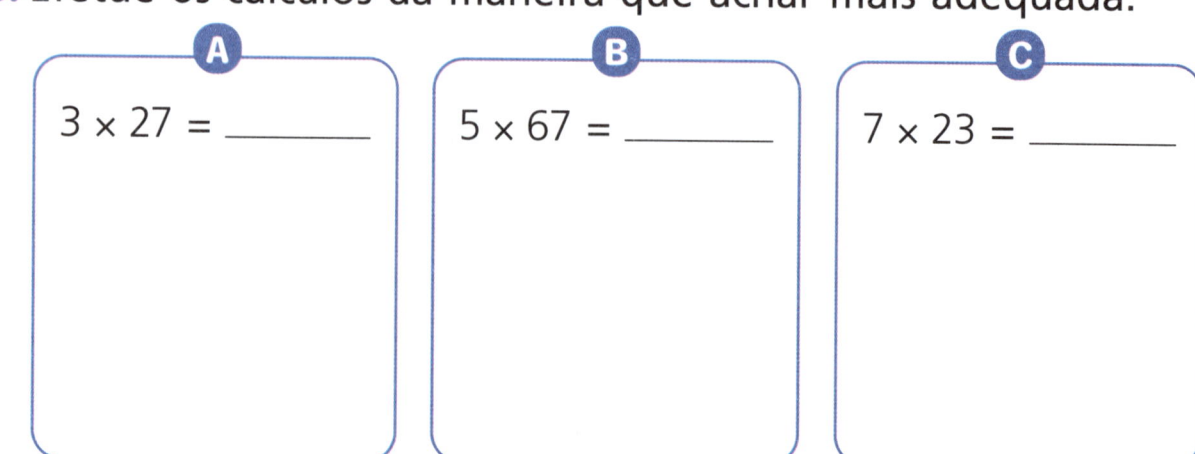

A $3 \times 27 = \underline{\qquad}$

B $5 \times 67 = \underline{\qquad}$

C $7 \times 23 = \underline{\qquad}$

6. Em um salão de festas, as mesas e as cadeiras foram organizadas como mostra a imagem ao lado.

a. Quantas mesas há nesse salão?

_____ × _____ = _____

Nesse salão há _____ mesas.

b. Ao todo, quantas cadeiras foram colocadas nesse salão?

7. Ângela comprou a bicicleta representada no anúncio e vai fazer o pagamento em prestações.

LOJA BARATINHO
Bicicleta 18 marchas
R$ 329,00 à vista
ou 7 prestações de R$ 52,00

a. Quantos reais, ao todo, Ângela vai pagar pela bicicleta?

b. Qual é a diferença entre o preço à vista e o preço em prestações dessa bicicleta?

8. Efetue os cálculos em seu caderno e, de acordo com as informações, escreva o tempo aproximado de vida de alguns animais brasileiros.

Imagens sem proporção entre si.

O quati é um pequeno animal que se alimenta principalmente de minhocas, insetos e frutas. Não gosta de se molhar, mas sabe nadar bem.

Esse animal vive cerca de 12 anos.

Quati adulto: até 67 centímetros de comprimento.

A onça-parda, também conhecida como suçuarana, é um animal silvestre que se alimenta da carne de outros animais. Costuma caçar ao entardecer.

A onça-parda vive cerca de três anos a mais do que o quati.

Onça-parda adulta: chega a ter 2 metros de comprimento.

_____ anos

Ararajuba adulta: até 34 centímetros de comprimento.

A ararajuba é uma ave encontrada apenas nos estados do Maranhão e do Pará. Alimenta-se de manga, mamão e jabuticaba.

Essa ave pode viver até 4 vezes o que vive o quati.

Jacaré-de-papo-amarelo adulto: até 3 metros de comprimento.

_____ anos

O jacaré-de-papo-amarelo tem hábitos noturnos, mas sai da água durante parte do dia para tomar sol. Embora seja silvestre, só ataca o ser humano para se defender.

Esse animal pode viver o dobro do que vive a onça-parda.

_____ anos

148 Cento e quarenta e oito

9. Algumas tarefas que realizamos no dia a dia podem consumir mais água do que imaginamos. Veja algumas informações sobre esse consumo.

APESAR DE HAVER MUITA ÁGUA EM NOSSO PLANETA, APENAS UMA PEQUENA PARTE DELA É PRÓPRIA PARA O CONSUMO. POR ISSO, SE CONTINUARMOS DESPERDIÇANDO, NO FUTURO VAI FALTAR ÁGUA ATÉ PARA BEBER.

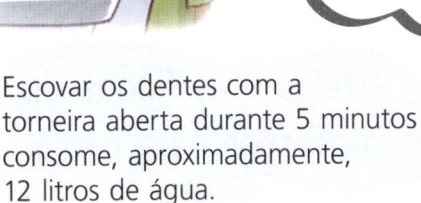

Escovar os dentes com a torneira aberta durante 5 minutos consome, aproximadamente, 12 litros de água.

Tomar banho de chuveiro elétrico durante 10 minutos consome, aproximadamente, 93 litros de água.

a. Quantos litros de água são gastos, aproximadamente, ao escovar os dentes com a torneira aberta por 5 minutos:

- 3 vezes por dia?
- 5 vezes por dia?

b. Quantos litros de água uma pessoa gasta, por semana, se escovar os dentes cinco vezes por dia deixando a torneira aberta por cinco minutos durante a escovação?

c. Se cada pessoa tomar um único banho de dez minutos, quantos litros de água por dia vai gastar uma família de:

- quatro pessoas?
- cinco pessoas?

Vamos economizar

Atitudes simples em nosso dia a dia ajudam a economizar água e a preservar o meio ambiente. O que você faz para utilizar a água de maneira consciente?

Divirta-se e aprenda
Bingo!

Vamos precisar de:
- cartelas e fichas que estão nas páginas **235** e **237**
- marcadores
- saco de papel

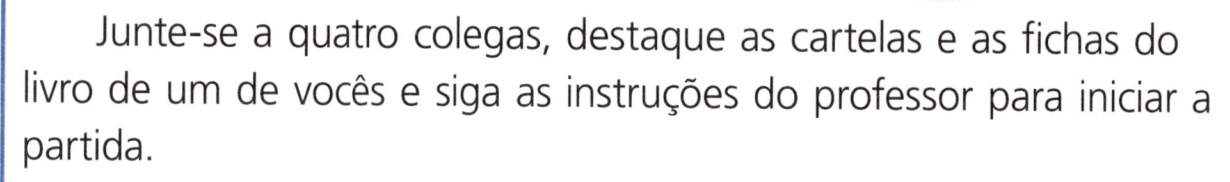

Procedimentos:

Junte-se a quatro colegas, destaque as cartelas e as fichas do livro de um de vocês e siga as instruções do professor para iniciar a partida.

Um dos integrantes do grupo será o responsável pelo sorteio e pelo anúncio da multiplicação indicada nas fichas. Todos deverão efetuar mentalmente a multiplicação e marcar na cartela, caso haja, o resultado.

Vence o jogo aquele que primeiro preencher toda a sua cartela.

Dica
Se o resultado não estiver na cartela do jogador, ele fica sem marcar nessa rodada.

Ponto de chegada

Nesta unidade, estudamos multiplicações. Vamos recordar? Leia e complete o que falta nos itens.

a. Aprendemos que uma adição de parcelas iguais pode ser representada por uma **multiplicação**.

$5 \times 2 = 10$

$2 + 2 + 2 + 2 + 2 = \underline{}$

$3 + 3 + 3 = 9$

$3 \times 3 = \underline{}$

$4 \times 9 = 36$

$9 + 9 + 9 + 9 = \underline{}$

$5 + 5 + 5 = 15$

$3 \times 5 = \underline{}$

b. Estudamos multiplicações em que um dos números é terminado em zero.

Ao multiplicar um número por 10, o resultado é dado por esse número com um zero colocado à sua direita.

Ao multiplicar um número por 100, o resultado é dado por esse número com dois zeros colocados à sua direita.

$7 \times 10 = \underline{}$

$3 \times 100 = \underline{}$

c. Utilizamos o **algoritmo** para efetuar multiplicações sem reagrupamento e com reagrupamento.

Sem reagrupamento

```
    3  2  } fatores
 ×     2
 ———————
  ___ ___  ← produto
```

Com reagrupamento

```
   ¹1  2  } fatores
 ×     6
 ———————
  ___ ___  ← produto
```

unidade

7 Divisão

Ponto de partida

1. Se dividirmos igualmente, nos dois cofres, a quantidade de moedas da foto, quantas moedas serão colocadas em cada um deles?

2. E se fossem usados três cofres, quantas moedas seriam colocadas em cada um deles?

Mesa com cofres e moedas de Real.

Dividindo em partes iguais

1. Alexandre pretende guardar seus carrinhos em duas caixas. Ele quer guardar a mesma quantidade de carrinhos em cada caixa.

   a. Quantos carrinhos Alexandre possui? _____ carrinhos.

   b. Em quantas caixas ele pretende guardar os carrinhos? _____ caixas.

   c. Quantos carrinhos ele deve colocar em cada caixa? _____ carrinhos.

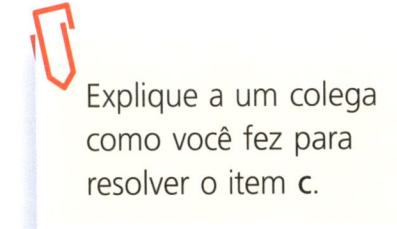

   > Explique a um colega como você fez para resolver o item **c**.

   Para guardar os 14 carrinhos que possui, Alexandre distribuiu-os igualmente em 2 caixas. Cada uma das caixas ficou com 7 carrinhos.

   Veja como representar essa distribuição e complete o que falta.

   > 14 **dividido** por 2 é **igual** a _____.
   >
   > 14 : 2 = _____

2. Gilmar tem oito carrinhos e também deseja distribuí-los igualmente em duas caixas. De acordo com a distribuição, complete o que falta no cálculo e na resposta.

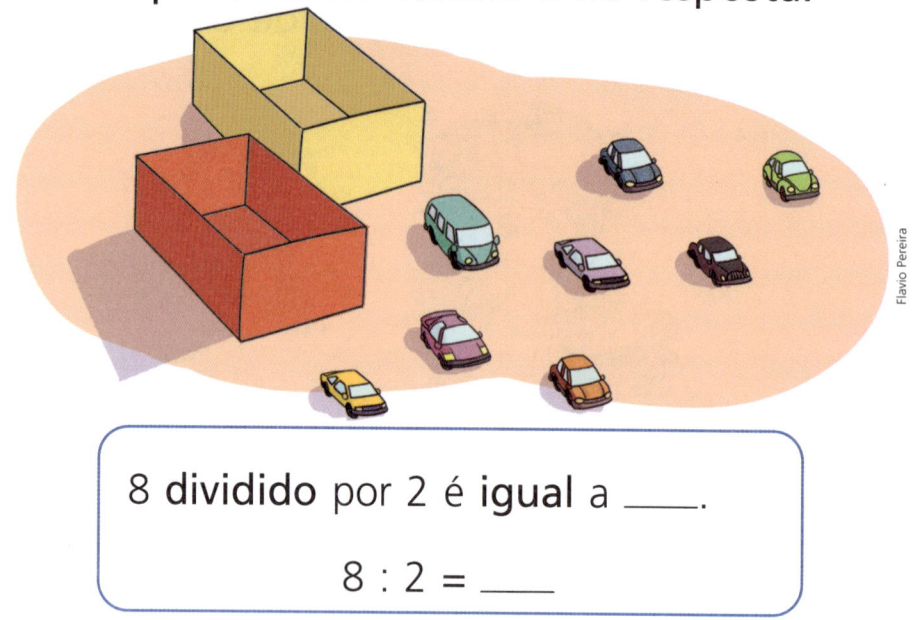

> 8 **dividido** por 2 é **igual** a ____.
>
> 8 : 2 = ____

Portanto, Gilmar vai colocar ____ carrinhos em cada caixa.

3. Nos quadros abaixo, as figuras foram contornadas formando dois grupos com a mesma quantidade de figuras. Complete os itens com os números adequados.

A

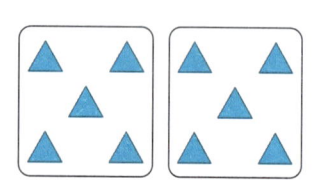

2 × ____ = 10

10 : 2 = ____

B

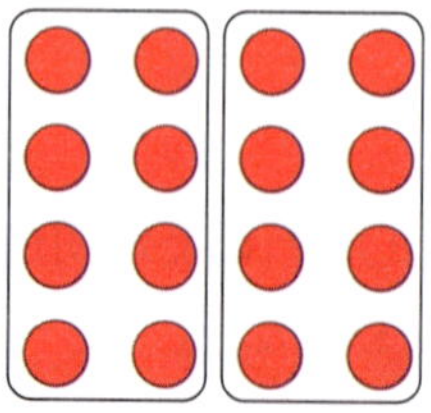

2 × ____ = 16

16 : 2 = ____

C

2 × ____ = 12

12 : 2 = ____

D

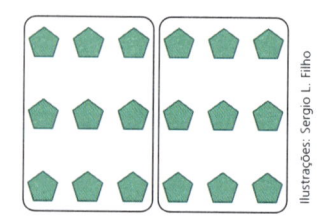

2 × ____ = 18

18 : 2 = ____

4. Complete as sentenças com os números adequados.

a. 2 × ____ = 2 ⟶ 2 : 2 = ____

b. 2 × ____ = 6 ⟶ 6 : 2 = ____

c. 2 × ____ = 12 ⟶ 12 : 2 = ____

d. 2 × ____ = 18 ⟶ 18 : 2 = ____

5. Laura é confeiteira de uma padaria. Ela fez dois bolos e vai decorá-los com dez morangos.

EM CADA BOLO VOU COLOCAR A **METADE** DESTA QUANTIDADE DE MORANGOS.

Para calcular a **metade** de um número, basta dividi-lo por **2**.

- Quantos morangos ela vai colocar em cada bolo?

6. Desenhe, no quadro, 16 palitos e contorne somente a metade dessa quantidade. Depois, responda.

a. Quantos palitos você contornou? ____ palitos.

b. Quantos ficaram sem contornar? ____ palitos.

c. Qual é a metade de 16? ____

7. Observe a cena a seguir.

a. Quantos ovos o balconista entregou à mulher? _____ ovos.

b. Agora, observe essa outra cena.

Uma dúzia equivale a 12 unidades.

Quantos ovos o balconista deverá entregar ao homem? Justifique sua resposta.

_____

_____

_____

8. Ronaldo tinha R$ 18,00 em sua carteira.

Ele foi ao supermercado e gastou a metade dessa quantia na compra de alguns produtos. Quantos reais ele gastou?

9. Desenhe 24 risquinhos no quadro abaixo. Em seguida, contorne-os formando grupos com 3 risquinhos cada um.

a. Quantos risquinhos há em cada grupo? _____ risquinhos.

b. Quantos grupos foram formados? _____ grupos.

c. Agora, complete.

risquinhos por grupo

risquinhos desenhados → 24 : 3 = _____ ← grupos formados

10. Para brincar com um jogo, três amigos vão repartir igualmente a quantidade de fichas que está sobre a mesa.

a. Quantas são as fichas? _____ fichas.

b. Cada amigo vai receber quantas fichas? _____ fichas.

• Sobrarão fichas? Se sim, quantas? _____

11. Podemos utilizar uma tira numerada para efetuar algumas divisões.

a. 30 : 3

Quantas vezes o 3 "cabe" em 30? _____ vezes.

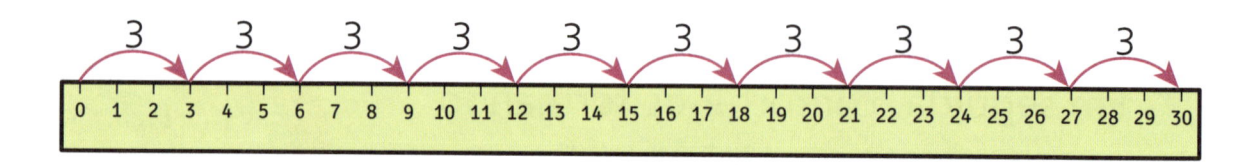

10 × 3 = 30 ⟶ 30 : 3 = _____

b. 18 : 3

Quantas vezes o 3 "cabe" em 18? _____ vezes.

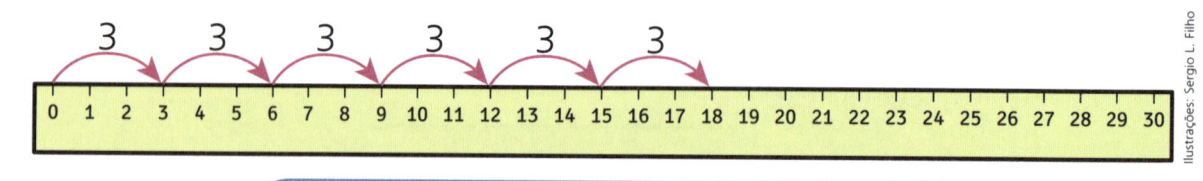

_____ × 3 = 18 ⟶ 18 : 3 = _____

12. Júlio vai empilhar os cubos abaixo, de maneira que cada pilha tenha a terça parte da quantidade total de cubos.

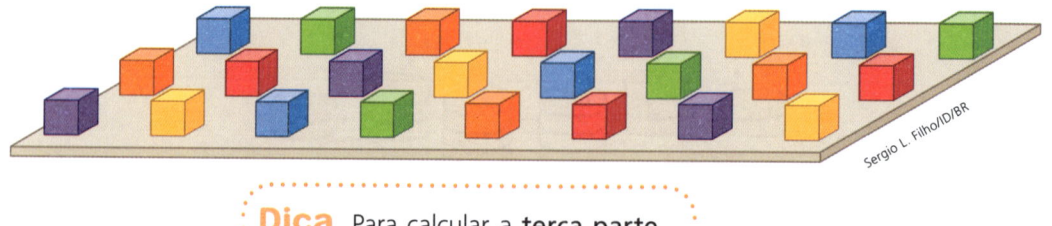

Dica Para calcular a **terça parte** de um número, basta dividi-lo por **3**.

a. Quantos cubos Júlio vai empilhar? _____ cubos.

b. Quantos cubos terá cada pilha? _____ cubos.

13. Flávia comprou um pacote de biscoitos que contém vinte unidades. Ela dividiu os biscoitos desse pacote igualmente entre ela e suas três amigas.

a. Quantas são as meninas? _____ meninas.

b. Quantos biscoitos cada uma recebeu? _____ biscoitos.

c. Se o pacote tivesse 18 biscoitos, quantos biscoitos cada menina receberia? Resolva utilizando risquinhos.

- Sobrariam biscoitos? Se sim, quantos? _____

14. Efetue os cálculos e complete com o que falta.

a. ____ × 4 = 8 ⟶ 8 : 4 = ____

b. ____ × 4 = 12 ⟶ 12 : 4 = ____

c. ____ × 4 = 20 ⟶ 20 : 4 = ____

d. ____ × 4 = 24 ⟶ 24 : 4 = ____

e. ____ × 4 = 36 ⟶ 36 : 4 = ____

15. Márcio precisa completar as divisões ao lado utilizando algumas fichas a seguir.

Fichas: 6, 24, 9, 36, 18, 4, 5, 8, 7, 3

18 : 3 = ◯

24 : 3 = 8

36 : ◯ = 9

Ajude Márcio, identificando os números adequados de acordo com as fichas e completando as divisões.

16. A professora Eleonor entregou a seus alunos uma malha quadriculada. Em seguida, pediu a eles que pintassem a quarta parte dessa malha de **vermelho**.

Veja na imagem ao lado como Carlos pintou sua malha.

Para calcular a **quarta parte** de um número, basta dividi-lo por **4**.

a. Quantos quadradinhos há na malha?

_____ quadradinhos.

b. Quantos quadradinhos Carlos pintou de **vermelho**? _____ quadradinhos.

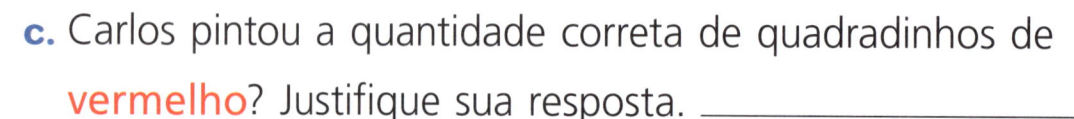

c. Carlos pintou a quantidade correta de quadradinhos de **vermelho**? Justifique sua resposta. _____

17. Pedro tem 25 figurinhas e decidiu trocar com seus amigos as que estavam repetidas.

DO TOTAL DE FIGURINHAS, A QUINTA PARTE É REPETIDA.

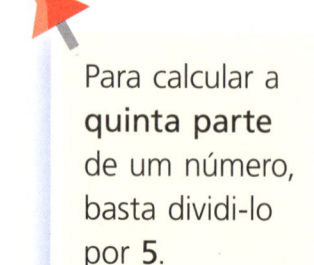

Para calcular a **quinta parte** de um número, basta dividi-lo por **5**.

a. Quantas figurinhas Pedro tem ao todo? _____ figurinhas.

b. Pedro tem quantas figurinhas repetidas? _____ figurinhas.

18. Tereza foi a uma loja comprar alguns brinquedos para presentear seus netos.

Observe os brinquedos que ela comprou, efetue os cálculos e complete o quadro com os valores que faltam.

Quantidade	Brinquedos	Preço unitário (R$)	Preço total (R$)
2	Bolas		12,00
3	Piões		9,00
4	Bonecas		32,00
5	Quebra-cabeças		35,00

a. Quantos reais Tereza gastou na compra dos brinquedos?

b. Sabendo que Tereza entregou R$ 90,00 ao caixa da loja, quantos reais ela recebeu de troco?

Vamos refletir

Você ou algum conhecido já passou por uma situação na qual o troco foi devolvido a mais ou a menos? Receber o troco correto é um direito do consumidor.

19. Quantas cédulas de cinco reais são necessárias para comprar este ursinho de pelúcia?

R$ 30,00

20. A professora de Lara pediu aos alunos que realizassem a seguinte atividade utilizando uma calculadora.

> ESCOLHAM QUATRO NÚMEROS TERMINADOS EM ZERO, ENTRE 100 E 1000, E CALCULEM A DÉCIMA PARTE DE CADA UM DELES.

> VOU UTILIZAR OS NÚMEROS 120, 210, 470 E 720.

Lara

Veja como Lara calculou a décima parte de **120**.

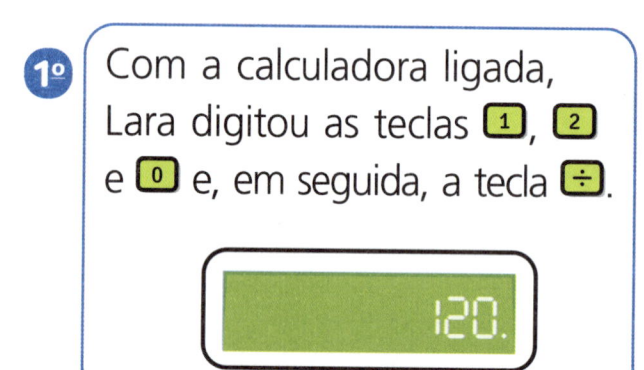

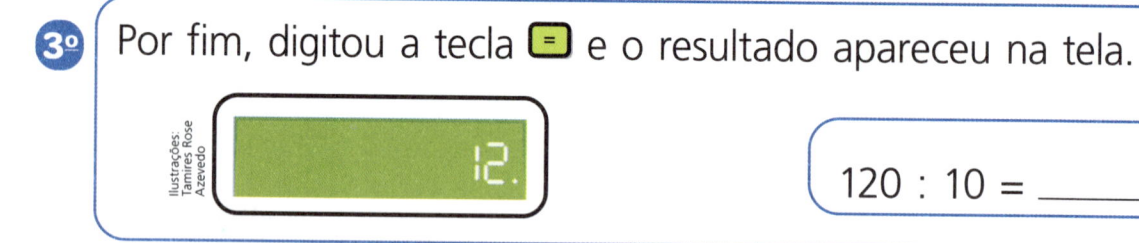

1º Com a calculadora ligada, Lara digitou as teclas [1], [2] e [0] e, em seguida, a tecla [÷].

120.

2º Depois, ela digitou as teclas [1] e [0].

10.

3º Por fim, digitou a tecla [=] e o resultado apareceu na tela.

12.

120 : 10 = _____

Para calcular a **décima parte** de um número, basta dividi-lo por **10**.

Agora, utilizando uma calculadora, determine a décima parte de outros números escolhidos por Lara.

210 : _____ = _____   470 : _____ = _____   720 : _____ = _____

Divirta-se e aprenda

Mesmo quociente

Vamos precisar de:

- fichas que estão na página **239**

Procedimentos:

Junte-se a um colega, destaque as fichas do livro de um de vocês e siga com ele as orientações do professor para iniciar a partida do jogo.

Cada aluno, na sua vez, escolhe uma ficha e calcula mentalmente a divisão indicada. Em seguida, ele deve procurar outra ficha cujo resultado é o mesmo da ficha anterior.

Fichas: 24 : 8, 64 : 8, 40 : 4, 72 : 8, 9 : 9, 3 : 1, 8 : 4, 14 : 2, 25 : 5, 16 : 2, 18 : 3, 54 : 9, 7 : 1, 15 : 3, 20 : 5, 28 : 7, 12 : 6, 60 : 6

Se o cálculo estiver correto, o jogador recolhe as fichas que retirou. Caso contrário, ele as devolve junto das demais.

Aquele que tiver recolhido a maior quantidade de fichas vence o jogo.

Divisão exata e não exata

1. Para participar de uma gincana, a professora vai distribuir 54 alunos em equipes de 6 alunos cada.

💬 Como podemos determinar quantas equipes de 6 alunos podem ser formadas com essa quantidade de alunos?

Uma maneira de determinar a quantidade de equipes que podem ser formadas é efetuar uma divisão, ou seja, dividir 54 por 6. Veja como podemos realizar esse cálculo.

> EFETUANDO AS MULTIPLICAÇÕES, VERIFICAMOS QUE O 6 "CABE" 9 VEZES NO 54.

$1 \times 6 = 6$
$2 \times 6 = 12$
$3 \times 6 = 18$
$4 \times 6 = 24$
$5 \times 6 = 30$
$6 \times 6 = 36$
$7 \times 6 = 42$
$8 \times 6 = 48$
$9 \times 6 = 54$

Como $9 \times 6 = 54$, então $54 : 6 =$ ____.

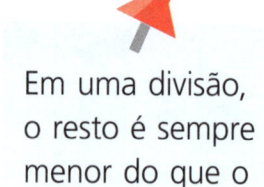

> Em uma divisão, o resto é sempre menor do que o divisor.

```
dividendo →  5 4 | 6    ← divisor
            − 5 4   9   ← quociente
   resto →    0 0
```

Portanto, podem ser formadas ____ equipes.

> Se o **resto** de uma divisão é **igual a zero**, dizemos que essa divisão é **exata**.

2. Beatriz faz bombons para vender. Veja a seguir a quantidade de bombons que ela coloca em cada embalagem.

a. Quantos bombons Beatriz coloca em cada embalagem?

_____ bombons.

b. Se Beatriz fizer 48 bombons, quantas embalagens como essa ela vai utilizar?

c. Cada embalagem com 6 bombons é vendida por R$ 7,00. Quantos reais Beatriz vai receber se vender todas essas embalagens com bombons?

3. Efetue os cálculos e complete os itens com os números adequados.

A
6 × 1 = 6
6 : 1 = _____
6 : 6 = _____

C
6 × 2 = 12
12 : 2 = _____
12 : 6 = _____

B
6 × 3 = 18
18 : 3 = _____
18 : 6 = _____

D
6 × 5 = 30
30 : 5 = _____
30 : 6 = _____

4. Para enfeitar o local da festa de aniversário de seu filho, Luiza comprou dois pacotes de bexiga, como o representado ao lado.

a. Quantas bexigas, ao todo, Luiza comprou?

_____ bexigas.

b. Ao encher as bexigas, quatro estouraram. Quantas bexigas sobraram?

c. Com a quantidade de bexigas que sobrou, quantos enfeites com oito bexigas cada um ela poderá fazer?

5. Efetue os cálculos e complete com os números adequados.

×9 (1) (2) (3) (4) (5) (6) (7) (8) (9)
     (9) (18) ( ) ( ) (45) ( ) ( ) (72) ( )
: 9 (1) ( ) (3) ( ) ( ) (6) ( ) ( ) ( )

6. Sueli comprou flores e pretende fazer 9 arranjos iguais. Para isso, ela vai utilizar 45 rosas, 72 lírios e 54 margaridas.

a. Em cada arranjo, ela deve colocar quantas flores do tipo:

- rosa?
- lírio?
- margarida?

b. Quantas flores, ao todo, terá cada arranjo?

7. De acordo com a imagem, escreva em seu caderno o enunciado de um problema cuja resolução envolva divisão. Depois, resolva-o.

8. Veja como utilizar uma calculadora para fazer 20 : 5 sem utilizar a tecla de divisão, por meio de subtrações.

1º Registramos o número 20 na calculadora.

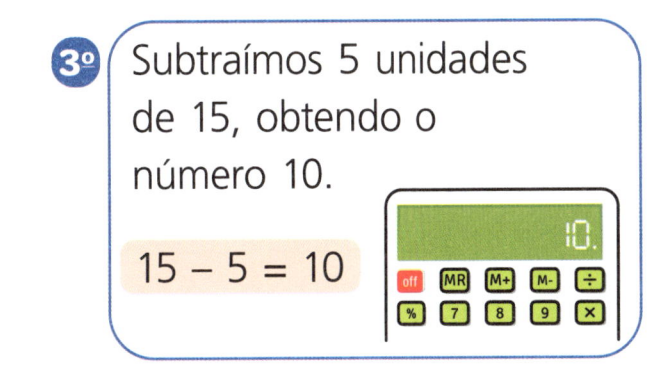

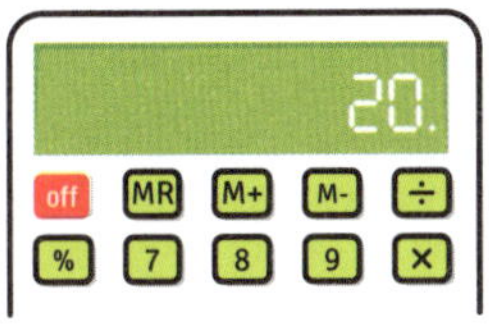

2º Subtraímos 5 unidades de 20, obtendo o número 15.

20 − 5 = 15

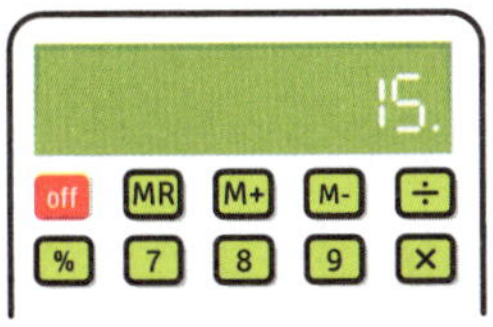

3º Subtraímos 5 unidades de 15, obtendo o número 10.

15 − 5 = 10

4º Subtraímos 5 unidades de 10, obtendo o número 5.

10 − 5 = 5

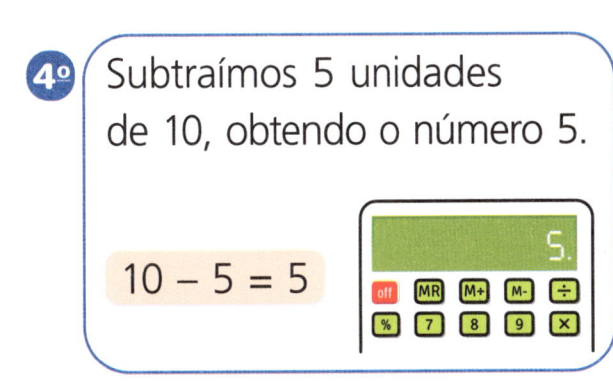

5º Subtraímos 5 unidades de 5, obtendo 0.

5 − 5 = 0

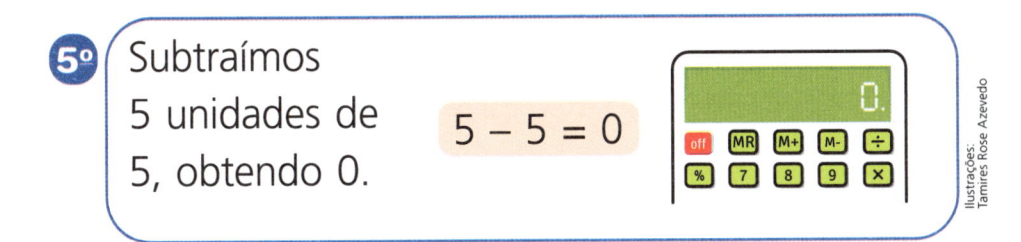

a. Quantas vezes o número 5 foi subtraído do número 20?

_____ vezes. Assim, 20 : 5 = _____.

b. Efetue os cálculos a seguir por meio de subtrações.

- 16 : 4 = _____
- 40 : 5 = _____
- 30 : 6 = _____

9. Usando 21 palitos de sorvete, Viviane fez uma composição repetindo a construção representada ao lado. Veja como ficou essa composição.

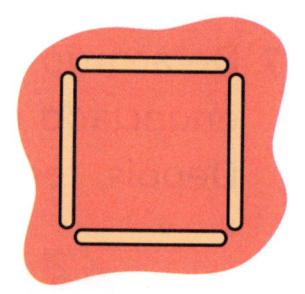

a. Quantos palitos ela utilizou em cada construção? ____ palitos.

b. Quantas construções iguais ela fez? ____ construções.

c. Sobraram palitos? _____

Quantos palitos? ____ palito.

d. Efetue o cálculo e complete o que falta.

total de palitos → 2 1 | 4 ← quantidade de palitos utilizados em cada figura
− 2 0
quantidade de palitos que sobraram → ____ ____ ← quantidade de figuras

> Se o **resto** de uma divisão é **diferente de zero**, dizemos que essa divisão é **não exata**.

Veja como podemos efetuar o cálculo apresentado no item **d** utilizando uma tira numerada.

• Quantas vezes o 4 "cabe" em 21?

O 4 "cabe" 5 vezes no 21 e sobra 1.

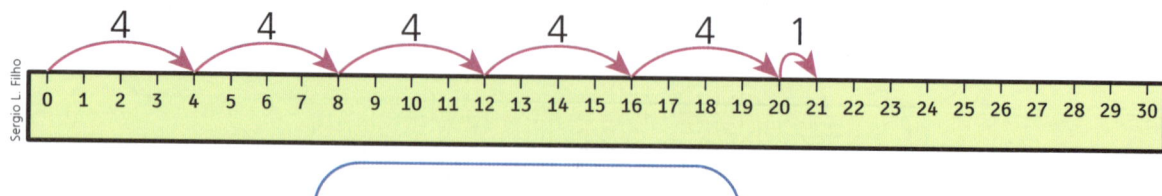

$21 = 5 \times$ ____ $+$ ____

e. Efetue os cálculos em seu caderno.

• 12 : 5   • 59 : 7   • 74 : 8   • 29 : 9

10. Para cada item, efetue uma divisão. Em seguida, complete o que falta com os números adequados.

A Dividindo igualmente 35 bolinhas de gude para 6 crianças, cada criança fica com ____ bolinhas e sobram ____ bolinhas.

$$35 = 6 \times \underline{} + \underline{}$$

B Dividindo igualmente 26 lápis para 4 crianças, cada criança fica com ____ lápis e sobram ____ lápis.

$$26 = 4 \times \underline{} + \underline{}$$

11. Observe a cena a seguir.

LIVROS INFANTIS POR APENAS **R$ 9,00** CADA

EU TENHO R$ 35,00. QUANTOS LIVROS, NO MÁXIMO, EU POSSO COMPRAR?

Marcelo

a. Quantos livros Marcelo pode comprar com a quantia de R$ 35,00? ____ livros.

b. Vai sobrar dinheiro? _____

Quantos reais? R$ _____

Algoritmo da divisão

1. Juliana, Pedro e Letícia vão brincar com um jogo de 36 fichas. Essas fichas devem ser distribuídas igualmente entre os participantes do jogo.

a. Quantas fichas compõem esse jogo? _____ fichas.

b. Como podemos determinar com quantas fichas cada participante ficou após a distribuição?

Para resolver o item **b**, podemos calcular 36 : 3.
Veja algumas maneiras de efetuar essa divisão.

Com cubinhos e barras

Representamos o número 36 com 3 barras e 6 cubinhos.

Dividimos as três barras em três grupos e obtemos uma barra em cada grupo. Depois, dividimos seis cubinhos em três grupos e obtemos dois cubinhos em cada grupo.

Assim, obtemos uma barra e dois cubinhos, ou seja:

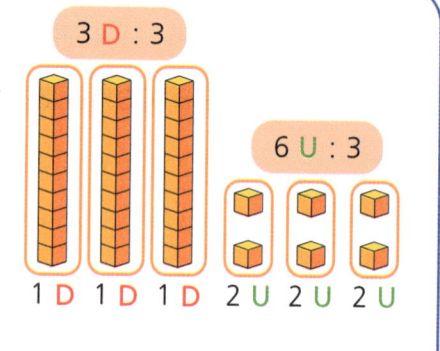

36 : 3 = _____

3 D : 3
6 U : 3
1 D 1 D 1 D   2 U 2 U 2 U

Utilizando o algoritmo

1º Dividimos três dezenas por três e obtemos uma dezena.

```
  D U
  3 6 |3_
 -3    1
 ___   D
  0
```

2º Dividimos seis unidades por três e obtemos duas unidades.

```
  D U
  3 6 |3_
 -3    1__
 ___   D U
  0
 -6
 ___
  0
```

Assim, cada participante ficou com _____ fichas.

2. Efetue os cálculos da maneira que achar mais adequada.

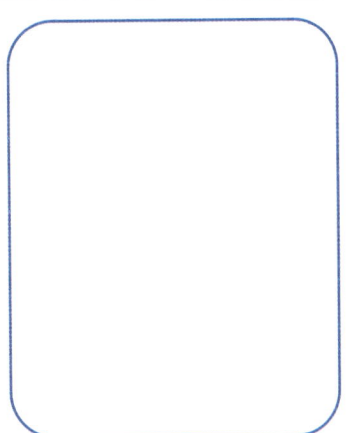

a. 64 : 2 = _____

b. 39 : 3 = _____

c. 84 : 4 = _____

3. Michele comprou trinta ovos para fazer duas receitas iguais de quindim. Na bandeja ao lado, estão os ovos que restaram após o preparo das receitas.

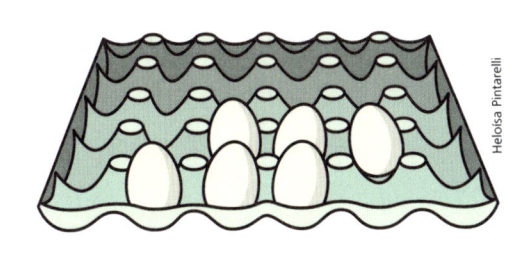

a. De acordo com a imagem, quantos ovos ela utilizou para preparar todos os quindins?

b. Quantos ovos ela utilizou em cada receita?

4. Cléber comprou uma bermuda e três camisetas de mesmo preço. Ao todo, ele gastou R$ 163,00.

a. Sabendo que a bermuda custou R$ 70,00, Cléber pagou quantos reais pelas três camisetas?

b. Determine a quantia paga por Cléber em cada camiseta.

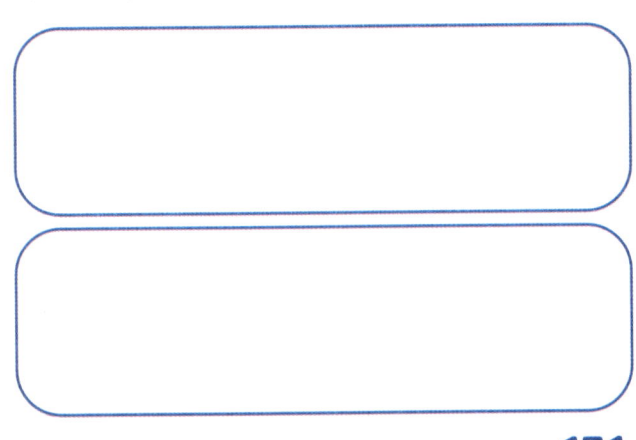

5. Na escola em que Cibele estuda, foram construídas duas novas salas de aula e compradas 58 carteiras novas, que serão distribuídas igualmente entre as duas salas.

Quantas carteiras serão distribuídas em cada sala de aula?

Para responder a essa pergunta, podemos calcular 58 : 2.

Veja algumas maneiras de efetuar essa divisão.

Com cubinhos e barras

Representamos o número 58 com 5 barras e 8 cubinhos.

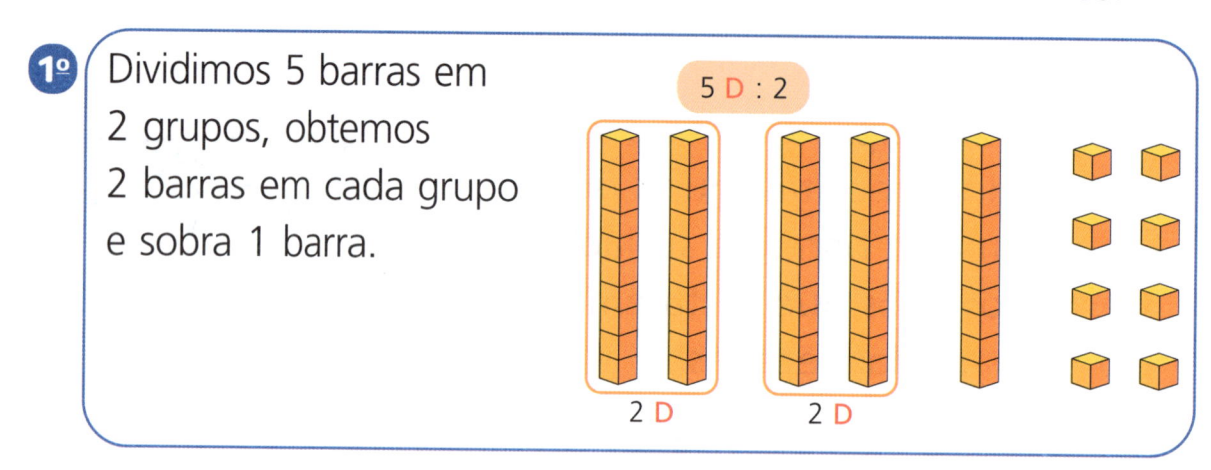

1º Dividimos 5 barras em 2 grupos, obtemos 2 barras em cada grupo e sobra 1 barra.

5 D : 2

2 D   2 D

2º Trocamos 1 barra que sobrou por 10 cubinhos e juntamos com os outros 8 cubinhos, obtendo ao todo 18 cubinhos. Em seguida, dividimos os 18 cubinhos em 2 grupos e obtemos 9 cubinhos em cada grupo.

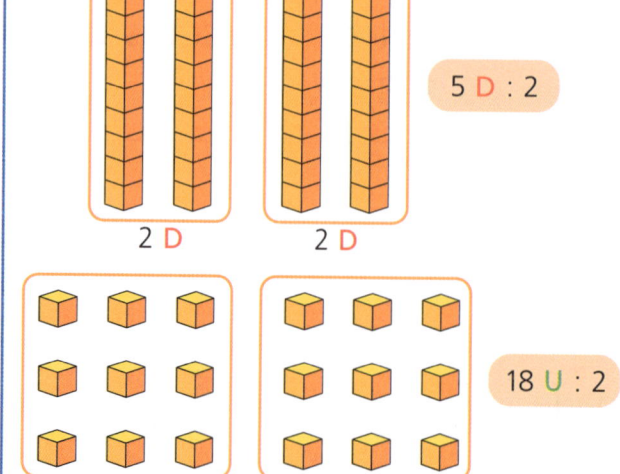

5 D : 2

2 D   2 D

18 U : 2

9 U   9 U

Assim, ao dividir 5 barras e 8 cubinhos por 2, obtemos 2 barras e 9 cubinhos, ou seja:

58 : 2 = _____

Utilizando o algoritmo

1º Dividimos 5 dezenas por 2, obtemos 2 dezenas e sobra 1 dezena.

```
  D U
  5 8 |2___
- 4
  ───
  1      D
```

2º Trocamos 1 dezena por 10 unidades e adicionamos às 8 unidades.

```
  D U
  5 8 |2___
- 4   ↓
  ───
  1 ___   D
```

3º Dividimos 18 unidades por 2 e obtemos 9 unidades.

```
  D U
  5 8 |2___
- 4   ↓
  ───
  1 ___   D U
- 1 8
  ───
  0 0
```

Assim, serão distribuídas _____ carteiras em cada sala.

6. Efetue os cálculos a seguir da maneira que achar mais adequada.

A) 3 6 |2___

B) 6 8 |4___

C) 7 4 |2___

D) 9 5 |5___

E) 4 5 |3___

F) 7 2 |6___

7. Durante uma viagem de férias a duas cidades do Mato Grosso do Sul, Ângelo tirou algumas fotos e gravou-as em um *pendrive*. Depois, ele selecionou para imprimir 21 fotos do passeio a Campo Grande e 35 fotos do passeio a Bonito.

Cachoeira no rio Mimoso, em Bonito, estado do Mato Grosso do Sul, em abril de 2017.

a. Quantas fotos, ao todo, Ângelo selecionou para imprimir?

b. Ângelo vai distribuir igualmente as fotos em dois álbuns. Quantas fotos ele deve colocar em cada álbum?

Que curioso!

As belezas brasileiras

Devido ao clima tropical e ao solo avermelhado, Campo Grande, capital do estado de Mato Grosso do Sul, é chamada "Cidade Morena".

Já a cidade de Bonito, localizada no mesmo estado, atrai aventureiros de todos os cantos do país por causa de seu turismo ecológico.

Pessoas caminhando no Parque das Nações Indígenas, em Campo Grande, Mato Grosso do Sul, no ano 2015.

Ponto de chegada

Nesta unidade, vimos algumas ideias relacionadas à divisão, além de estudar divisão exata e não exata e o algoritmo. Leia e resolva o que se pede a seguir.

a. Por meio da divisão, podemos formar grupos com a mesma quantidade de elementos em cada um.

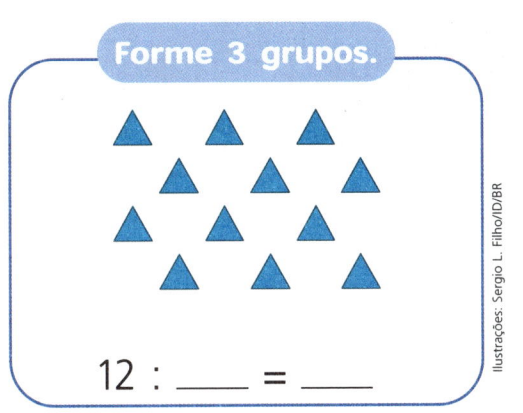

Forme 2 grupos.

10 : ____ = ____

Forme 3 grupos.

12 : ____ = ____

b. Aprendemos o conceito de **metade**, **terça parte**, **quarta parte**, **quinta parte** e **décima parte**.

c. Vimos quantas vezes um número "cabe" no outro.

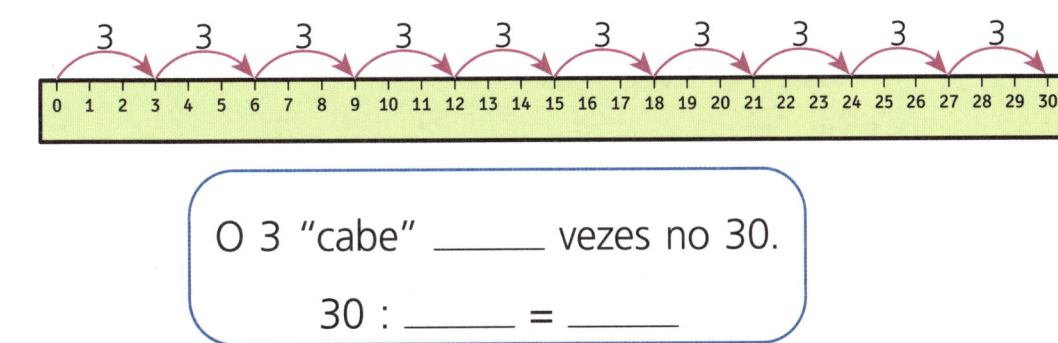

O 3 "cabe" ____ vezes no 30.

30 : ____ = ____

d. Estudamos o algoritmo da divisão e vimos que, na divisão exata, o **resto** é **igual a zero**. Já na divisão não exata, o resto é **diferente de zero**. Complete os algoritmos.

```
          D U
dividendo→ 5 6  | 2   ←divisor
          −4
           1___    8 ←quociente
                 D U
          −1 6
resto→     0 0
```

```
          D U
dividendo→ 3 6  | 5   ←divisor
          −3 5    7 ←quociente
                  U
resto→    ____ ____
```

unidade

8 Medidas 2

Formiga-cortadeira carregando parte de uma folha.

Formiga-cortadeira ou saúva: pode atingir cerca de 3 centímetros de comprimento.

Ponto de partida

1. Em sua opinião, o pedaço de folha que a formiga está carregando é mais leve ou mais pesado do que ela?

2. Cite um objeto que você considera mais leve do que o seu caderno e outro que você considera mais pesado do que ele.

Medidas de capacidade

• Em sua opinião, como é possível medir a capacidade de um recipiente?

Comparando capacidades

1. Mariana e Alice querem determinar em qual recipiente cabe a maior quantidade de água, ou seja, qual é o recipiente com maior medida de **capacidade**.

   SE DESPEJARMOS A ÁGUA DO COPO NA XÍCARA ATÉ ENCHÊ-LA, VAI SOBRAR ÁGUA NO COPO.

   NESSE CASO, DIZEMOS QUE A CAPACIDADE DO COPO TEM MEDIDA MAIOR DO QUE A DA XÍCARA.

   De acordo com os recipientes, complete as frases com **maior** ou **menor**.

   a. O copo tem medida de capacidade _____ do que a da garrafa.

   b. A garrafa tem medida de capacidade _____ do que a do caldeirão.

   c. O garrafão tem medida de capacidade _____ do que a do balde.

   d. A medida da capacidade do balde é _____ do que a da garrafa.

2. Érica encheu completamente uma jarra de água e despejou todo o seu conteúdo no recipiente **A**. Em seguida, encheu a jarra novamente e despejou todo o seu conteúdo no recipiente **B**. Veja como eles ficaram.

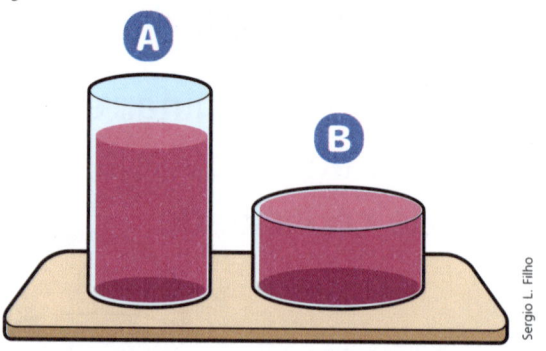

a. Qual dos recipientes tem a mesma medida de capacidade da jarra?

_____

b. Qual dos dois recipientes tem a maior medida de capacidade?

_____

Justifique sua resposta.

_____

_____

3. Na sala de aula em que Joaquim e Flávio estudam, será realizada uma experiência. Para encher com líquido uma jarra, Joaquim vai utilizar o copo **A**. Para encher essa mesma jarra, Flávio vai utilizar o copo **B**.

Quem vai usar mais copos para encher a jarra? Justifique sua resposta.

_____

O litro e o mililitro

4. Cleiton observa que alguns produtos no mercado são vendidos em **litro** e **mililitro**.

MÃE, ESTA ÁGUA É VENDIDA EM LITROS E ESTE SUCO É VENDIDO EM MILILITROS?

ISSO MESMO.

> O **litro** (L) e o **mililitro** (mL) são unidades de medida de capacidade padronizadas.
>
> 1 L = 1 000 mL

Destaque os **adesivos** dos produtos da página **243**. Depois, cole-os no quadro que indica como costumam ser vendidos: em litros ou mililitros.

Litros	Mililitros

5. Complete as frases com a unidade de medida de capacidade (**L** ou **mL**) mais adequada.

a. Após brincar muito, Juliana ficou com sede e bebeu 300 _____ de água.

b. A caixa-d'água que Pedro comprou tem capacidade para 500 _____ de água.

c. Cláudia utilizou 1 _____ de água para regar as plantas.

d. Marcelo distribuiu 2 _____ de suco em 8 copos com capacidade de 250 _____.

6. Escreva a quantidade de água que há em cada recipiente sabendo que, quando cheios, cada um deles têm capacidade de 2 L.

OS RECIPIENTES ESTÃO DIVIDIDOS EM PARTES IGUAIS.

A   B   C

_____   _____   _____

7. Rebeca colocou água em um recipiente com 1 L de capacidade, como representado a seguir.

Quantos mililitros de água faltam para encher esse recipiente?

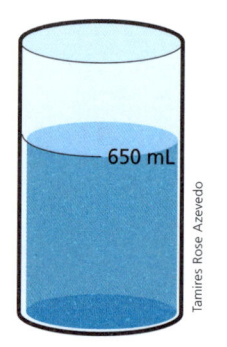

650 mL

8. Para realizar um experimento, Paula vai utilizar 1 L de água. Qual dos instrumentos a seguir é o mais adequado para ela realizar essa medição? _____

A

B

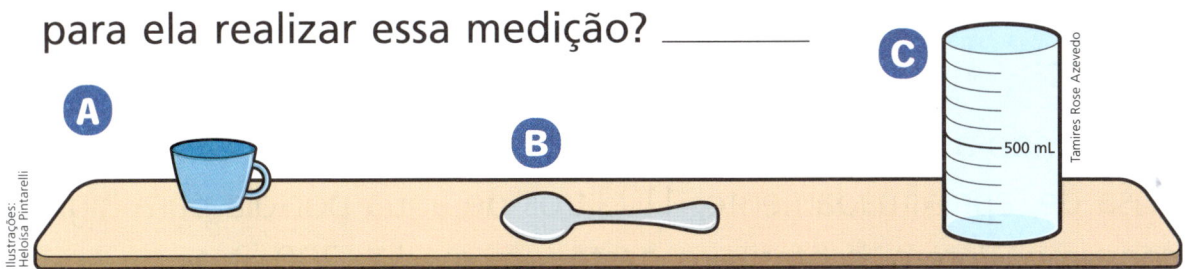

C
500 mL

9. Cada um dos recipientes abaixo, quando cheio, tem capacidade de 1 L e está dividido em partes iguais.

Assinale os recipientes que, ao juntar os seus conteúdos, atingem a medida de capacidade exata de 1 L.

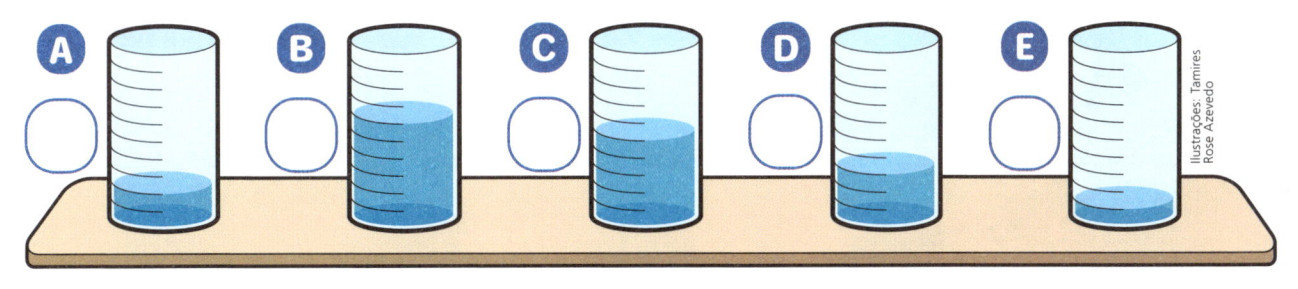

A B C D E

10. Observe a sequência de ações abaixo, iniciando com o balde maior inteiramente cheio de água.

Dica Nos dois momentos, a água foi despejada até encher completamente o balde menor.

No final, todos os baldes ficaram com alguma quantidade de água e o balde menor ficou inteiramente cheio.

De acordo com as informações e com as imagens, escreva quantos litros de água ficaram em cada um dos baldes ao final das ações.

A Balde de 12 L: _____ L.

B Balde de 7 L: _____ L.

C Balde de 3 L: _____ L.

Cento e oitenta e um **181**

Por dentro do tema

Educação ambiental

A água que consumimos

Segundo a Organização das Nações Unidas (ONU), cada pessoa precisa de, aproximadamente, 110 litros de água por dia para higiene e consumo. Porém, o brasileiro gasta, em média, 200 litros de água por dia.

Pequenas atitudes podem fazer grande diferença na economia e na preservação desse recurso. Veja o comparativo de algumas delas.

Com economia	Sem economia
Abrir a torneira só para enxaguar.	Deixar a torneira aberta.
Usar o chuveiro por tempo suficiente e fechar o registro ao ensaboar-se.	Tomar banho demorado, com o registro aberto o tempo todo.
Não jogar papel higiênico no vaso sanitário.	Jogar papel higiênico no vaso sanitário.

A. Em sua opinião, você economiza água? Por quê?

B. Que outras atitudes de economia de água podem ser adotadas em casa?

C. Sandra rega as plantas de sua casa utilizando uma mangueira e Júlia prefere usar um regador.

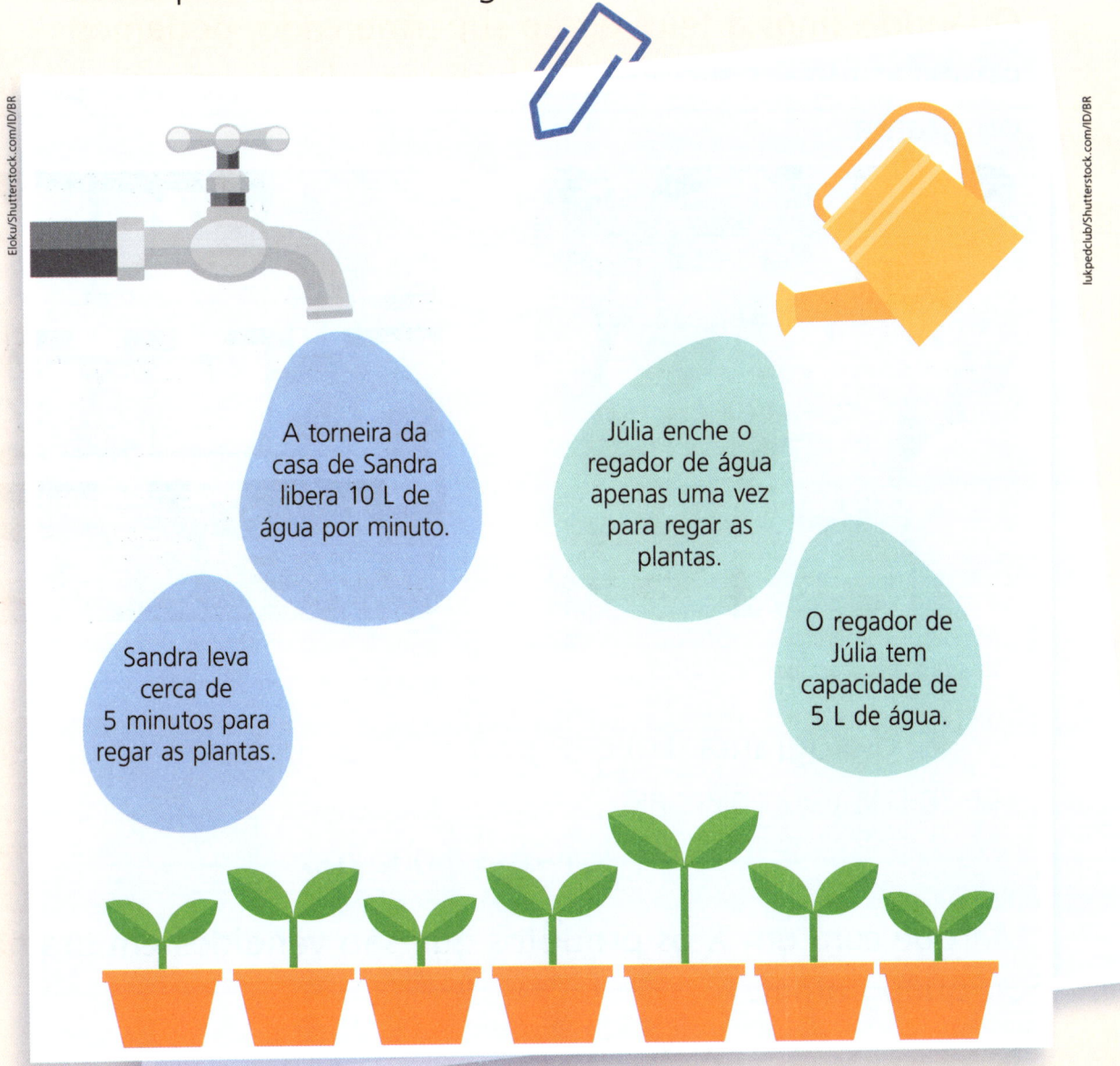

- A torneira da casa de Sandra libera 10 L de água por minuto.
- Sandra leva cerca de 5 minutos para regar as plantas.
- Júlia enche o regador de água apenas uma vez para regar as plantas.
- O regador de Júlia tem capacidade de 5 L de água.

Com base nessas informações, responda aos itens a seguir.

- Quantas vezes a quantidade de água usada por Sandra encheria o regador de Júlia?
- Dê sua opinião sobre as atitudes de Sandra e de Júlia em relação à economia de água.

Medidas de massa

Neste tópico, vamos realizar comparações para verificar a massa de objetos e de seres vivos, usando unidades de medida padronizadas.

Quilograma e grama

1. Quando vamos à feira ou ao supermercado, podemos observar alguns produtos que são vendidos em **quilograma** ou **grama**.

Produtos alimentícios expostos à venda em um mercado livre, em 2016.

Produtos à venda nas prateleiras de um supermercado, em 2017.

O **quilograma** (kg) e o **grama** (g) são unidades de medida de massa padronizadas.

$$1 \text{ kg} = 1\,000 \text{ g}$$

Marque com um **X** os produtos que são vendidos em gramas ou quilogramas.

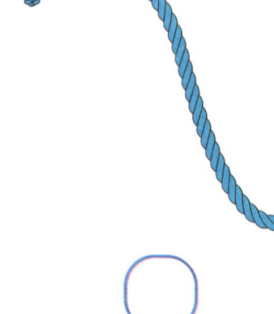

Matemática na prática

Escolha quatro objetos, entre os disponíveis em sua sala de aula, e compare as medidas de suas massas.

Para realizar essa comparação, escolha dois objetos e segure um em cada mão.

Entre os objetos que você escolheu, qual é o mais:

• pesado? _____   • leve? _____

2. A **balança** é um instrumento utilizado para medir massa.

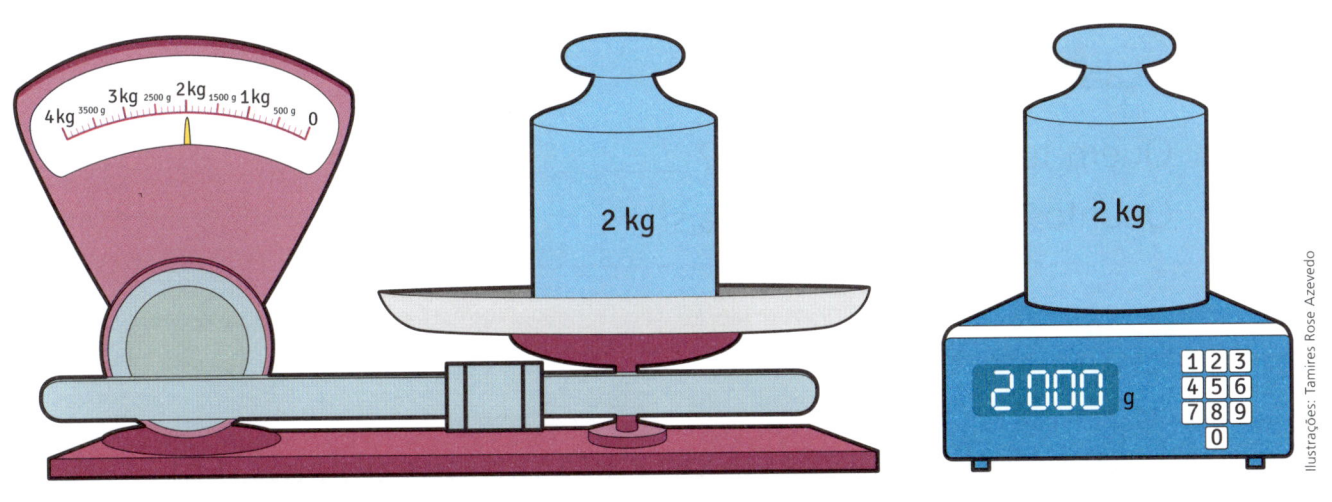

Observe uma balança em dois momentos diferentes.

momento 1 — 0675 g

momento 2 — 1343 g

Qual caixa é mais pesada?

Cento e oitenta e cinco **185**

3. Laís e Thiago queriam determinar a medida de suas massas. Para isso, eles utilizaram uma balança.

De acordo com a medida da massa deles, responda às perguntas.

a. Qual é a massa de:

- Laís? _____
- Thiago? _____

b. Quem tem a maior massa? _____
Quantos quilogramas a mais?

4. Estime a medida da massa de cada um dos objetos. Em seguida, marque com um **X** a medida que mais se aproxima de sua estimativa.

Imagens sem proporção entre si.

A
- ◯ 330 g
- ◯ 33 kg
- ◯ 330 kg

B
- ◯ 200 g
- ◯ 2 kg
- ◯ 200 kg

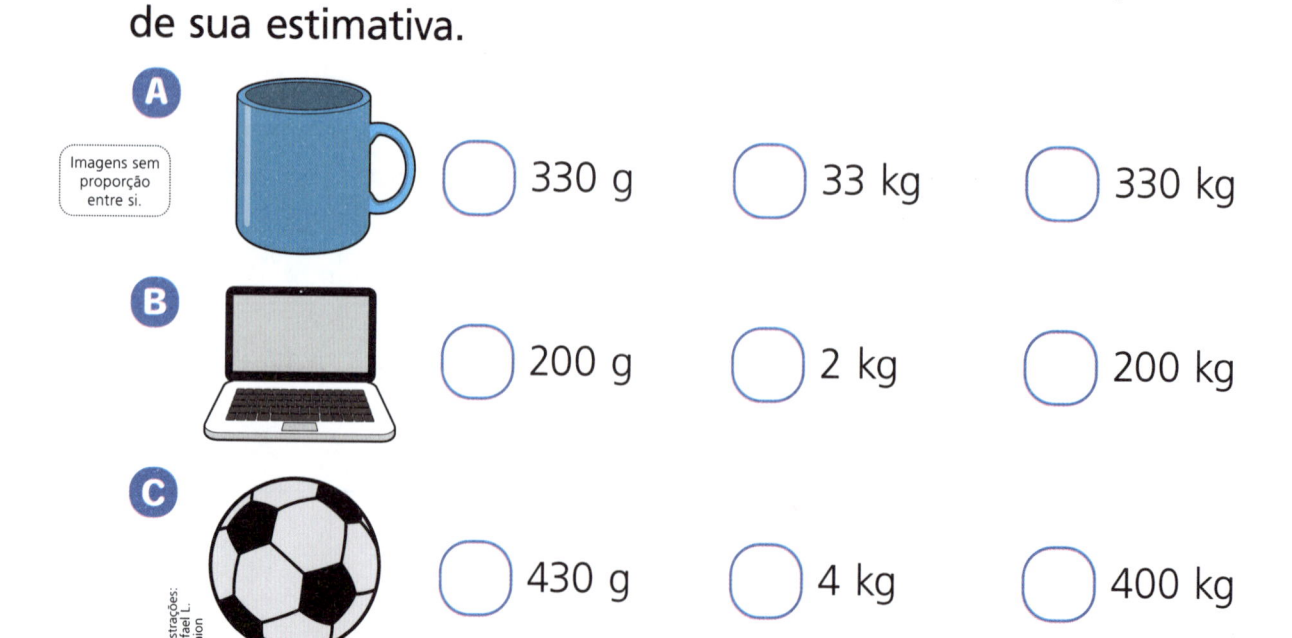

C
- ◯ 430 g
- ◯ 4 kg
- ◯ 400 kg

5. Matheus e seus amigos mediram suas massas e organizaram as informações obtidas em um gráfico. Observe o gráfico abaixo e responda às perguntas.

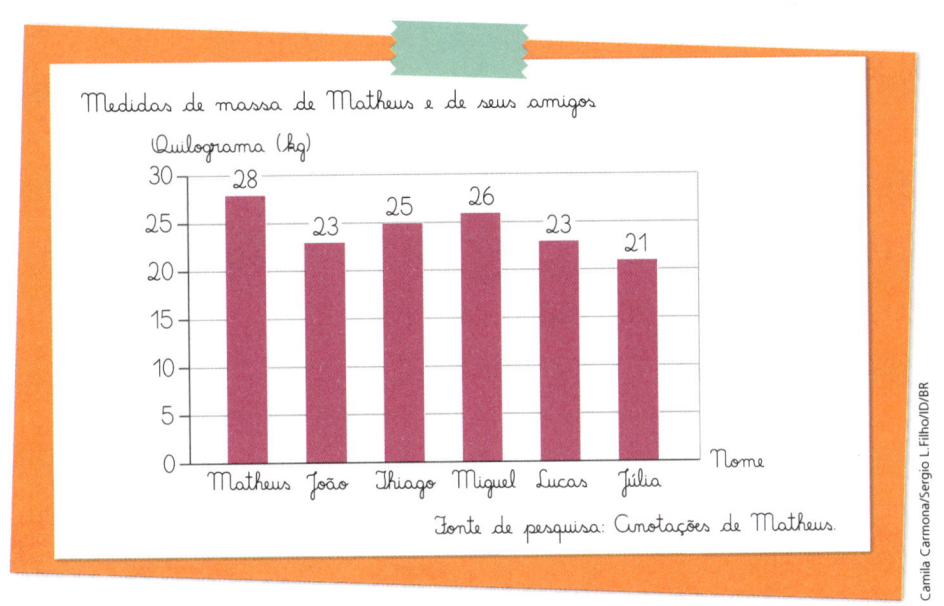

Medidas de massa de Matheus e de seus amigos

Quilograma (kg)
- Matheus: 28
- João: 23
- Thiago: 25
- Miguel: 26
- Lucas: 23
- Júlia: 21

Fonte de pesquisa: Anotações de Matheus.

a. Qual dos amigos tem medida de massa:
- maior? _____
- menor? _____

b. Quais amigos têm medidas de massa iguais?

_____

c. Qual é a diferença entre as medidas das massas de:
- Matheus e João?
- Lucas e Júlia?
- Miguel e Thiago?
- Matheus e Júlia?

6. Kaio recebeu uma encomenda de quatro bolos de cenoura. Para preparar um desses bolos, ele precisa dos ingredientes ao lado.

Bolo de cenoura

Ingredientes:
300 gramas de cenoura
250 mililitros de óleo
4 ovos
250 gramas de farinha
350 gramas de açúcar
35 gramas de fermento em pó

Calcule a quantidade de cada ingrediente de que ele vai precisar para fazer os quatro bolos e reescreva a receita.

7. Quando usamos uma balança de dois pratos, sabemos que os itens têm as medidas das massas iguais quando a balança está em equilíbrio, ou seja, os pratos estão na mesma altura. Sabendo disso, determine a medida da massa:

- do cesto vazio. _____
- das frutas sem o cesto. _____
- do cesto com as frutas. _____

O miligrama

8. Geralmente, em embalagens de remédio ou em informações nutricionais de alimentos, por exemplo, podemos identificar outra unidade de medida de massa padronizada, o **miligrama** (mg).

$$1\ g = 1\ 000\ mg$$

Na embalagem ao lado, está indicada a quantidade, em miligramas, de cálcio presente em cada um dos comprimidos.

a. Se uma pessoa tomar dois desses comprimidos por dia, quantos miligramas de cálcio ela vai ingerir em:

- um dia?
- uma semana?

b. Pedro tomou dez desses comprimidos durante um tratamento. Quantos gramas de cálcio ele ingeriu?

> **Que curioso!**
>
> **Ossos e dentes saudáveis**
>
> O cálcio é um nutriente que ajuda no desenvolvimento dos ossos e dos dentes, além de auxiliar no trabalho dos músculos. O cálcio pode ser encontrado em alguns alimentos, como leite, queijo, vagem, couve e na carne de alguns peixes.

9. Complete as frases com a unidade de medida de massa (**mg**, **g** ou **kg**) mais adequada.

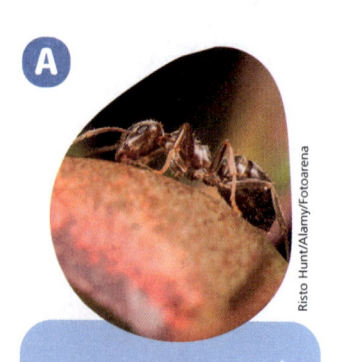

Imagens sem proporção entre si.

A FORMIGA-FARAÓ
Adulta: mede até 2 milímetros.

B HAMSTER-SÍRIO
Adulto: mede até 18 centímetros.

C ORCA
Adulta: chega a ter 8 metros.

a. A massa de uma formiga pode chegar a medir 15 _____.

b. Um hamster-sírio tem cerca de 120 _____.

c. Uma orca tem aproximadamente 5 000 _____.

10. Veja na tabela ao lado a quantidade aproximada de alguns elementos presentes em 100 g de laranja.

a. Qual é a quantidade de água em 100 g de laranja? _____

b. Em uma porção de 200 g de laranja, há quantos miligramas de vitamina C? E de potássio?
_____

c. Se uma pessoa ingerir 300 g dessa fruta, qual será a quantidade de proteína ingerida? _____

Quantidade de alguns elementos presentes em 100 g de laranja

Elemento	Massa
Água	90 g
Vitamina C	54 mg
Proteínas	1 g
Potássio	163 mg

Fonte de pesquisa: Tabela Brasileira de Composição de Alimentos. Disponível em: <http://www.cfn.org.br/wp-content/uploads/2017/03/taco_4_edicao_ampliada_e_revisada.pdf>. Acesso em: 5 dez. 2017.

Vamos nos cuidar

Você consome frutas em seu dia a dia? Elas são fontes de vitaminas e de muitos outros nutrientes importantes para a saúde.

Ponto de chegada

Nesta unidade, estudamos litro, mililitro, quilograma, grama e miligrama. Vamos recordar? Leia e complete os itens.

a. Identificamos recipientes que têm diferentes capacidades e vimos a relação entre **litro** e **mililitro**.

1 L = _____ mL

Imagens sem proporção entre si.

Caixa de leite

Capacidade:
1 _____ .

Lata de chá

Capacidade:
330 _____ .

b. Aprendemos as unidades de medida de massa **quilograma**, **grama** e **miligrama**.

_____ kg = 1 000 g

1 g = _____ mg

Medida da massa do pacote de arroz

5 _____ .

Medida da massa de uma caixa com sachês de chá

40 _____ .

Quantidade de vitamina C em 100 g de laranja

54 _____ .

unidade 9
Localização

Trecho do rio Amazonas, localizado na Região Norte do Brasil, em 2016.

Ponto de partida

1. Considerando o barco dessa foto, por quantos caminhos diferentes ele pode seguir em frente e continuar a sua navegação?

2. Desenhe, em uma folha de papel, um mapa e indique o caminho que você faz para ir de sua casa até a escola.

Localização e caminhos

Vamos refletir
Respeitar as placas de sinalização e os semáforos ajuda a evitar acidentes.

1. Os semáforos são importantes instrumentos para organizar o trânsito nas cidades.

Observe a imagem de alguns carros parados diante de um semáforo em determinado momento do dia.

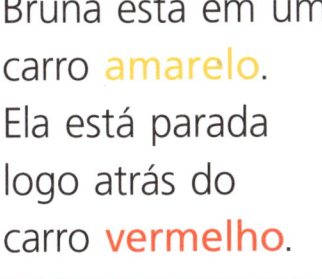

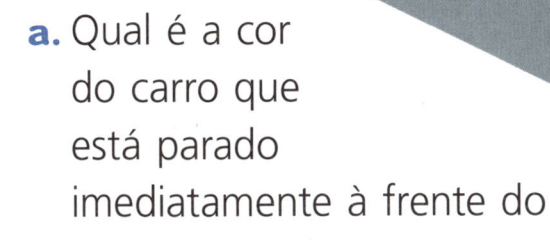

Bruna está em um carro amarelo. Ela está parada logo atrás do carro vermelho.

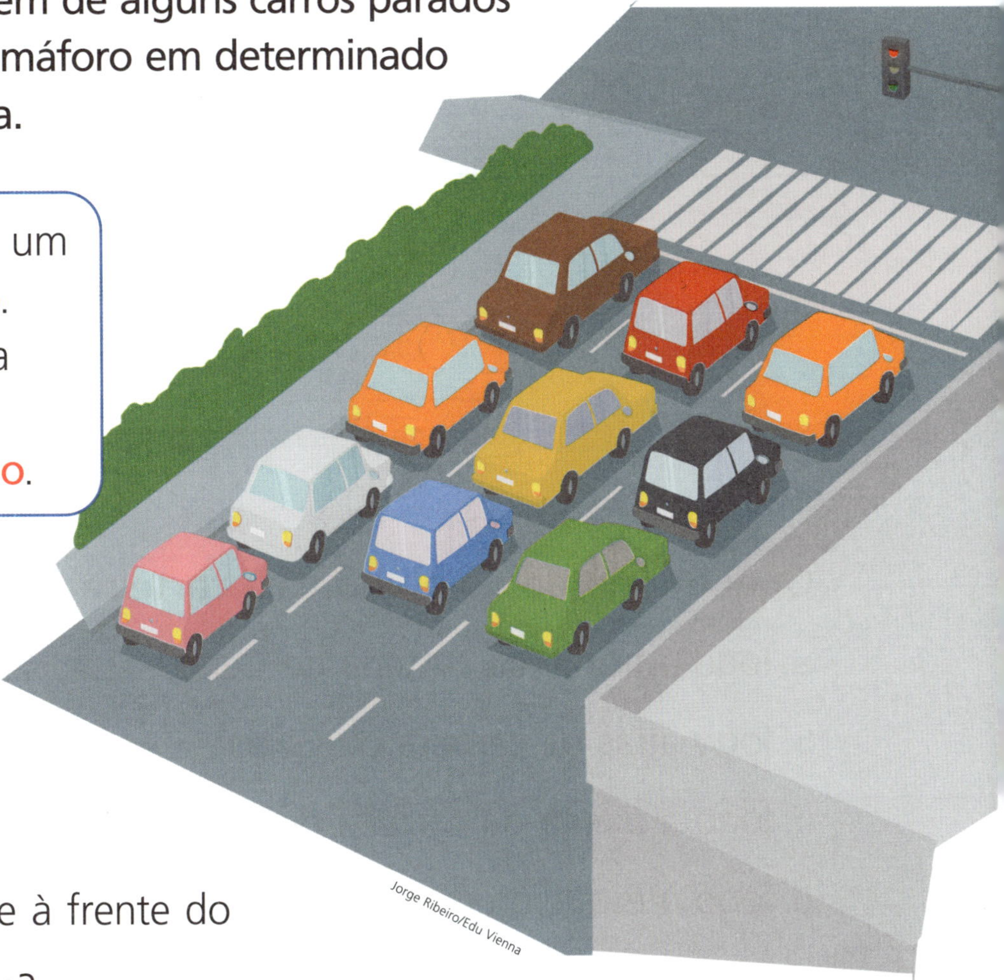

a. Qual é a cor do carro que está parado imediatamente à frente do carro de Bruna? _____

b. Qual é a cor do carro que está parado logo à direita do carro azul? _____

c. Há algum carro parado logo atrás do carro verde? Se houver, qual é a cor desse carro? _____

d. Quais são as cores dos três primeiros carros que estão em frente ao semáforo? _____

e. Escreva a cor do carro que está parado logo à esquerda do carro preto. _____

2. Celso desenhou o lugar que ocupa na sala de aula e também as carteiras de alguns colegas que sentam próximo a ele.

Qual é o nome do aluno cuja carteira fica:

a. logo à frente da carteira de Celso? _____

b. logo atrás da carteira de Celso? _____

c. logo à direita da carteira de Celso? _____

d. logo à esquerda da carteira de Celso? _____

Matemática na prática

Desenhe, em seu caderno, o lugar que você ocupa na sala de aula e a carteira de alguns colegas que sentam próximo a você.

Se houver, qual é o nome do aluno cuja carteira fica:

- logo à direita da sua carteira? _____
- logo à esquerda da sua carteira? _____
- logo à frente da sua carteira? _____
- logo atrás da sua carteira? _____

3. No mapa a seguir, está representada parte de um bairro. Nele, estão indicados os caminhos que Márcio e Letícia percorreram, nesse bairro, de suas casas até o parque.

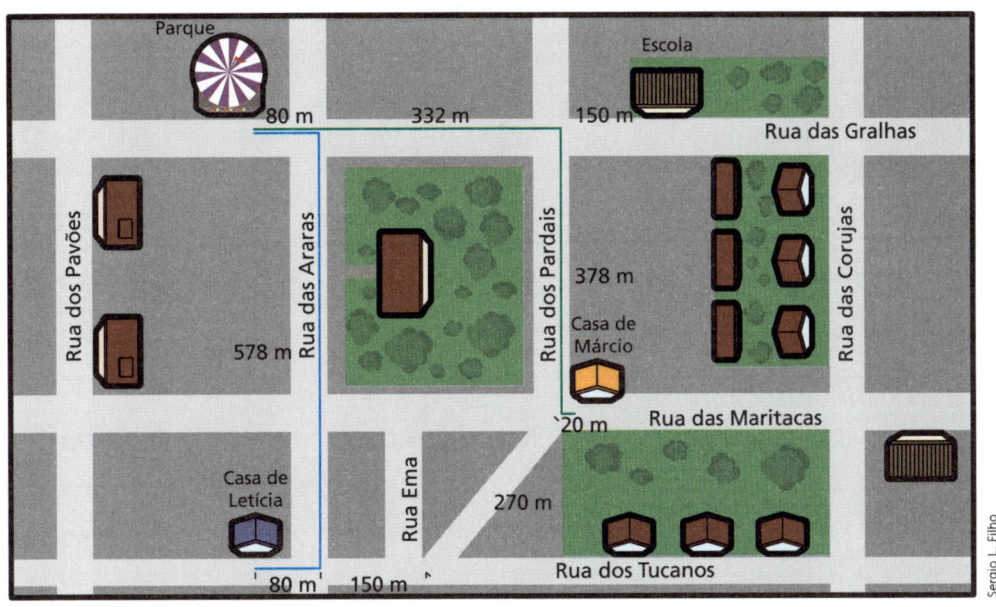

— Caminho percorrido por Letícia   — Caminho percorrido por Márcio

a. Em que rua está localizada a casa de:

- Letícia? _____
- Márcio? _____

b. Quem percorreu o caminho mais curto?

c. Trace o caminho mais curto da casa de Letícia até a escola.

Aprenda mais!

No filme *Atlantis*, o cartógrafo Milo Thatch recebe inesperadamente um mapa que indica a localização de Atlantis, uma lendária cidade perdida no fundo do mar. Com o mapa em mãos, ele embarca no submarino Ulysses em busca dessa aventura.

Atlantis: o reino perdido. Direção: Gary Trousdale e Kirk Wise. Estados Unidos, 2001 (96 min.).

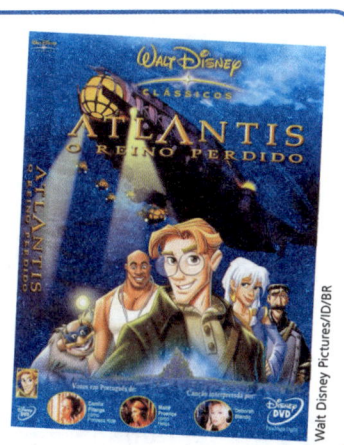

4. A seguir, estão indicadas as cinco primeiras ruas e avenidas nas quais alguns ônibus passam a partir do terminal urbano.

Ônibus A	Ônibus B	Ônibus C
Rua Pardal	Rua Rouxinol	Rua Pardal
Rua Bem-te-vi	Rua Colibri	Rua Beija-flor
Rua Colibri	Rua Tucano	Avenida Gaivotas
Rua Beija-flor	Rua Pardal	Rua Tucano
Avenida Canário	Rua das Araras	Avenida Canário

O mapa a seguir mostra a localização do terminal urbano e os trajetos realizados por esses ônibus.

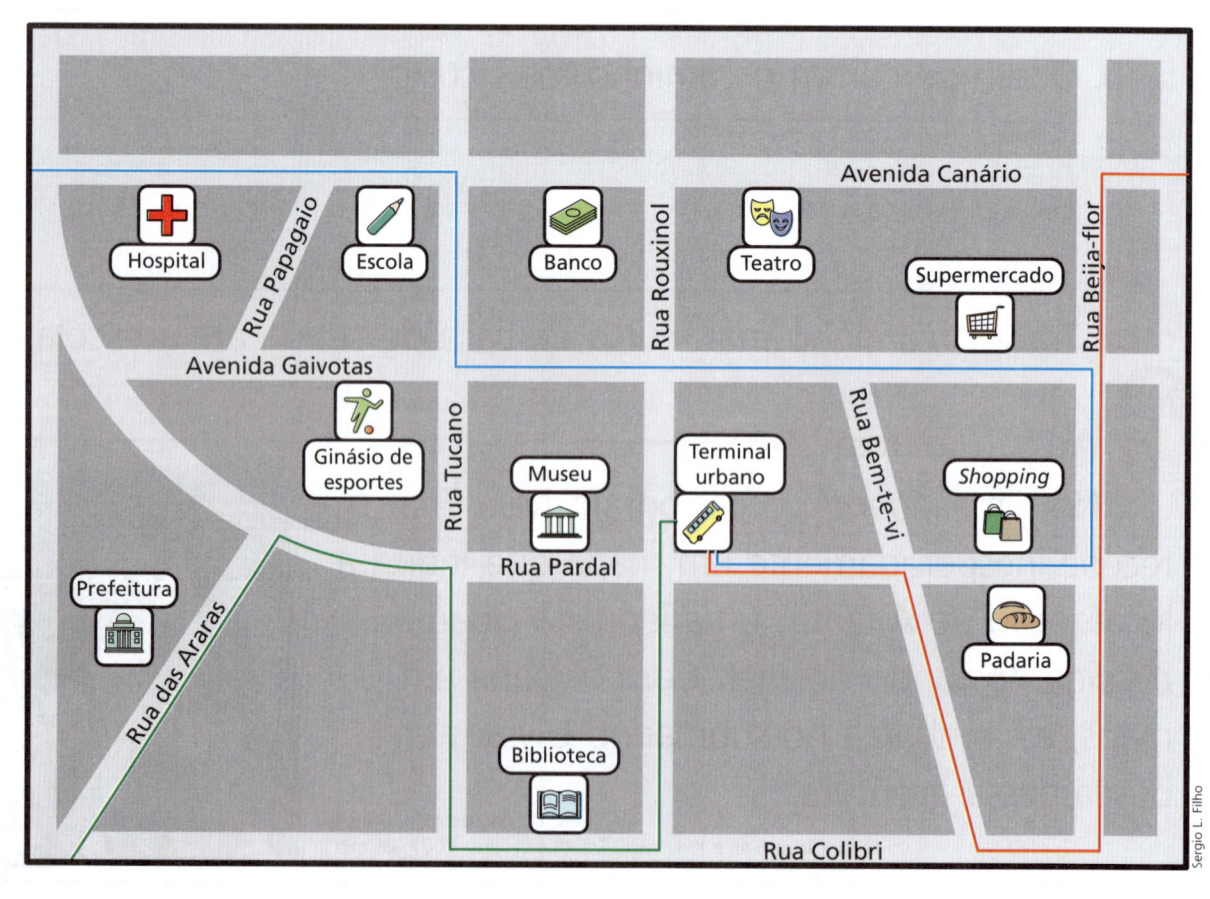

Observando o mapa da página anterior, responda aos itens.

a. Qual é o ônibus que faz o trajeto indicado pela linha:

- azul? _____
- verde? _____
- vermelha? _____

b. Qual é o ônibus que passa em frente:

- ao *shopping*? _____
- à biblioteca? _____

c. Em que rua fica:

- o hospital? _____
- o museu? _____
- a biblioteca? _____

5. Para representar o caminho na malha abaixo, foram utilizados os seguintes códigos:

Início ↑ ↑ ↑ → ↓ → ↓ ↓ → ↑ ↑ ↑ ← ↑ → Fim

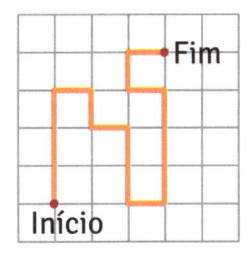

Em qual das malhas foi traçado o caminho representado pelo código abaixo? _____

Início ↑ ← ↑ → ↑ → → → ↓ ↓ ↓ ← ← ↓ → Fim

A

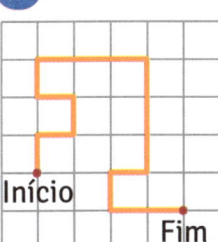

B

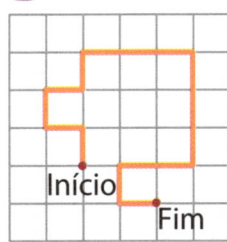

C

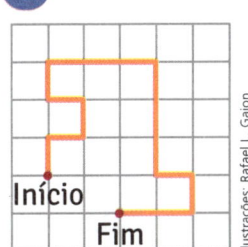

6. Amarildo representou em uma malha quadriculada o trajeto percorrido pelos alunos em uma visita a um parque florestal.

Marque com um **X** o código que representa esse caminho.

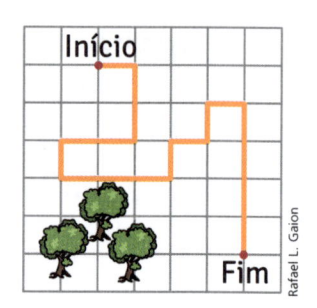

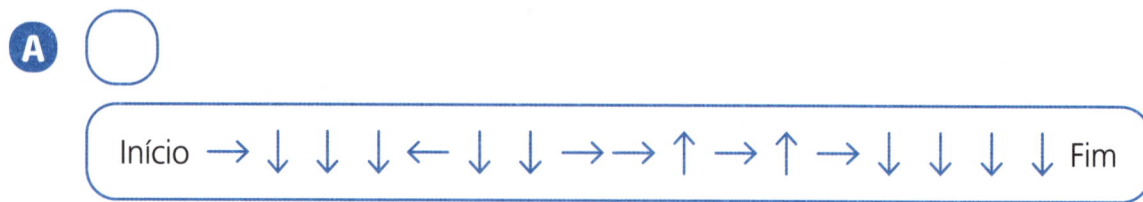

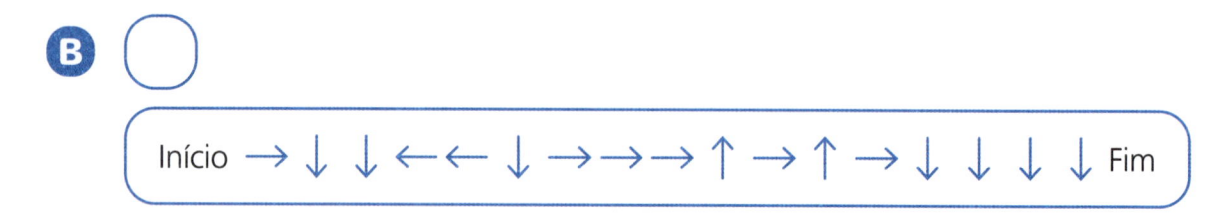

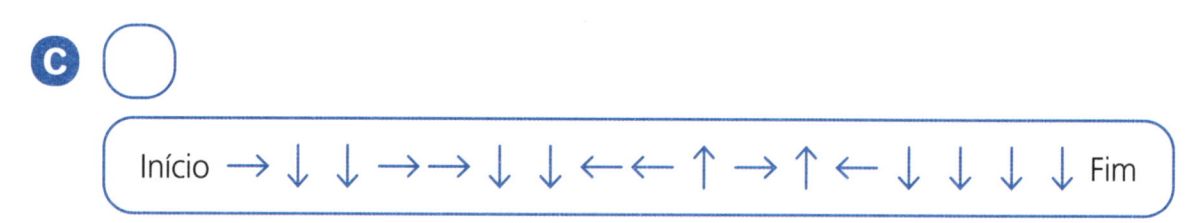

A ◯

Início → ↓ ↓ ↓ ← ↓ ↓ → → ↑ → ↑ → ↓ ↓ ↓ ↓ Fim

B ◯

Início → ↓ ↓ ← ← ↓ → → → ↑ → ↑ → ↓ ↓ ↓ ↓ Fim

C ◯

Início → ↓ ↓ → → ↓ ↓ ← ← ↑ → ↑ ← ↓ ↓ ↓ ↓ Fim

7. Associe cada código ao caminho traçado na malha quadriculada. Para isso, escreva no quadro a letra correspondente.

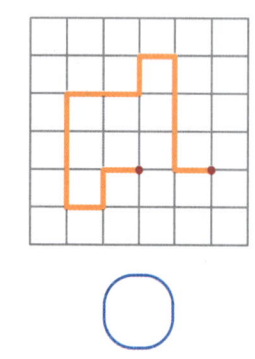

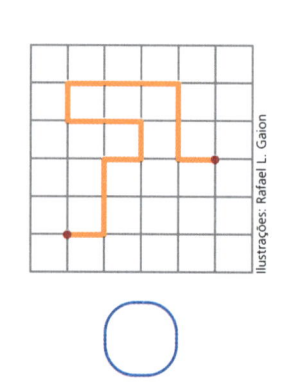

A (Início → ↑ ↑ → ↑ ← ← ↑ → → → ↓ ↓ → Fim)

B (Início ← ↓ ← ↑ ↑ ↑ → → ↑ → ↓ ↓ ↓ → Fim)

8. Construa uma figura em cada malha quadriculada utilizando os códigos a seguir.

A

Início →→→↓←←↓→→↓←←↓→→↓←←←↑↑↑↑↑ Fim

B

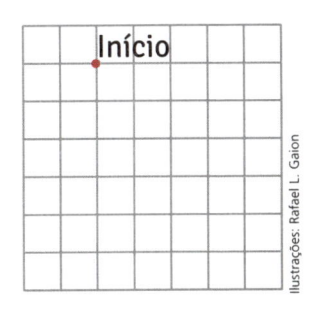

Início →↓↓→↑↑→↓↓↓↓↓←↑↑←↓↓←↑↑↑↑↑ Fim

Qual foi a figura que você obteve no item:

- A? _____
- B? _____

9. Complete o código de construção da figura a seguir.

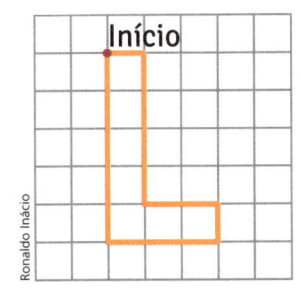

Início →↓↓ _____ Fim

Por dentro do tema

Trânsito

Sinais de trânsito

Você já imaginou como seria o trânsito se não houvesse sinalização alguma? Existiria muita confusão e acidentes.

Os sinais de trânsito são necessários para alertar, disciplinar e orientar pedestres e condutores em circulação.

As placas fixadas de maneira vertical, em geral ao lado das vias, podem ter diferentes funções, como nos exemplos a seguir.

Orienta a direção para chegar a determinado lugar.

Informa que o condutor não pode virar à esquerda.

Adverte da existência de uma curva acentuada à direita.

200 Duzentos

A. Que outras sinalizações de trânsito você conhece?

B. Por que é importante obedecermos às sinalizações de trânsito?

C. Joana foi de carro a um estabelecimento localizado próximo a sua casa. Veja o roteiro realizado por ela.

Joana saiu de casa, virou à direita e seguiu em frente até a rua Candiru. Em seguida, virou à esquerda.

Depois, seguiu em frente até a rua Guacari e virou à direita.

Por fim, seguiu até o estabelecimento próximo à esquina da rua Guacari com a rua Peixe-palhaço.

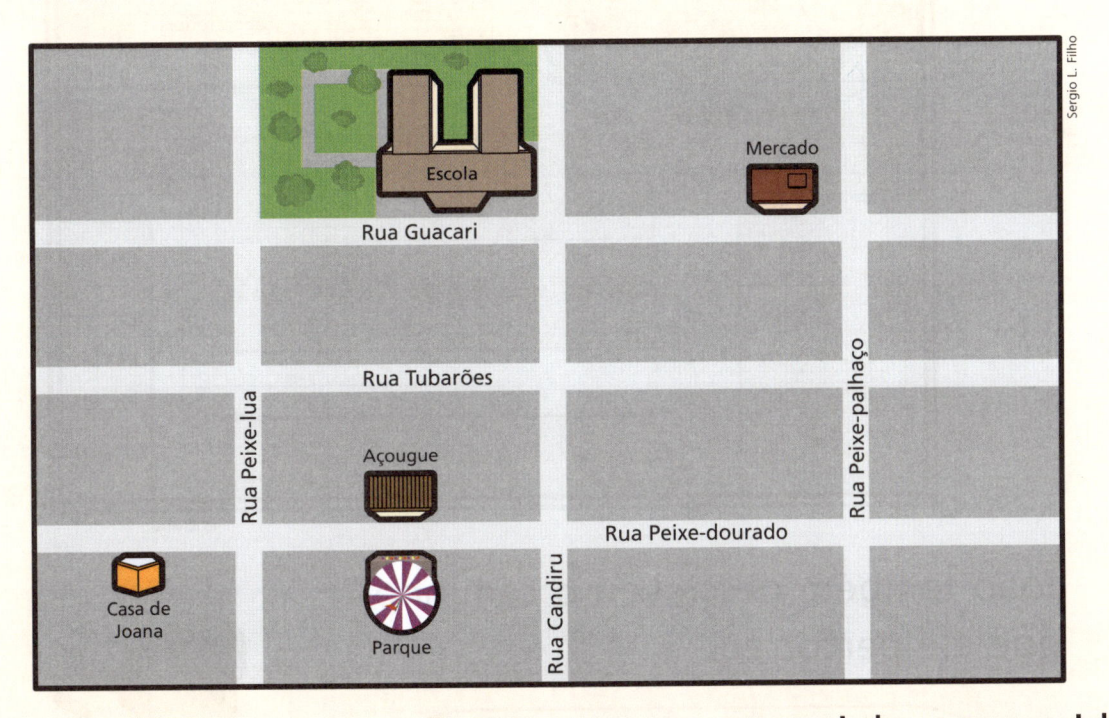

- Trace no mapa o caminho percorrido por Joana. A que estabelecimento Joana chegou ao fim do percurso?

10. A professora Sofia solicitou a seus alunos que percorressem um caminho e o descrevessem.

Helen descreveu o caminho percorrido por ela para ir de sua sala de aula até o bebedouro.

> SAÍ DA SALA DE AULA 3 E VIREI À DIREITA, SEGUINDO EM FRENTE ATÉ A SALA DA DIREÇÃO. DEPOIS, VIREI À ESQUERDA E SEGUI EM FRENTE ATÉ AS MESAS DO PÁTIO. POR FIM, VIREI À DIREITA E SEGUI EM FRENTE ATÉ O BEBEDOURO.

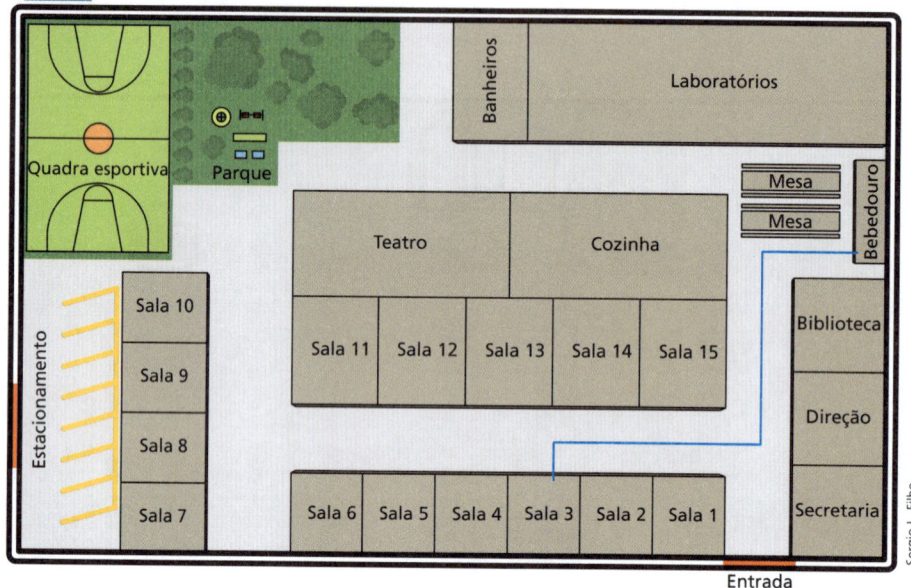

João também descreveu o caminho que ele percorreu.

> SAÍ DA SALA DE AULA 3 E VIREI À ESQUERDA, SEGUINDO EM FRENTE ATÉ A SALA 8. DEPOIS, VIREI À DIREITA E SEGUI EM FRENTE ATÉ O PARQUE. POR FIM, VIREI À ESQUERDA E SEGUI EM FRENTE ATÉ O MEU DESTINO.

a. Onde João chegou? _____

b. Trace no mapa o caminho percorrido por João.

Ponto de chegada

Nesta unidade, estudamos como localizar pessoas ou objetos e como traçar caminhos para chegar a algum destino.

a. Vimos como **localizar** objetos com base em um ponto de referência.

O carro _____ está parado logo à direita do carro **branco**.

O carro **preto** está logo atrás do carro _____.

b. Traçamos **caminhos** de um ponto a outro na malha quadriculada com base em comandos dados.

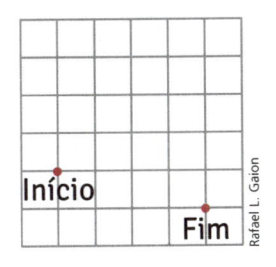

Início ↑ → ↑ ← ↑ → → → ↓ ↓ ↓ ← ↓ → → Fim

c. Aprendemos a percorrer e a descrever caminhos a partir de um ponto de referência, usando códigos e palavras como **direita** e **esquerda** para indicar mudanças de sentido.

unidade 10
Gráficos e tabelas

Gêmeas posando para foto.

Ponto de partida

1. Em sua opinião, a chance de nascer gêmeos em uma família é maior ou menor do que a chance de nascer apenas um bebê por gestação?

2. Que diferença você vê entre as gêmeas da foto?

Coleta e organização de dados

1. Benício realizou uma pesquisa para saber qual é o meio de transporte utilizado por seus colegas de sala para ir à escola. Em seguida, ele registrou os dados coletados.

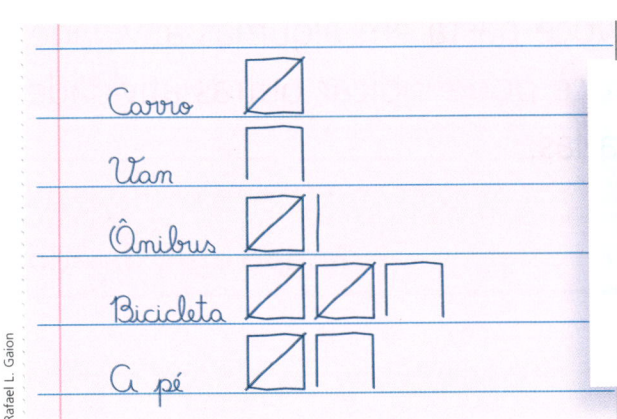

Carro	☒
Van	☐
Ônibus	☒ │
Bicicleta	☒ ☒ ☐
A pé	☒ ☐

   A maioria dos alunos vai à escola de bicicleta. Assim, dizemos que este é o meio de transporte de **maior frequência**.

   a. Quantas pessoas utilizam o meio de transporte de maior frequência? _____

   b. Qual é o meio de transporte de menor frequência? Quantas pessoas o utilizam? _____

   c. Que meio de transporte você usa para ir à sua escola?
   _____

Para fazer **juntos!**

Junte-se a dois colegas e realizem uma pesquisa com os demais alunos da turma. Para isso, façam a seguinte pergunta:

- Que meio de transporte você usa para ir à escola?

Por fim, registrem os dados coletados no caderno.

1. Quantas pessoas vocês entrevistaram? _____

2. Qual é o meio de transporte de maior frequência? E o de menor frequência? _____

Matemática na prática

Você já parou para pensar no tempo gasto em algumas tarefas cotidianas, como dormir, alimentar-se e estudar?

Escolha um dia entre a segunda-feira e a sexta-feira e registre, no quadro, quanto tempo você gasta em algumas atividades. Há, ainda, dois espaços onde você pode indicar outras atividades e o tempo que leva para realizá-las.

Atividade	Tempo aproximado
Dormir	
Fazer higiene pessoal	
Estudar	
Alimentar-se	

a. Entre as atividades apresentadas no quadro, de qual você mais gosta? Quanto tempo você dedica a ela?

_____

b. Você dedica mais tempo a qual das atividades indicadas no quadro? E você dedica menos tempo a qual delas?

_____

c. Quanto tempo você gasta para fazer sua higiene pessoal e para se alimentar? _____

d. Você gostaria de dedicar mais tempo a qual dessas atividades? Por quê?

_____

Gráficos e tabelas

1. Inês possui uma criação de animais. Ela registrou, em um **gráfico**, a quantidade de cada animal que há em sua propriedade rural.

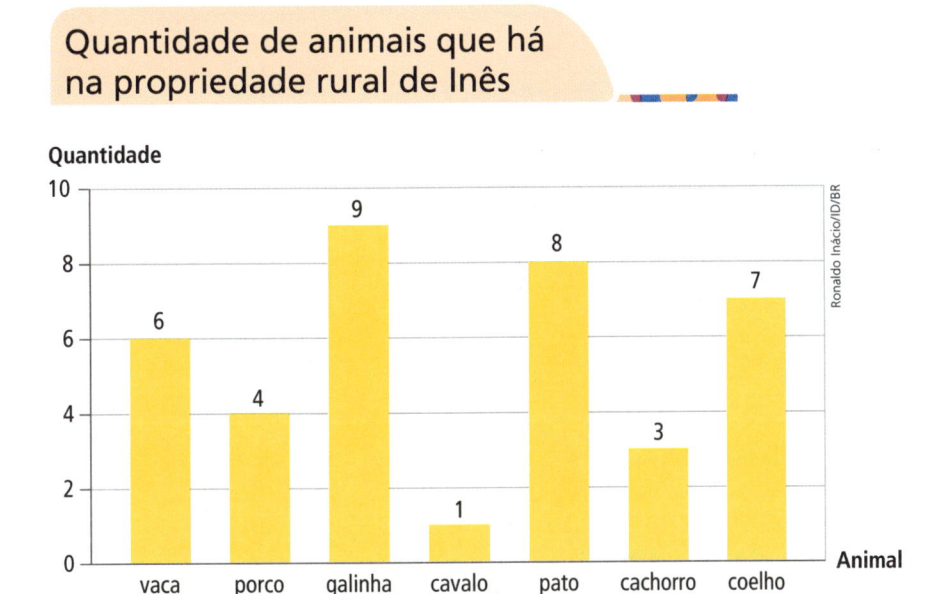

Quantidade de animais que há na propriedade rural de Inês

Animal	Quantidade
vaca	6
porco	4
galinha	9
cavalo	1
pato	8
cachorro	3
coelho	7

Fonte de pesquisa: Registros de Inês.

a. Que animal Inês tem em maior quantidade? Há quantos animais desse tipo?

_____

b. Na propriedade rural de Inês, há quantas galinhas a mais do que coelhos?

c. Ao todo, Inês tem quantos animais em sua propriedade rural?

2. A professora do 3º ano propôs aos seus alunos que realizassem uma pesquisa para saber o local de nascimento de cada presidente brasileiro, até o ano 2017.

Em seguida, ela organizou os dados coletados na lousa.

Manoel Deodoro da Fonseca (1827-1892), primeiro presidente do Brasil, nascido no estado de Alagoas.

Lousa:
- Alagoas
- Bahia
- Ceará
- Maranhão
- Minas Gerais ☒
- Mato Grosso do Sul
- Mato Grosso
- Paraíba
- Pernambuco
- Rio de Janeiro ☒
- Rio Grande do Norte
- Rio Grande do Sul ☒
- Santa Catarina
- São Paulo ☒

Fonte de pesquisa: Planalto. Disponível em: <https://www.gov.br/planalto/pt-br/conheca-a-presidencia/acervo/galeria-de-presidentes>. Acesso em: 12 out. 2017.

Agora, complete a tabela com as informações da lousa.

Local de nascimento dos presidentes do Brasil (até 2017)	
Estado	Quantidade de presidentes
Alagoas	2
Bahia	1
Ceará	2
Maranhão	
Minas Gerais	
Mato Grosso do Sul	
Mato Grosso	

Local de nascimento dos presidentes do Brasil (até 2017)	
Estado	Quantidade de presidentes
Paraíba	
Pernambuco	
Rio de Janeiro	
Rio Grande do Norte	
Rio Grande do Sul	
Santa Catarina	
São Paulo	

Fonte de pesquisa: Planalto. Disponível em: <https://www.gov.br/planalto/pt-br/conheca-a-presidencia/acervo/galeria-de-presidentes>. Acesso em: 12 out. 2017.

A professora também construiu um gráfico para apresentar as informações da tabela.

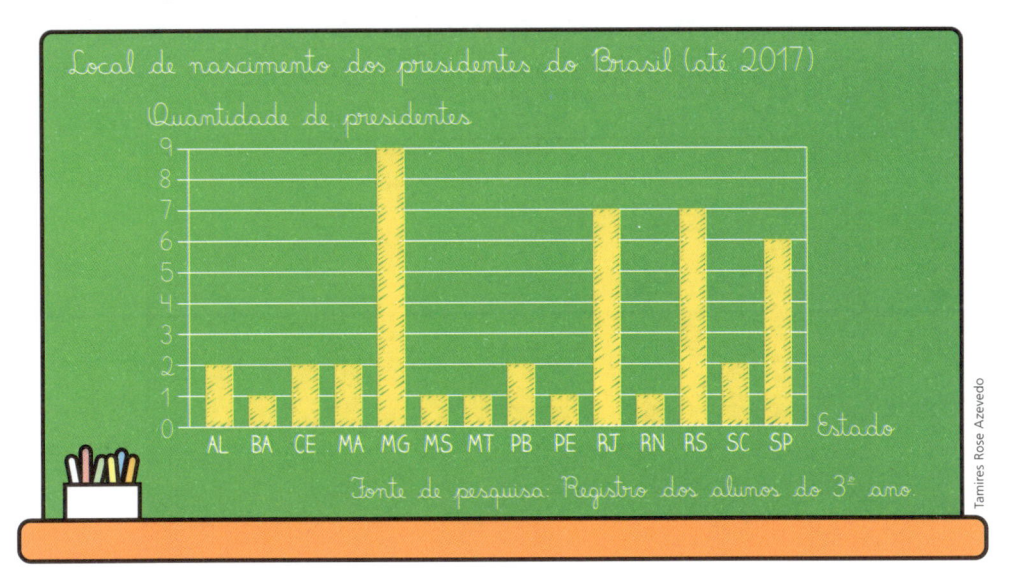

Local de nascimento dos presidentes do Brasil (até 2017)

Quantidade de presidentes

(Gráfico de barras com os estados: AL=2, BA=1, CE=2, MA=2, MG=9, MS=1, MT=1, PB=2, PE=1, RJ=7, RN=1, RS=7, SC=2, SP=6)

Fonte de pesquisa: Registro dos alunos do 3º ano.

a. Qual é o estado onde mais presidentes nasceram?

_____

b. Em quantos estados nasceram somente dois presidentes?

_____

c. Quantos presidentes, ao todo, nasceram nos estados do Rio de Janeiro e do Rio Grande do Sul?

_____

d. Em que estado do Brasil você nasceu? Quantos presidentes nasceram no mesmo estado que você?

_____

e. Quantos foram os presidentes do Brasil até o ano 2017?

_____

Vamos investigar

O presidente do Brasil é uma pessoa escolhida por meio do voto da população. Você sabe quais são as obrigações do presidente de um país? O que é necessário para ser candidato à presidência do Brasil?

3. O professor de Ciências perguntou aos alunos do 3º ano qual era o dia da semana de que eles mais gostavam. À medida que os alunos respondiam, o professor anotava a preferência de cada um na lousa.

Dia da semana preferido
- domingo |||||
- segunda-feira ||
- terça-feira ||||
- quarta-feira ||
- quinta-feira |||
- sexta-feira ||||||
- sábado ||||||

Usando algarismos, complete a tabela escrevendo quantos alunos escolheram cada um dos dias da semana.

Dia da semana preferido dos alunos do 3º ano							
Dia	domingo	segunda-feira	terça-feira	quarta-feira	quinta-feira	sexta-feira	sábado
Quantidade de alunos	5						

Fonte de pesquisa: Alunos do 3º ano.

Agora, pinte no gráfico abaixo a quantidade de quadrinhos de acordo com a tabela que você completou.

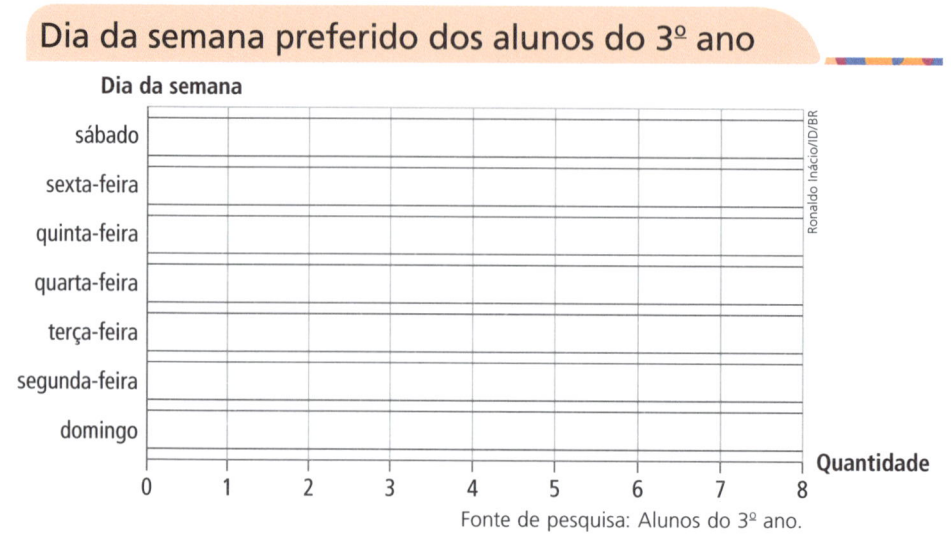

Dia da semana preferido dos alunos do 3º ano

Fonte de pesquisa: Alunos do 3º ano.

4. A professora Sônia realizou uma pesquisa com cinco de seus alunos para saber qual é a quantidade de pessoas que moram com eles.

Em seguida, ela organizou as informações coletadas em uma **tabela de dupla entrada**.

Membros da família dos alunos da professora Sônia

Aluno	Mulheres	Homens
João	1	3
Carla	2	2
Pedro	1	1
Bia	3	0
Renan	4	2

Fonte de pesquisa: Registros da professora Sônia.

a. A quantidade de pessoas que moram com João é maior, igual ou menor do que a de:

- Carla? _____
- Renan? _____
- Bia? _____
- Pedro? _____

b. Quais alunos moram com a mesma quantidade de pessoas?

_____

c. Algum dos alunos mora apenas com homens ou apenas com mulheres? Se sim, qual é o nome desse aluno?

_____

d. Qual dos alunos mora com a maior quantidade de mulheres na sua residência? Quantas mulheres moram com ele?

_____

e. Quantas pessoas moram com você? _____

5. Em 2014, foram realizados os Jogos Olímpicos de Inverno na cidade de Sochi, na Rússia. Veja a quantidade de medalhas que alguns países conquistaram nesses jogos.

Quantidade de medalhas de alguns países nos Jogos Olímpicos de Inverno de Sochi (2014)

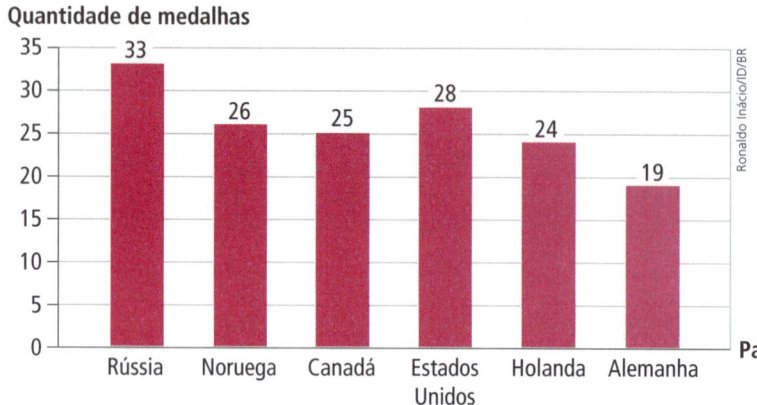

- Rússia: 33
- Noruega: 26
- Canadá: 25
- Estados Unidos: 28
- Holanda: 24
- Alemanha: 19

Fonte de pesquisa: EBC. Disponível em: <http://www.ebc.com.br/esportes/2014/02/quadro-de-medalhas-olimpiadas-de-inverno-sochi-2014>. Acesso em: 15 out. 2017.

a. Que país conquistou mais medalhas? _____

b. Que país conquistou uma medalha a mais do que o Canadá? E qual deles conquistou uma medalha a menos do que o Canadá?

_____

c. Quantas medalhas a Rússia conquistou a mais do que a Alemanha? _____

d. Qual desses países conquistou a menor quantidade de medalhas? _____

Quantas medalhas esse país conquistou? _____

e. Juntos, os seis países conquistaram quantas medalhas?

_____

f. A festa de encerramento dos Jogos Olímpicos de Inverno de Sochi ocorreu no dia 23 de fevereiro de 2014. Qual era a sua idade nesse dia?

Para fazer juntos!

Realize uma pesquisa com seus colegas de sala perguntando qual é o estilo de música de que mais gostam. Em seguida, registre os dados coletados em seu caderno.

1. Organize as informações na tabela, anotando os votos dos quatro estilos de maior frequência e deixando para a última coluna (E) a soma dos votos dos estilos de menor frequência.

Estilos musicais preferidos dos alunos do 3º ano					
	A	B	C	D	E
Estilo					Outros
Quantidade					

Fonte de pesquisa: Registros de _____.

2. Com os dados da tabela, complete o gráfico pintando a quantidade de quadrinhos nas colunas correspondentes.

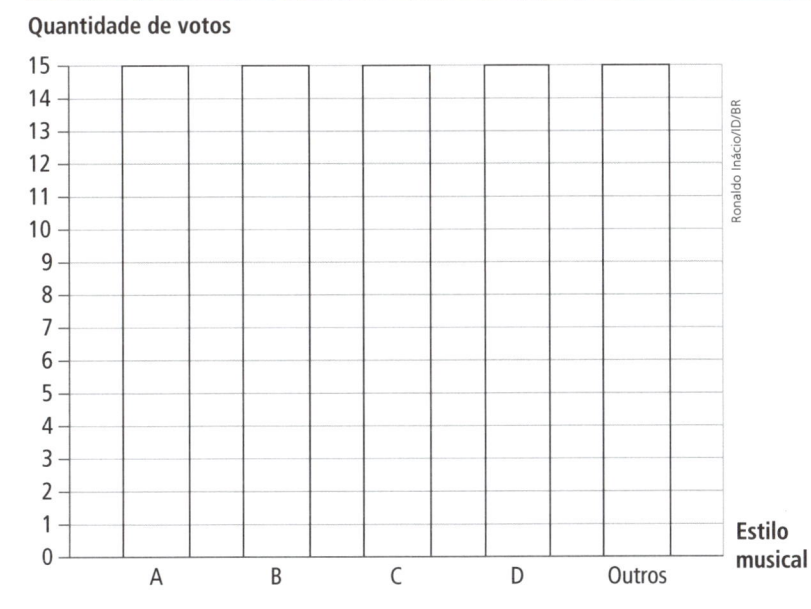

Estilos musicais preferidos dos alunos do 3º ano

Quantidade de votos

(Gráfico de barras com eixo vertical de 0 a 15 e colunas A, B, C, D, Outros — Estilo musical)

Fonte de pesquisa: Registros de _____.

Noções de probabilidade

1. Pedro e Cláudia estão brincando com uma roleta.

AO GIRAR O PONTEIRO DA ROLETA, ELE PODE PARAR NO AMARELO, NO VERMELHO, NO AZUL OU NO VERDE.

É MAIS PROVÁVEL QUE ELE PARE NO VERMELHO, POIS HÁ MAIS PARTES DESSA COR.

a. A chance de o ponteiro parar no azul é maior ou menor do que no:

• amarelo? _____   • verde? _____

b. Qual é a cor com menor chance de o ponteiro parar? Justifique.

_____

2. Uma moeda é formada por duas faces, que chamamos **cara** e **coroa**.

A cara mostra o rosto de uma pessoa ou personagem. Já a coroa indica o valor da moeda.

Cara.   Coroa.

Considerando o lançamento da moeda de 25 centavos, responda às questões.

a. Quais são os possíveis resultados? _____

b. A chance de obter cara é maior, igual ou menor do que a chance de obter coroa? _____

3. Jonas escreveu as letras da palavra PROBABILIDADE em algumas fichas e as colocou em uma urna.

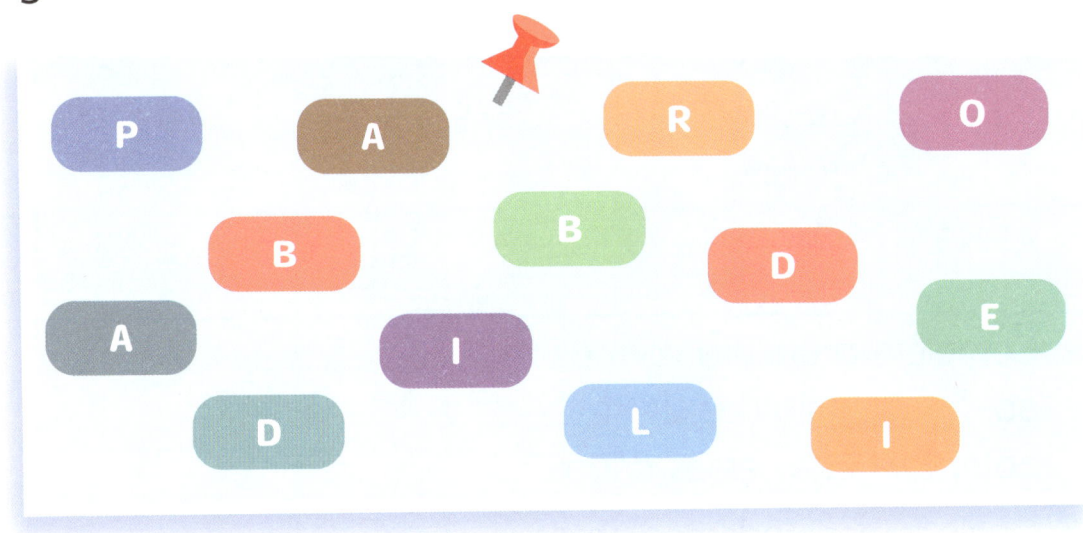

a. Qual são os possíveis resultados ao sortear uma dessas fichas?

_____

b. Tem mais chance de ser sorteada a letra:

- A ou E? _____
- P ou I? _____

4. Elisa colocou as bolinhas representadas abaixo em um pote.

a. Quais são as possíveis cores de bolinhas que Elisa pode retirar desse pote?

_____

b. Se Elisa sortear uma bolinha do pote, ela tem maior chance de ser de qual cor? Justifique.

_____

5. Janice está brincando de lançar dados. Nessa brincadeira, a pontuação obtida corresponde à soma dos números das faces voltadas para cima.

5 + 2 = 7

a. Complete o quadro com os possíveis resultados de se obter ao lançar esses dados.

b. Quais somas podemos obter ao lançar esses dados?

_____

_____

+	1	2	3	4	5	6
1	2					
2						
3						
4					9	
5		7				
6		8				

Ponto de chegada

Nesta unidade, estudamos algumas maneiras de organizar dados coletados. Vimos também algumas situações com **maior** ou **menor chance** de ocorrer.

a. Representamos informações em **tabelas simples** e **tabelas de dupla entrada**. No exemplo ao lado, temos uma tabela de dupla entrada.

- Na casa de João moram

  ____ homens e

  ____ mulher.

Quantidade de pessoas que moram com alguns alunos		
	Mulheres	Homens
João	1	3
Carla	2	2
Pedro	1	1
Bia	3	0
Renan	4	2

Fonte de pesquisa: Registros da professora Sônia.

b. Também podemos representar as informações em **gráficos**.

Quantidade de medalhas de alguns países nos Jogos Olímpicos de Inverno de Sochi (2014)

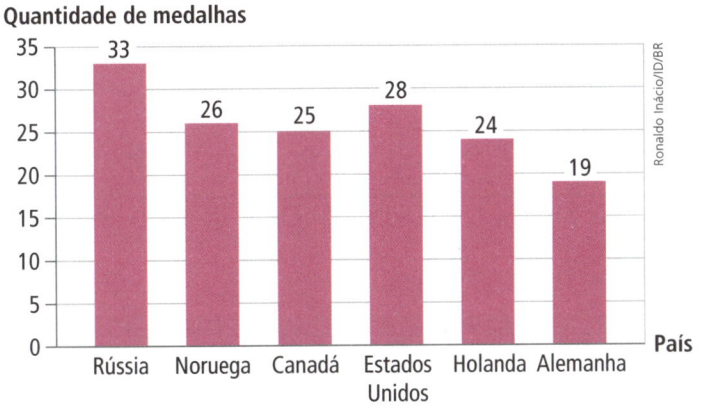

Quantidade de medalhas
- Rússia: 33
- Noruega: 26
- Canadá: 25
- Estados Unidos: 28
- Holanda: 24
- Alemanha: 19

Fonte de pesquisa: EBC. Disponível em: <http://www.ebc.com.br/esportes/2014/02/quadro-de-medalhas-olimpiadas-de-inverno-sochi-2014>. Acesso em: 15 out. 2017.

- A Rússia conquistou ____ medalhas a mais do que a Holanda.

- Os Estados Unidos conquistaram ____ medalhas.

c. Compreendemos algumas **noções de probabilidade**.

- Ao sortear uma bolinha do pote, a chance de tirar uma bolinha azul é _____ do que a chance de tirar uma bolinha verde e _____ do que a chance de tirar uma bolinha amarela.

Tecnologia em sala de aula

Podemos utilizar *softwares* e aplicativos, entre eles as planilhas eletrônicas e os programas de geometria dinâmica, para estudar conceitos da Matemática.

Planilha eletrônica

As planilhas eletrônicas são compostas por linhas e colunas cujo encontro denomina-se **célula**.

coluna A
linha 1
célula A1

Usamos planilhas porque elas são práticas para organizar e apresentar informações, permitindo também efetuar cálculos e outros procedimentos.

Ordem crescente e ordem decrescente

A atividade **8** da página **36** solicita que os números do quadro **A** sejam escritos em ordem crescente e os números do quadro **B**, em ordem decrescente. Veja, por exemplo, a organização dos números do quadro **A** em ordem crescente.

Passo 1

Digite os números nas células **A1** até **A8**.

	A
1	2500
2	2050
3	2005
4	2525
5	2502
6	2250
7	2052
8	2205
9	
10	

Passo 2

Para selecionar as células preenchidas, clique com o botão esquerdo do *mouse* em **A1**, segure o clique e arraste até **A8**.

Passo 3

Clique no ícone ⒜⒵ na parte superior da planilha eletrônica.

Nesse procedimento, os números foram organizados em ordem crescente, ou seja, do menor para o maior.

Agora, para organizar os números do quadro **B** em ordem decrescente, repita os passos **1** e **2**. Em seguida, clique no ícone ⒵⒜ na parte superior da planilha eletrônica.

Nesse procedimento, os números foram organizados em ordem decrescente, ou seja, do maior para o menor.

	A
1	2500
2	2050
3	2005
4	2525
5	2502
6	2250
7	2052
8	2205
9	
10	

	A
1	2005
2	2050
3	2052
4	2205
5	2250
6	2500
7	2502
8	2525
9	
10	

	A
1	7511
2	7510
3	7151
4	7150
5	7115
6	7105
7	7051
8	7015
9	
10	

Construção de gráficos

Na atividade **2** da página **213**, você completou um gráfico de barras pintando quadrinhos. Também podemos construir esse gráfico na planilha eletrônica.

Observe um exemplo de como realizar essa construção na planilha eletrônica.

Passo 1

Copie para a planilha os estilos musicais e a quantidade de votos que eles receberam.

	A	B	C
1	Estilo musical	Quantidade	
2	A	4	
3	B	5	
4	C	3	
5	D	6	
6	Outros estilos	2	
7			

Ilustrações: Sergio L. Filho

Passo 2

Com o *mouse*, selecione os dados inseridos na planilha e construa o gráfico de barras, clicando no ícone .

	A	B	C
1	Estilo musical	Quantidade	
2	A	4	
3	B	5	
4	C	3	
5	D	6	
6	Outros estilos	2	
7			

Passo 3

Personalize inserindo o título do gráfico, o título dos eixos e a fonte de pesquisa.

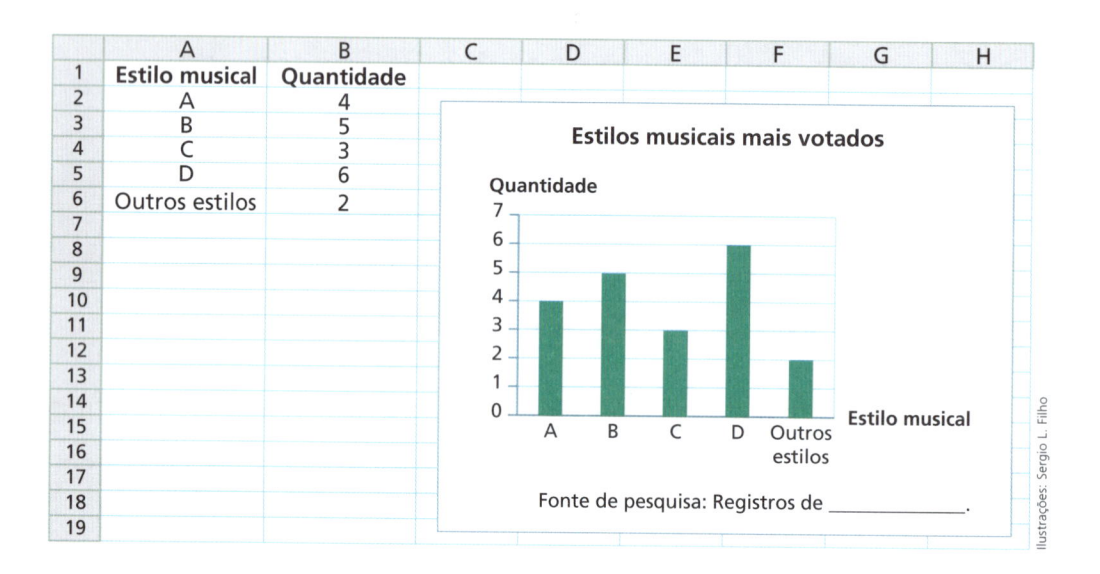

Estilos musicais mais votados

Fonte de pesquisa: Registros de _____.

Ilustrações: Sergio L. Filho

Geometria dinâmica

Os programas de geometria dinâmica permitem construir e manipular objetos gráficos, como retas e figuras geométricas.

Veja a resolução de algumas atividades por meio desse recurso.

Retas paralelas

Na atividade **2** da página **106**, foram construídas retas paralelas utilizando régua e esquadro. Veja, na próxima página, outra maneira de fazer essa construção.

Passo 1

Com o *mouse*, clique no ícone 🔲. Depois, clique em dois locais diferentes na malha quadriculada para formar a reta.

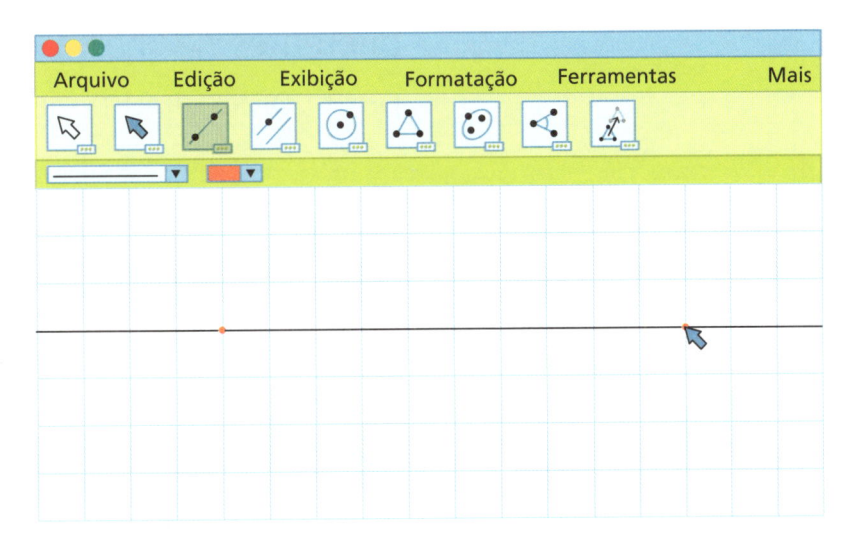

Passo 2

Vá até o ícone 🔲. Depois, clique sobre a reta construída no passo 1 e, em seguida, em qualquer local na malha quadriculada que não seja sobre a primeira reta.

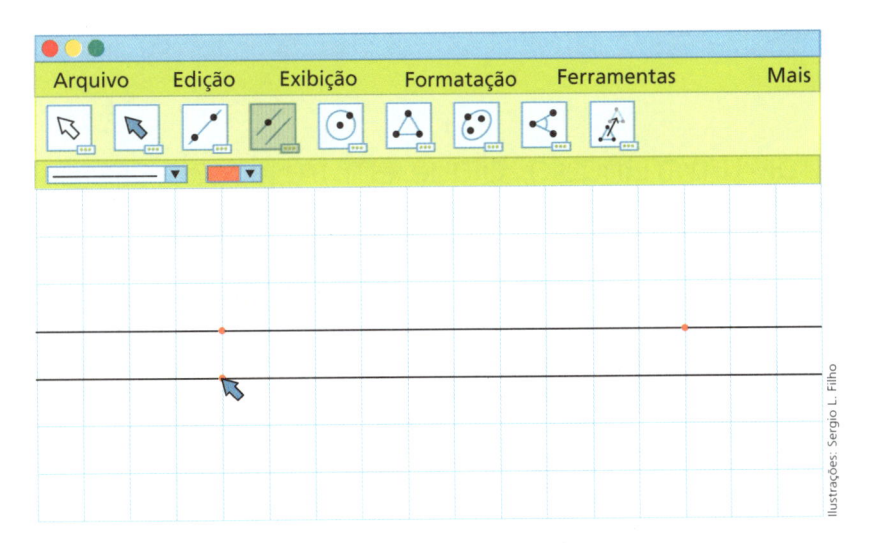

Figuras geométricas planas

Na unidade 5, você observou como construir algumas figuras geométricas planas. Veja, na próxima página, mais uma maneira de construir algumas dessas figuras.

Círculo

Passo 1

Com o *mouse*, clique no ícone 🔘.

Passo 2

Clique em dois locais diferentes na malha quadriculada, para construir um círculo.

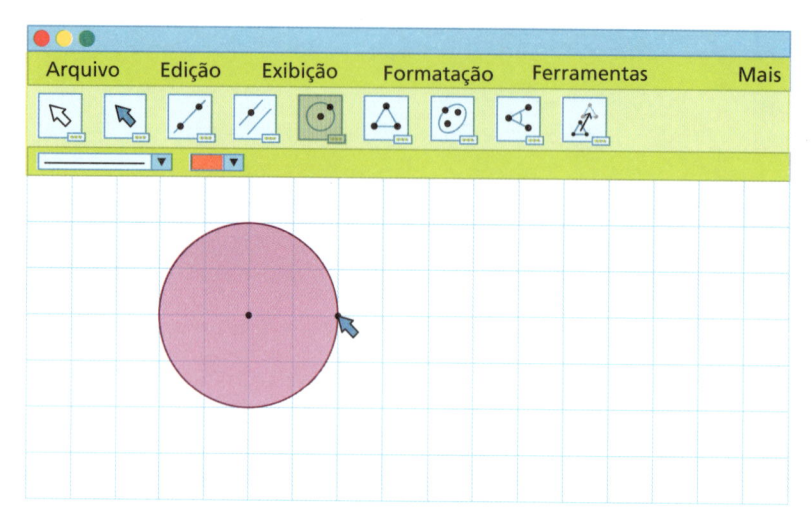

Outras figuras geométricas planas

Passo 1

Com o *mouse*, clique no ícone 🔺.

Passo 2

Para construir um triângulo, clique em três locais diferentes na malha quadriculada. Depois, ainda nessa malha, volte a clicar no lugar inicial.

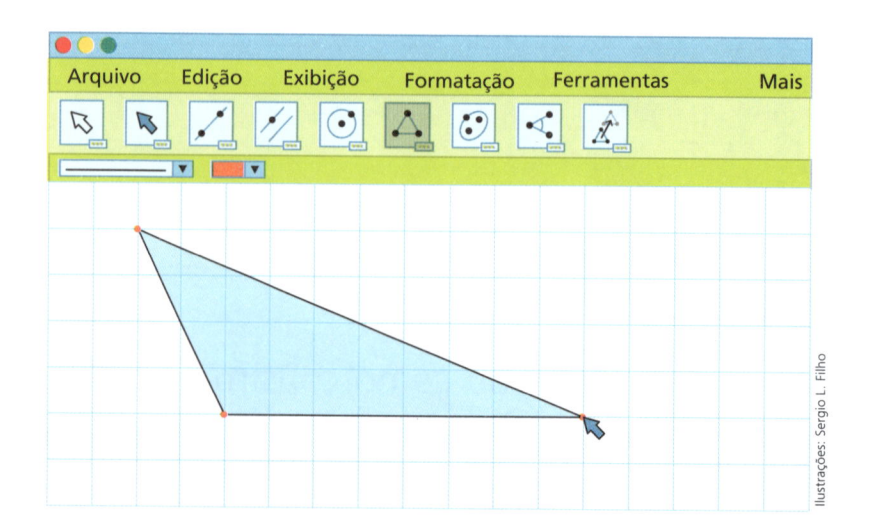

Figuras congruentes

Veja mais uma maneira de construir figuras congruentes além das apresentadas na página 122.

Passo 1

Utilize os procedimentos da página anterior e construa uma figura geométrica plana.

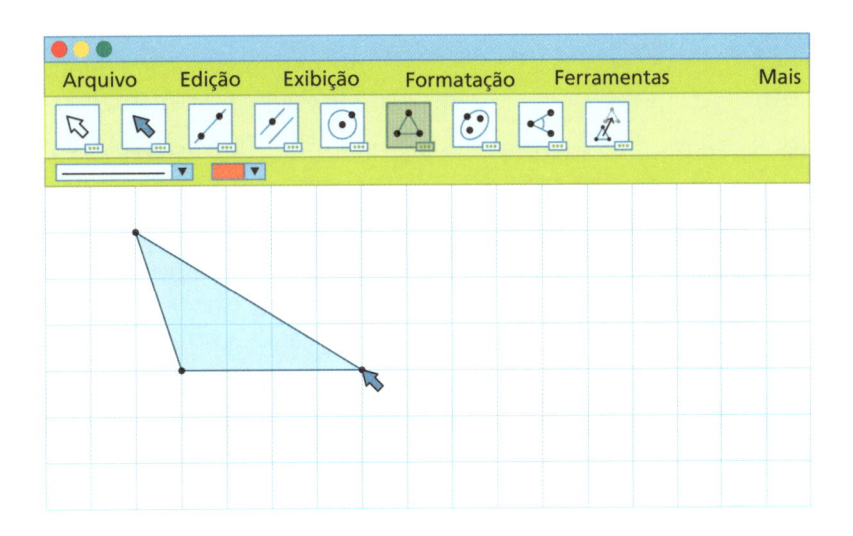

Passo 2

Com o *mouse*, clique no ícone. Em seguida, clique com o botão esquerdo na figura, segure o clique, arraste até outro local na malha e solte.

As figuras obtidas são congruentes.

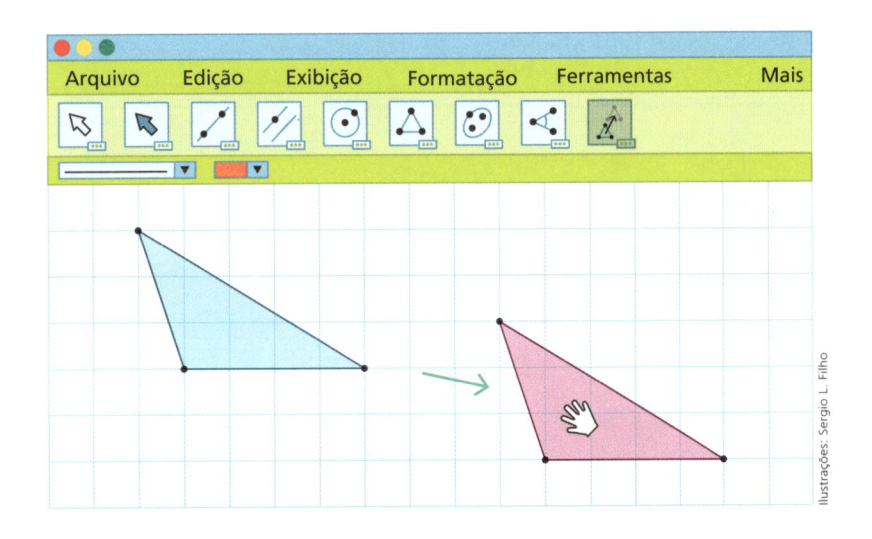

Bibliografia

BOYER, Carl Benjamin; MERZBACH, Uta C. *História da Matemática*. 3. ed. Tradução de Helena Castro. São Paulo: Blucher, 2012.

BRASIL. Ministério da Educação. *Base Nacional Comum Curricular*. Versão final. Brasília: MEC, 2018. Disponível em: <http://basenacionalcomum.mec.gov.br/>. Acesso em: 10 set. 2019.

_____. Conselho Nacional de Educação. *Diretrizes Curriculares Nacionais para o Ensino Fundamental de 9 (nove) anos*. Brasília: MEC/SEB, Resolução n. 7, 2010.

_____. Ministério da Educação. *Diretrizes Curriculares Nacionais Gerais da Educação Básica*. Brasília: MEC/SEB/DICEI, 2013.

_____. Ministério da Educação. *Elementos conceituais e metodológicos para definição dos direitos de aprendizagem e desenvolvimento do ciclo de alfabetização (1º, 2º e 3º anos) do Ensino Fundamental*. Brasília: MEC/SEB/DICEI/COEF, 2012.

_____. Ministério da Educação. Secretaria de Educação Básica. *Guia de Tecnologias Educacionais*: da Educação Integral e Integrada e da Articulação da Escola com seu Território. Brasília: MEC/SEB, 2013.

CARVALHO, Dione Lucchesi de. *Metodologia do ensino da Matemática*. 3. ed. São Paulo: Cortez, 2009. (Coleção Magistério 2º Grau).

COLL, César et al. *O construtivismo na sala de aula*. Tradução de Cláudia Sclilling. 6. ed. São Paulo: Ática, 2006.

Educação Matemática e Tecnologia Informática. Disponível em: <http://www2.mat.ufrgs.br/edumatec>. Acesso em: 11 fev. 2020.

EVES, Howard. *Introdução à história da Matemática*. Tradução de Hygino H. Domingues. Campinas: Unicamp, 2004.

FAZENDA, Ivani Catarina Arantes et al. *Avaliação e interdisciplinaridade*, São Paulo, v. 1, n. 0, out. 2010. Disponível em: <http://www.pucsp.br/gepi/revista_interdisciplinaridade.html>. Acesso em: 11 fev. 2020.

_____. *Integração e interdisciplinaridade no ensino brasileiro*: efetividade ou ideologia. São Paulo: Loyola, 2011.

_____. *Interdisciplinaridade*: história, teoria e pesquisa. Campinas: Papirus, 2012. (Coleção Magistério: Formação e Trabalho Pedagógico).

LUCKESI, Cipriano Carlos. *Avaliação da aprendizagem escolar*: estudos e proposições. 18. ed. São Paulo: Cortez, 2006.

MACHADO, Nílson José. *Epistemologia e didática*: as concepções de conhecimento e inteligência e a prática docente. 5. ed. São Paulo: Cortez, 2003.

MOURA, Dácio G.; BARBOSA, Eduardo F. *Trabalhando com projetos*: planejamento e gestão de projetos educacionais. Petrópolis: Vozes, 2011.

PAIS, Luiz Carlos. *Ensinar e aprender Matemática*. Belo Horizonte: Autêntica, 2006.

SUTHERLAND, Rosamund. *Ensino eficaz de matemática*. Porto Alegre: Artmed, 2009.

TEBEROSKY, Ana; TOLCHINSKY, Liliana. *Além da alfabetização*: a aprendizagem fonológica, ortográfica, textual e matemática. São Paulo: Ática, 2008.

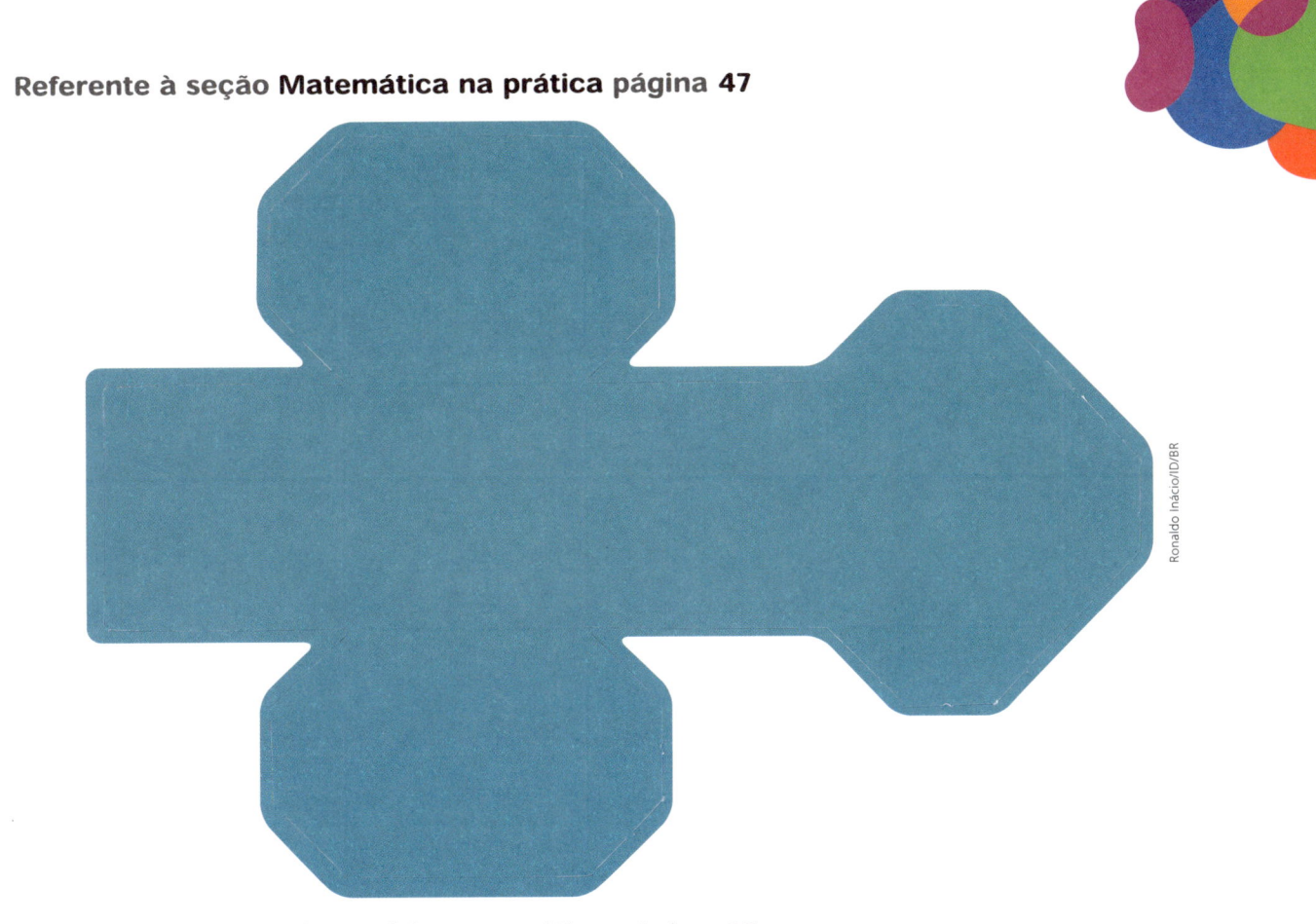

Referente à seção Matemática na prática página 47

Referente à seção Matemática na prática página 48

Referente à seção **Divirta-se e aprenda** página 102

Maior diferença

Referente à seção Matemática na prática página 114

Referente à seção Matemática na prática página 118

Referente à seção Matemática na prática página 138

Referente à seção Divirta-se e aprenda página 150

Bingo!

B	I	N	G	O
30	80	240	560
40	88	250	700
44	93	360	720
60	200	540	800

B	I	N	G	O
39	88	240	420
40	93	250	540
66	120	280	560
80	180	300	700

B	I	N	G	O
39	66	200	420
40	80	240	540
44	88	250	560
64	93	270	700

B	I	N	G	O
30	80	120	480
39	88	240	540
40	90	250	700
66	93	280	800

Referente à seção **Divirta-se e aprenda** página 150

Bingo!

B	I	N	G	O
30	80	240	540
40	88	250	600
48	93	280	700
66	200	360	800

- 8 × 60
- 2 × 20
- 3 × 10
- 2 × 24
- 6 × 70
- 10 × 18
- 7 × 100
- 4 × 50
- 3 × 80
- 10 × 12
- 8 × 90
- 3 × 30
- 9 × 30
- 8 × 10
- 8 × 100
- 2 × 32
- 5 × 60
- 3 × 13
- 9 × 40
- 4 × 11
- 8 × 70
- 6 × 10
- 7 × 40
- 3 × 22
- 6 × 90
- 4 × 22
- 6 × 100
- 3 × 31
- 5 × 50

Referente à seção **Divirta-se e aprenda** página **163**

Mesmo quociente

9 : 9	8 : 4	40 : 4	72 : 8
24 : 8	28 : 7	64 : 8	7 : 1
15 : 3	18 : 3	54 : 9	25 : 5
14 : 2	16 : 2	20 : 5	3 : 1
54 : 6	60 : 6	12 : 6	7 : 7

Referente à atividade 1 página 43

Duzentos e quarenta e um **241**

Referente à atividade 7 página 72

Noite

Madrugada

Tarde

Referente à atividade 4 página 179